문예신서
193

현대의 신화

롤랑 바르트

이화여자대학교 기호학연구소 옮김

東文選

문고판 서문

《현대의 신화》[1]에 담긴 글들은 1954년부터 1956년 사이에 씌어진 것들이며,《현대의 신화》 자체는 1957년에 출간되었다.

이 책은 두 가지로 그 성격을 규정지을 수 있다. 한편으로는 이른 바 대중문화의 언어활동에 대한 이데올로기적 비판서이고, 다른 한편 으로는 그 언어활동에 대한 최초의 기호학적 분석서이다. 나는 얼마 전 소쉬르를 읽었는데, 거기에서 〈집단표상〉들을 기호들의 체계로 취 급하게 되면, 맹목적인 고발을 피할 수 있을 뿐만 아니라, 프티부르주 아 계층의 문화를 보편적인 것으로 둔갑시키는 신화화 과정을 〈자세 히〉 설명해 낼 수 있으리라는 확신을 얻게 되었다.

물론, 이 책의 기저를 이루는 이 두 가지 작업이 오늘날 그때와 동 일한 방식으로 이루어질 수는 없을 것이다(내가 수정을 거부하는 것 도 바로 이 때문이다). 그 이유는, 당시에 다루었던 소재가 사라졌기 때문이 아니라, 이데올로기적 비판에 대한 요구가 갑자기 재등장함과 동시에(1968년 5월), 그 비판이 보다 교묘해졌으며, 혹은 적어도 그렇 게 되기를 원하고 있기 때문이다. 또한 나로서는 이 《현대의 신화》에 서 처음 시도해 본 기호학적 분석이 그 이후로 계속 발전되고, 구체 화되고, 복잡해지고, 세분되어 마침내 하나의 이론 영역으로 자리잡 게 되었고, 금세기 서구에서는 이 영역에서 어느 정도 기표의 해방이 이루어질 수 있을 정도가 되었다는 사실도 또 하나의 이유가 될 수

---

1) 이 책의 원 제목은 *Mythologies*로, 부르주아 사회에 널리 퍼져 있는 신화들을 모아 놓은 책이다. 지금까지는 《신화지》라는 제목으로도 해석되어 왔으나, 우리말로 일반 화시키기에는 조금 무리가 있어, 여기에서는 《현대의 신화》로 해석하기로 한다.

있을 것이다. 그러므로 나는 과거의 형식으로(여기서는 현재적이지만) 새로운 신화들을 쓸 수는 없을 것이다.

그럼에도 불구하고, 부르주아의 규범이라는 숙적 말고도 여전히 남아 있는 것은 이 두 작업의 필수 불가결한 결합이다. 즉, 정교한 분석 도구가 결여된 단순한 고발이 되어서도 안 될 것이며, 하나의 〈기호파괴론〉(sémioclastie)으로 귀착되는 기호학이 되어서도 안 될 것이다.

1970년 2월

R. B.

서 문

　다음에 실린 글들은 1954년부터 1956년까지 2년에 걸쳐 다달이 씌어진 것들로, 그때그때의 시사적인 문제를 다루고 있다.

　그 당시 나는 프랑스 사회의 일상사가 지니고 있는 몇몇 신화에 대해 체계 있게 생각해 보고자 하였다. 이러한 고찰의 소재는 신문기사·주간지의 사진·영화·공연·전시회 등 매우 다양하였고, 주제 또한 매우 자의적이었지만, 분명한 것은 모두 내가 살고 있던 바로 그 시대의 현실과 관련되어 있다는 것이다.

　이러한 고찰이 시작되게 된 것은 대개의 경우, 우리가 살고 있는 이 현실만 보아도 알 수 있는 바, 현실이란 완벽히 역사적인 것임에도 불구하고, 저널리즘·예술·상식 등에 의해 자연스러운 것, 본래적인 것으로 둔갑해 버리는 현상, 즉 현실의 거짓된 자연스러움이 참을 수 없이 느껴져서였다. 한마디로, 나는 우리의 시사에 관한 이야기 속에서, 〈자연〉과 〈역사〉가 혼동되는 것을 시종일관 괴롭게 지켜 보아야 했고, 이에 자명한 것으로 포장된 진술 속에 숨겨져 있다고 생각되는 이데올로기적 오용을 다시금 포착해 내고 싶었다.

　처음부터 신화라는 개념은 이러한 거짓 자명함을 설명해 주는 듯 싶었다. 그 이유는 그 당시 내가 그 단어를 관례적인 의미에서 이해하고 있었기 때문이었다. 그러나 나는 어떤 한 가지 사실을 믿게 되었고, 그 이후로는 그것으로부터 모든 결론을 이끌어 내고자 애쓰게 되었는데, 그것은 바로 〈신화는 하나의 언어〉라는 사실이다. 또한, 겉으로 보기에 문학적인 것과는 전혀 거리가 먼 사실들(프로레슬링·요리·플라스틱 전시회)을 다룬다고 해서 우리 부르주아 사회의 이러한 일반적인 기호학, 곧 이전의 글들에서는 문학적 측면에서 접근했었던 그 기호학에서 벗어난다고 생각하지는 않았다. 그럼에도 불구하고, 나는 여러 가지 시사적 사실들을 탐구하고 난 후에야 현시대 신화에 대한 방법론적인 정의를 시도하였다. 그것이 바로 이 책의 마지막에 실은 〈오늘날의 신화〉라는 글인데, 이렇게 뒤에 넣은 이유는 이 글이 앞서의 자료들을 체계화하는 것에 불과하기 때문이다.

다달이 씌어진 이 글들은 어떤 유기적인 전개를 꾀하고 있지 않다. 이 글들 사이에 성립되어 있는 관계는 강조의 관계요, 반복의 관계이다. 내가 이렇게 강조하고 반복하는 것은 〈반복되는 것은 호감을 준다〉라는 속담이 맞는 말인지 아닌지는 잘 모르겠으나, 적어도 〈반복되는 사실은 무엇인가를 의미한다〉라고 생각하기 때문이다. 사실 이 모든 것 속에서 내가 찾아다녔던 것은 의미작용들이다. 그것은 내가 만들어 낸 의미작용들일까? 달리 말해서, 신화학자의 한 신화학이 있는 것인가. 아마 그럴는지도 모르겠다. 그리고 독자 자신이 나의 이 도박과도 같은 시도를 현명하게 판단할 것이다. 그러나 솔직히 말해서, 질문이 전적으로 이런 식으로 제기되지는 않는다고 생각한다. 진부해지기 시작한 한 용어를 다시 한번 사용하자면, 〈탈기만화〉는 고상한 작업이 아니다. 내 말뜻은, 마치 한쪽은 〈자유〉를 부여받고, 다른 한쪽은 〈천직〉을 부여받은 것처럼 학자의 객관성과 작가의 주관성은 근본적으로 대립된다고 보는 통념에 동조할 수 없다는 것이다. 내가 보기에는 둘 모두가 그들 상황의 실제적 한계들을 슬쩍 감추거나 혹은 승화시킬 수 있으니 말이다. 나는 내가 살고 있는 시대의 모순을 한껏 체험하기를 바란다. 빈정거림으로 진실의 여건을 만들어 낼 수 있는 그 모순을.

R. B.

목　차

현대의 신화

프로레슬링을 하는 세계

프로레슬링의 장점은 곧 과장된 구경거리라는 것이다. 프로레슬링에서는 고대 극장에서나 볼 수 있었을 과장이 발견된다. 게다가 프로레슬링은 야외의 구경거리이다. 왜냐하면 원형 경기장이나 투기장의 본질을 이루는 것은 하늘(사교계의 축제에 속하는 낭만적 가치)이 아니라, 넘쳐흐르는 빛의 수직적이고도 강렬한 성격이기 때문이다. 파리의 가장 더러운 홀 안에서 경기가 벌어질지라도, 프로레슬링은 그리스 연극이나 투우와 같은 옥외의 장대한 구경거리들의 성격을 띤다. 두 가지 경우 모두, 그늘 없는 빛이 숨김없는 감동을 만들어 낸다.

프로레슬링이 천한 스포츠라고 생각하는 사람들이 있다. 그러나 프로레슬링은 스포츠가 아니라 구경거리이다. 그러므로 레슬링에서 재현하는 고통(Douleur)을 구경하는 것은 아르놀프[1]나 앙드로마크[2]의

---

1) 몰리에르의 희곡 《아내들의 학교》(1662)의 등장인물. 42세의 독신자로, 자신이 데려다 기른 소녀 아네스와 결혼하고자 하나 그녀는 친구 아들인 오라스와 사랑에 빠져 불행해지는 인물.
2) 그리스 문학과 신화에 출전을 둔 라신의 비극 《앙드로마크》의 등장인물. 그리스 왕 피로스의 포로가 된 트로이의 왕비로, 아들의 장래를 위한 피로스와의 결혼과 죽은 남편 사이에서 갈등하는 비극적인 여인.

괴로움을 보는 것과 마찬가지로 천한 것이 아니다. 물론 정규 스포츠라는 불필요한 외양을 지니고 큰 비용을 들여 경기를 하는 가짜 프로레슬링이 있다. 하지만 그것은 재미가 없다. 부적절하게도 아마추어 레슬링이라고 불리는 진짜 프로레슬링은 이류급 경기장에서 경기를 하는데, 그곳에서 관중은 교외 영화관의 관객들처럼, 그 경기의 장관적 성격에 자신도 모르게 어울리게 된다. 그리고 나서 이 스포츠를 천하다고 생각하는 사람들은 프로레슬링이 조작된 스포츠라는 것에 대해 분개한다(하지만 조작된 스포츠라면 프로레슬링에서 그 천한 특징을 제거해야 할 것이다). 관중은 그 경기가 조작되는 것인지 아닌지는 전혀 알려고도 하지 않는다. 그리고 그것은 옳은 것이다. 관중은 모든 동기와 모든 결과를 제거해 버리는 구경거리의 첫번째 효과에 빠져든다. 즉, 관중들에게 중요한 것은 그들이 생각하는 것이 아니라 보는 것이다.

이 관중들은 프로레슬링과 권투를 잘 구별할 줄 안다. 그들은, 권투가 기량의 탁월함을 보여 주는 데 기반을 둔 장세니스트적인 스포츠라는 것을 알고 있다. 권투 경기의 결과는 점을 칠 수 있다. 그러나 프로레슬링에서는 그것이 아무 의미도 없을 것이다. 권투 경기는 관객의 눈앞에서 구축되는 한 편의 이야기이다. 그러나 프로레슬링에서는 정반대로 지속시간이 아니라 매순간이 지각된다. 관객은 운이 있고 없음에 관심이 없다. 관객은 어떤 열정들의 순간적인 이미지를 기대한다. 따라서 프로레슬링은 병렬된 의미들을 연결할 필요도 없이, 그 의미들의 즉각적인 독서(lecture)를 요구한다. 경기의 합리적인 결과가 프로레슬링 팬에게는 관심이 없는 것인 반면에, 권투 경기는 언제나 미래에 대한 통찰을 요구한다. 다시 말해서, 프로레슬링은 여러 광경들을 모아놓은 것으로, 그 중 어떤 광경도 하나의 기능(fonction)

이 아니다. 즉, 매순간은 어떤 결과의 완성을 향해 확장되지 않은 채, 홀로 곧바로 솟아오르는 열정에 대한 총체적인 지식을 강요한다.

그러므로 프로 레슬러의 기능은 이기는 것이 아니라, 사람들이 그에게 기대하는 동작들을 정확히 수행하는 것이다. 유도는 상징의 은밀한 부분을 내포하고 있다고 이야기된다. 효과를 딸 경우에도 분명하면서도 신속한, 정확하면서도 단숨에 예리하게 선을 긋는 절제된 동작이 문제된다. 반대로 프로레슬링은 그 의미작용의 절정에 이를 정도로 이용된 과도한 동작들을 제공한다. 유도에서 바닥에 쓰러진 사람은 쓰러지자마자 즉시 몸을 굴려서 빠져나가 패배를 피한다. 반대로 패배가 명백하면 즉시 경기를 그만둔다. 프로레슬링에서는 바닥에 쓰러진 사람은 자신의 무력을 나타내는 참기 어려운 장면을 끝까지 관객의 눈앞에 제공하면서 과장되게 그대로 머물러 있다.

이러한 과장의 기능은 고대 연극의 기능과 같은 것으로, 고대 연극의 동기·언어·소도구들(가면과 반장화)은 절대적 필연성(Nécessité)에 대해 과장되게 명백한 설명을 하는 데 사용되었을 것이다. 프로레슬러가 숨기기는커녕 음악의 늘임표와 같이 강조하고 **길게 유지하**는 패배를 사람들에게 표명하는, 경기에 진 프로 레슬러의 동작은, 무대 공연의 비극적 음조를 의미하는 임무를 띤 고대의 가면에 해당한다. 고대 연극에서처럼 프로레슬링에서도, 그들은 자신의 고통을 수치스러워하지 않으며, 울 줄 알고, 눈물을 좋아한다.

그러므로 항상 모든 것을 즉석에서 이해해야 하기 때문에, 프로레슬링의 모든 기호는 총체적 명확성을 지니고 있다. 두 적수가 링에 올라서자마자, 관중은 그들이 각각 맡은 역할의 명백함으로 둘러싸인다. 고대 연극에서처럼, 각각의 육체적 유형은 경기자에게 배정된 역을 과도하게 표현한다. 지나치게 뚱뚱하고 늙어빠진 몸집을 지닌 50

대의 토뱅, 성(性)을 구별할 수 없는 흉한 몰골로 인해 항상 여성적인 별명을 얻는 그는, 그의 살덩이 속에다 천한 놈의 성질을 전시한다. 왜냐하면 그의 역할은 〈쌍놈〉(모든 프로레슬링 경기의 중요한 개념)이라는 고전적인 개념 속에서 체질적으로 혐오스러운 인상을 주는 것을 담당하는 것이기 때문이다. 토뱅에 의해서 의도적으로 유발된 구토는 따라서 기호의 차원 속으로 깊숙이 들어간다. 이 경우에 비천함을 의미하기 위해 추함이 이용될 뿐만 아니라, 그 추함은 전부 특별히 물질이 지닌 혐오감을 주는 성질 속에 모여 있다. 즉, 죽은 고기가 희끄무레하게 늘어진 모습이 그것인데(관중은 토뱅을 〈썩은 고기〉라고 부른다), 따라서 군중의 열기에 찬 욕설은 그들의 판단에서 나오는 것이 아니라 그들의 기질의 가장 깊숙한 밑바닥에서 솟아나온다. 그러므로 사람들은 그의 육체적인 출발에 전적으로 부합하는 토뱅의 차후의 이미지 속에 열광적으로 휩쓸리게 된다. 즉, 그의 행동은 그가 맡고 있는 인물의 본질적인 점착성에 완전히 부응하게 된다.

따라서 경기의 첫번째 열쇠는 프로 레슬러의 육체이다. 토뱅의 모든 행동들, 즉 그의 배신·잔인함·비겁함 등은 그가 내게 주는 처음의 천한 이미지와 어긋나지 않으리라는 것을 나는 처음부터 알고 있다. 즉, 그가 일종의 흉물스런 비천함의 모든 동작을 끝까지 총명하게 수행하고, 그리하여 가장 혐오스런 쌍놈, 문어 같은 쌍놈의 이미지를 완전히 충족시키리라고 나는 믿는다. 따라서 프로레슬링 선수들은, 의상과 태도를 통해서 자기가 맡은 역할의 내용을 미리 드러내는 이탈리아 희극의 등장인물들만큼이나 결정적인 외관을 가지고 있다. 판탈롱은 우스꽝스러운 오쟁이 진 남편, 아를르캥은 교활한 하인, 의사는 유식한 체하는 멍청이일 수밖에 없듯이, 토뱅은 천한 배신자, 레니에르(헝클어진 금발머리에 물렁한 몸집을 가진 거구)는 수동성의 불분명한 이미지, 마조(거들먹거리는 작달막한 수탉 같은 인물)는 기괴한 자만의 이미지, 그리고 오르사노(푸른 색과 분홍색으로 된 가운을 등장할 때부터 입고 나타나는 여성화된 불량배)는 복수심 강한 〈쌍년〉(나는 엘리제 몽마르트르의 관중이 리트레 사전에 따라서 〈쌍년〉이라는 단어를 남성으로 여기리라고는 생각지 않는다)의 이중으로 자극적인 이미지일 뿐이다.

따라서 프로 레슬러들의 육체적 외모는 경기 전체를 배아상태로 내포하고 있는 기본적인 하나의 기호를 설정한다. 그러나 그 배아는 증식한다. 왜냐하면 경기의 매순간마다, 매순간의 새로운 상황마다, 프로 레슬러의 육체는 동작과 자연스럽게 결합하는 어떤 기질의 놀라운 즐거움을 관중에게 던져 주기 때문이다. 의미작용의 상이한 갈래들이 서로를 조명해 주어 가장 이해하기 쉬운 구경거리를 형성한다. 프로레슬링은 구분적인 기술체(écriture diacritique)[3]와도 같다. 즉, 프로 레슬러는 자기 육체의 근본적인 의미작용 위에다 삽화적이지만 언제나 적절한 설명들을 배치하는데, 이 설명들은 의도를 최대한으로 명백하게 하는 몸짓·태도·무언의 손놀림 등에 의해서 경기의 독서를 돕는 것이다. 가끔 프로 레슬러가 정당한 상대 선수를 반칙으로 자기 무릎 밑에 꼼짝 못하게 사로잡고서, 입을 비죽거리는 천한 웃음을 지으면서 의기양양해 하는 경우가 있다. 어떤 경우에는 앞으로 있을 복수를 알리는 거만한 미소를 관중에게 지어 보인다. 또

---

3) 구분적인 기술체란 바르트가 구분 기호(signe diacritique)에서 따온 표현으로, 구분 기호란 문자에 첨가되어 그 가치를 변형시키거나 형태가 동일한 두 단어를 구분하게 해주는 기호이다. 예를 들면 à·ç 등에 첨가된 기호들이다. 따라서 바르트는 구분적인 기술체라는 표현으로, 육체가 주는 의미작용 위에 덧붙여지는 제스처 등의 설명으로 인한, 이중적인 의미를 지니는 기술체라는 뜻으로 사용하고 있다.

어떤 때는 바닥에 꼼짝 없이 눌려서 모든 사람에게 자신이 처한 상황의 참을 수 없는 성격을 알리기 위해서 바닥을 두 팔로 크게 치는 경우도 있다. 마지막으로, 자신의 불만에 대해 지칠 줄 모르고 이야기를 꾸며대는 까다로운 성격의 소유자가 지니는 항상 유쾌한 이미지를 당연히 연기하고 있다는 것을 이해시키기 위한 일련의 복잡한 기호들을 보여 주는 경우도 있다.

그러므로 이것은 곧 진정한 한 편의 인간 희극이다. 이 희극 속에서 열정의 가장 사회적인 뉘앙스들(자만·정당한 권리·교묘한 잔인성·〈빚 청산〉의 의미)은, 그 뉘앙스들을 모으고 그것들을 표현하여 의기양양하게 경기장의 구석구석에까지 전달시킬 수 있는 가장 명료한 기호를 다행히도 언제나 만나게 된다. 그 단계에서는 열정의 진정성 여부가 더 이상 중요하지 않다는 것을 우리는 이해한다. 관중이 요구하는 것은 바로 열정의 이미지이지 열정 자체가 아니다. 프로레슬링에서나 연극에서나 진실의 문제는 더 이상 존재하지 않는다. 두 가지 경우에서 사람들이 기대하는 것은 일반적으로 은밀한 윤리적 상황에 대한 이해할 수 있는 형상화이다. 외적인 기호들을 위한 내면성의 이러한 도려내기, 형식에 의한 내용의 이러한 고갈, 이것은 바로 이론의 여지없는 고전주의 예술의 원리 자체이다. 프로레슬링은 연극의 무언극보다 훨씬 더 효과적인 직접적인 무언극이다. 왜냐하면 프로 레슬러의 몸짓은 어떤 허구적 구상이나, 어떤 무대장치, 한마디로 말해 진실되게 보이기 위한 그 어떤 전이(轉移)도 필요로 하지 않기 때문이다.

따라서 프로레슬링의 매순간은 원인과 그것이 나타내는 결과 사이의 관계를 즉각적으로 드러내는 대수학(代數學)과도 같다. 확실히 프로레슬링의 팬들은 정신의 기계장치가 그렇게 완벽하게 작용하는 것을 보는 데에 일종의 지적인 즐거움을 느낀다. 위대한 배우들인 어떤 프로 레슬러들은 몰리에르[4]의 한 등장인물처럼 관중을 즐겁게 한다. 왜냐하면 그들은 자신들의 내면성을 즉각적으로 읽어내도록 하기 때문이다. 거만하면서도 어리석은 성격(마치 아르파공[5]이 하나의 성격이라고 이야기하듯이)의 프로 레슬러인 아르망 마조는, 수학적으로 정확하게 성격을 드러내는 몸짓을 함으로써 경기장을 항상 기쁨으로 몰아넣는데, 그는 몸짓의 윤곽을 그 의미작용의 극단으로까지 밀고 나가며, 오만의 승리와 동시에 진실에 대한 형식적 배려를 목적으로 하는, 스콜라 학파의 거창한 논쟁이 지니는 일종의 흥분과 정확성을 자신의 경기에 부여한다.

이처럼 관중에게 제공되는 것은 곧 고통과 패배(Défaite)와 정의(Justice)의 성대한 구경거리이다. 프로레슬링은 비극적 가면을 온갖 과장으로 확대해서 인간의 고통을 보여 준다. 잔인하기로 유명한 조르기(prise: 팔을 비틀고 다리를 눌러 꼼짝 못하게 하는 것)를 당해서 괴로워하는 프로 레슬러는 괴로움의 과장된 모습을 보여 준다. 마치 초기의 피에타[6]처럼 그는 참을 수 없는 아픔으로 과장되게 일그러진 자신의 얼굴을 보여 준다. 프로레슬링에서 수줍음은 부적당한 것이다. 왜냐하면 다 알다시피 그것은 투기의 종극 목적인 구경거리의 의도적인 과시에, 즉 이러한 고통의 전시에 반대되기 때문이다. 따라서 괴로움을 유발하는 모든 행동은 마치 자신의 카드를 높이 들어 보이

---

4) 몰리에르(1622-73)의 희곡은 성격에 모든 바탕을 둔 전형화된 인물을 창조하여 성격 속에 뿌리 박은 인간의 약점을 폭로함으로써 웃음이 나오게 한다.

5) 몰리에르의 희곡 《수전노》(1668)의 등장인물로, 수전노의 전형적인 인물.

6) 14,5세기 이탈리아의 르네상스파 직전의 작품으로, 성모 마리아가 십자가에서 내려진 그리스도의 몸을 무릎 위에 안고 있는 그림. 14세기 말부터 나타난 피에타의 주제는 조각되기 이전에 그림으로 그려졌다.

는 마술사의 몸짓처럼 특히 구경거리가 될 만하다. 이해할 만한 원인 없이 생긴 고통은 이해되지 못할 것이다. 실제로는 잔인하지만 은밀한 어떤 몸짓은 프로레슬링의 불문율을 위반하는 것이며, 미친 짓이나 불필요한 몸짓처럼 그 어떤 사회학적 효과도 갖지 못할 것이다. 반대로 고통은 확대되고 확고하게 가해지는 것 같다. 왜냐하면 모든 사람이 그가 괴로움을 당하고 있다는 것을 확인해야 할 뿐 아니라, 특히 그가 왜 고통스러워하고 있는지를 이해해야 하기 때문이다. 프로 레슬러들이 조르기라고 부르는 것, 즉 상대방을 무한정 꼼짝 못하게 누르고, 그를 자기 손아귀 속에 넣는 형태는 모두 고통스러워하는 광경을 관례적으로 준비함으로써 지각할 수 있도록 만들고, 그 고통의 조건들을 방법론적으로 설정하는 것을 그 기능으로 한다. 패자의 무기력은 (일시적인) 승자로 하여금 그의 잔인성 한가운데 자리를 잡고, 뒤이어 올 그의 행동들, 즉 무력한 상대방의 얼굴을 가혹하게 때린다거나, 규칙적인 강한 주먹으로 척추를 내리친다거나, 적어도 이런 행동들을 겉으로만 시각적으로 수행하는 그런 행동들에 대해 확신하는 고문자의 무서운 느긋함을 관중에게 전달하게 한다. 프로레슬링은 고문의 외적인 이미지를 보여 주는 유일한 스포츠이다. 그러나 여기에서도 역시 오직 이미지만 경기장에 있으며, 관객은 경기자의 실제 고통을 원치 않고, 어떤 초상의 완벽함만을 맛본다. 사실 프로레슬링이 가학적인 구경거리는 아니다. 그것은 다만 지각할 수 있는 하나의 구경거리이다.

조르기보다 훨씬 더 구경거리가 되는 또 다른 형태가 있는데, 곧 팔굽치기(manchette)이다. 그것은 팔의 앞부분을 이용한 강한 타격, 쓰러진 육체가 과장되게 꼼짝 못하고 있는 상태에서 둔탁한 소리를 내며 상대방의 가슴을 내리치는 잠재적인 주먹질이다. 팔굽치기에서 그 치명성은 너무나 명백하기 때문에, 그 공격은 결국 하나의 상징으로밖에 나타나지 않는다. 그럴 경우 그것은 모든 기호가 뚜렷하게 명백해야 하지만, 그 명백성이라는 의도를 드러내 보여서는 안 되는 프로레슬링의 도덕적 규칙을 벗어나는 것이고, 지나치게 도를 넘는 것이다. 이때 관중은 『사기다』하고 고함을 지르지만, 그것은 실제적인 고통의 부재를 유감스럽게 여기기 때문이 아니라 조작을 단죄하기 때문이다. 연극에서처럼 진실성이 과도하거나 꾸밈이 과도하면 게임에서 벗어나는 것이다.

관중이 보는 앞에서 패배의 완전한 이미지를 전개시키기 위해 구성되고 이용되는 어떤 물리적인 양식에서 프로 레슬러들이 끌어내는 모든 방책을 우리는 이미 이야기했다. 일격에 바닥에 쓰러지거나, 두 팔을 허우적대며 링의 밧줄로 쓰러지는 무기력한 거대한 허연 육체들, 링의 탄력 있는 표면에 의해 보잘것없이 다시 튕겨나오는 무기력하고 육중한 체구의 레슬러들, 패자의 본보기적인 굴욕을 이보다 더 명백하고 열정적으로 의미할 수 있는 것은 아무것도 없다. 일체의 기력을 잃은 프로 레슬러의 살덩어리는 바닥에 퍼진 추잡한 덩어리에 지나지 않아, 온갖 열띤 야유와 요란한 즐거움을 불러일으킨다. 바로 거기에 로마의 개선 기념식에서 나타나는, 과잉의 의도만을 상기시키는 고대식의 의미작용의 절정이 있다. 다른 순간에는, 엉겨붙은 프로 레슬러들로부터 또 다른 고대적 모습이 연상되는데, 그것은 애원하는 자, 무릎을 꿇고 머리 위로 두 팔을 든 채, 승자의 수직적으로 상승하는 패기에 의해 서서히 쇠락해 가는 무조건 항복한 인간의 모습이다. 유도와는 반대로 프로레슬링에서의 패배는 얻자마자 버리는 상투적인 기호가 아니다. 즉, 패배는 결말이 아니라 반대로 지속(持續)이고

전시(展示)이며, 그것은 공개적인 고통과 치욕의 고대 신화인 십자가와 죄인의 공시대(公示臺)를 재연한다. 프로 레슬러는 이를테면 대낮에 만인이 보는 가운데 십자가에 못박히는 것이다. 나는 바닥에 뻗어 있는 한 프로 레슬러를 두고 이렇게 말하는 것을 들은 적이 있다. 『작은 예수가 바로 저기 십자가에 못박혀 죽었다』이 아이러니컬한 말이 가장 오래 된 정화작용의 행동 자체를 수행하는 구경거리의 깊은 뿌리를 드러내고 있었다.

  그러나 프로레슬링이 특히 표현해야 하는 것은 바로 정의라는 순전히 도덕적인 개념이다. 응분의 대가라는 개념은 프로레슬링에서 본질적인 것으로, 『고생 좀 시켜』라는 관중의 외침은 무엇보다도 〈앙갚음해라〉라는 뜻을 의미한다. 따라서 문제가 되고 있는 것은 말할 나위도 없이 내재적인 정의이다. 〈쌍놈〉의 행동이 비열할수록 그에게 당연히 돌아가는 응징의 타격은 관중을 더욱 즐겁게 한다. 만약 배신자 —— 물론 그는 비겁한 자이다 —— 가 뻔뻔스러운 몸짓으로 자신의 부당한 권리를 내세워 항의하면서 링의 밧줄 뒤로 피한다면, 그는 거기에서 무자비하게 다시 잡혀오고, 관중은 마땅한 징벌을 위해 규칙이 위반되는 것을 보고 기뻐 날뛴다. 프로 레슬러들은 관중에게 정의라는 개념의 한계 자체를, 즉 규칙에서 조금 더 벗어나기만 하면 구속이 없는 세계의 문이 열리는 대치의 이런 극한지대를 제의함으로써, 관중의 분노하는 힘을 아주 잘 부추길 줄 안다. 프로레슬링 팬에게는, 훌륭한 상대방에 대해서가 아니라, 배신행위의 가차없는 이미지에 대해 열렬히 몸을 던져 싸우는 배신당한 경기자의 복수에 불타는 분노보다 더 아름다운 것은 아무것도 없다. 물론 여기에서 정의의 내용보다 훨씬 더 중요한 것은 바로 정의의 움직임이다. 즉, 프로레슬링은 무엇보다도 일련의 양적인 보상이다(눈에는 눈, 이에는 이).

이것은 상황의 반전이, 프로레슬링을 자주 접하는 이들이 보기에는 일종의 도덕적인 아름다움을 소유하고 있음을 설명한다. 즉, 그들은 그 반전을 마치 제때에 나타난 소설적인 에피소드처럼 즐긴다. 그리고 비겁한 공격의 성공과 운명의 역전 사이의 대조가 클수록 선수의 운명은 더욱 그의 전락에 가까워지고, 그 무언극은 더욱 만족스러운 것으로 판단된다. 따라서 정의는 가능한 위반체(違反體)이다. 법을 넘어서는 열정들의 구경거리가 제 가치를 전부 갖게 되는 것은 바로 법이 있기 때문이다.

그러므로 다섯 번의 프로레슬링 게임 중 거의 한 게임만이 정정당당한 것이라고 이해할 수 있을 것이다. 여기에서 규칙성이란 연극에서처럼 하나의 역할 혹은 장르라는 것을 한번 더 이해해야 한다. 즉, 규칙은 전혀 실제적인 구속을 이루지 않으며, 규칙성의 상투적인 외관을 이룰 뿐이다. 그러므로 사실 규칙적인 경기란 과장되게 예의바른 경기에 지나지 않는다. 즉, 경기자들은 열심히 싸우기만 할 뿐 광분하지 않는다. 그들은 자신들의 열기를 자제할 줄 알고, 패자에게 달려들어 공격하지 않는다. 정지하라고 명령하면 곧 경기를 멈추며, 특히 힘들었지만 서로에 대해 줄곧 정당했던 경기를 치른 후에는 서로 인사를 한다. 물론 이런 모든 예의바른 행동들은 신의를 나타내는 가장 관례적인 몸짓에 의해서 관중에게 알려진다는 것을 읽어내야 한다. 즉, 그 몸짓은 악수를 한다든가, 두 팔을 든다든가, 경기의 완벽성을 해칠지도 모르는 쓸데없는 조르기 공격에서 주저 없이 떨어져 나온다든가 하는 것이다.

역으로 비겁한 행위는 여기에서 그 과장된 기호들에 의해서만 존재한다. 즉, 패자에게 강한 발길질을 한다든가, 순전히 형식적인 권리를 자못 내세우며 링의 밧줄 뒤로 피한다든가, 경기 전후에 상대방과 악수하기를 거절한다든가, 공식적인 휴식 시간에 상대방의 등 뒤에서 비겁하게 공격을 한다든가, 심판의 시선을 피해서 금지된 타격을 상대방에게 가한다든가(이런 타격은 물론 경기장을 메운 관중의 절반 정도가 사실상 그것을 보고 그것에 격분할 수 있을 때에만 가치와 용도를 갖는 것이다) 하는 등이 그러한 기호들이다. 악(惡)이 프로레슬링의 자연스러운 풍조이므로, 정정당당한 경기는 특히 예외적 가치를 얻는다. 열성 팬은 그런 경기에 놀라고, 그러면서 그 경기를 스포츠 전통으로의 시대착오적이고 다소 감상적인 복귀로 간주하며 잠시 경의를 표한다(『저 자들은 웃길 정도로 규칙을 잘 지키는군.』). 열성 팬은 세계의 보편적인 선(善)을 보고 감동을 느끼지만, 프로 레슬러들이 악한 감정들의 대향연으로 재빨리 되돌아오지 않는다면 아마도 권태와 무감동으로 죽을 지경이 될 것이다. 이 악한 감정들이야말로 유일하게 훌륭한 프로레슬링을 만드는 것이다.

정정당당한 프로레슬링을 확대 적용하면 그것은 권투나 유도에 이를 수밖에 없다. 반면 진짜 프로레슬링은 그것을 스포츠가 아니라 구경거리로 만드는 온갖 지나친 행동으로부터 그 독창성을 끌어낸다. 권투나 유도시합의 결말은 논증의 종결점처럼 메마르다. 프로레슬링의 리듬은 전혀 다르다. 왜냐하면 그것의 자연스러운 의미는 수사학적인 과장의 의미이기 때문이다. 즉, 과장된 열정, 반복된 절정, 격분한 역공 등은 자연히 가장 바로크적인 혼란에 이를 수밖에 없다. 가장 성공한 몇몇 레슬링 경기는 대미를 난장판으로 장식한다. 그것은 경기 규칙, 장르의 법칙, 심판의 제재, 링의 경계 등이 묵살되고, 프로레슬러들과 세컨드·심판·관객들을 뒤죽박죽으로 만드는, 경기장에 가득한 의기양양한 무질서 속으로 휩쓸려진 일종의 제어할 수 없는 아라비아 기병들의 기예와도 같다.

미국에서 프로레슬링은 일종의 선과 악(못된 프로 레슬러는 언제나 빨갱이로 간주되기 때문에 유사 정치적인 성격의 악) 사이의 신화적 투쟁을 나타내는 것임을 우리는 이미 주목한 바 있다. 한편 프랑스의 프로레슬링은 정치적 영역이 아니라 윤리적인 영역에 속하는 전혀 다른 영웅 만들기의 과정을 은폐하고 있다. 관중이 여기에서 추구하는 것은 바로 뚜렷하게 도덕적인 이미지, 곧 완벽한 쌍놈의 이미지의 점진적인 구축이다. 사람들이 프로레슬링 경기를 보러 오는 이유는 한 사람의 위대한 주인공이 또다시 벌이는 모험들을 보기 위해서이다. 그 주역은 뜻밖의 모습을 풍부하게 꾸며내지만, 자신의 배역에 언제나 충실한 기뇰[7]이나 스카팽[8]처럼 한결같으면서도 형태가 다양한 특이한 인물이다. 쌍놈은 몰리에르가 창조한 하나의 성격으로서, 혹은 라 브뤼예르[9]가 묘사한 하나의 초상으로서, 즉 고전적인 하나의 실체와 하나의 본질로서 드러나는데, 그의 행동들은 시대 속에 배치된 의미 있는 부대현상(附帶現象)들에 지나지 않는다. 이 전형화된 성격은 어떤 국가에도 어떤 당파에도 속하지 않는 것이며, 프로 레슬러가 (스탈린을 닮아서 콧수염(Moustache)이라는 별명이 붙여진) 쿠첸코 · 예르파지안 · 가스파르디 · 조 비놀라 · 놀리예르 중의 어느 것으로 불리든 열성 팬은 그에게 〈규칙성〉이라는 조국만을 상정한다.

따라서 부분적으로 규율을 벗어난 자들로 이루어져 있는 것 같은

---

7) 로랑 무르게(1769-1844)에 의해 1795년 리옹에 처음 설립된 인형극의 주인공 이름.
8) 이탈리아 가면희극의 등장인물로, 몰리에르의 《스카팽의 간계》(1671)와 함께 프랑스 희극에 도입된 간교한 음모자 하인의 유형.
9) 1645-96년. 17세기 사회의 성격과 풍속을 관찰하고 각 표제에 따라 분류하여 《성격론》(1688)을 썼다.

프로레슬링 관중에게 있어 쌍놈이란 무엇인가? 본질적으로 그것은 규칙이 자신에게 이로울 때에만 그것을 인정하고, 태도의 형식적인 일관성을 어기는 불안정한 사람이다. 그는 예측할 수 없는, 그러므로 비사회적인 인간이다. 그는 법이 자신에게 유리하다고 판단할 때에는 법 뒤로 몸을 숨기고, 법을 위반하는 것이 이로울 때에는 법을 위반한다. 때로 그는 링의 형식적인 경계를 부정하고, 밧줄에 의해 합법적으로 보호되고 있는 상대방에게 계속 타격을 가하기도 하는가 하면, 때로는 그 경계를 복원시켜 조금 전에는 자신이 준수하지 않던 것의 보호를 요구하기도 한다. 이와 같은 언행의 불일치가 배신이나 잔인성보다 훨씬 더 관중을 광분시킨다. 자신의 도덕이 아니라 자신의 논리에 상처를 입은 관중은 논법의 모순을 가장 비열한 과오로 생각하는 것이다. 금지된 공격은 그것이 양적인 균형을 파괴하고 보상의 엄격한 계산을 혼란스럽게 할 때 비로소 반칙이 된다. 관중이 단죄하는 것은 결코 보잘것없는 공식적인 규칙의 위반이 아니라 복수의 결여이고 징벌의 결여이다. 그러므로 패배한 쌍놈에게 가하는 과장된 발길질보다 관중을 더 흥분시키는 것은 없다. 징벌의 기쁨은 그것이 수학적인 정당화에 근거할 때 절정에 이르며, 그때 경멸은 억제되지 않는다. 이젠 〈쌍놈〉이 아니라 최종적인 타락의, 말로 하는 몸짓인 〈쌍년〉이 문제된다.

이토록 뚜렷한 궁극 목적으로 인해 프로레슬링은 관중이 레슬링에 대해 기대하는 바로 그런 것이 되고자 한다. 경험 많은 프로 레슬러들은 경기 중의 자연발생적인 우연한 사건들을, 프로레슬링 신화의 놀라운 큰 주제들에 대해 관중들이 가지고 있는 이미지 쪽으로 완벽하게 방향을 바꿀 줄 안다. 프로 레슬러는 관중들을 화나게 하거나 역겹게 할 수는 있지만 결코 실망시키지는 않는다. 왜냐하면 그는 점진적으로 응결되어 가는 기호들을 통해 관중이 그에게 기대하는 것을 언제나 끝까지 완수할 수 있기 때문이다. 프로레슬링에서는 모든 것이 총체적으로만 존재하며, 상징도 암시도 없이 모든 것이 완전하게 제공된다. 그 어떤 것도 어둠 속에 남겨두지 않음으로써, 프로레슬링에서의 동작은 모든 불필요한 의미들을 잘라내고 관중에게 순수하고 완전한, 자연처럼 둥근 의미작용을 의례적으로 제시한다. 이와 같은 과장은 현실에 대해 완벽하게 이해할 수 있다는 조상 전래의 대중적인 이미지에 다름 아니다. 프로레슬링에 의해서 모방되는 것은 따라서 사물들에 대한 이상적인 이해이며, 일상적인 상황들을 구성하는 모호성 밖으로 잠시 올라가 일의적(一義的)인 자연의 파노라마 같은 전망 속에 자리잡은 인간들의 행복감이다. 그 자연의 전망 속에서 기호들은 아무런 장애도 없이 도피하지 않고, 아무 모순 없이 마침내 원인들과 부합한다.

그 드라마의 영웅 혹은 쌍놈, 즉 몇 분 전만 해도 도덕적인 분노에 사로잡혀 일종의 형이상학적인 기호에 어울릴 정도로 위대해진 모습으로 보였던 그 인간이, 조그만 가방을 손에 들고 아내를 안은 채 무감동한 익명의 인간으로 경기장을 나갈 때, 프로레슬링이 연극적인 구경거리나 종교적 의례에 고유한 전환력을 지니고 있다는 것을 아무도 의심할 수 없다. 링 위에서, 그리고 그들의 고의적인 비열한 행동의 밑바닥에서조차도 프로 레슬러들은 신(神)으로 남는다. 왜냐하면 그들은 잠시나마 자연을 여는 열쇠이고, 선악을 분리하여 마침내 이해할 수 있는 정의의 모습을 드러내는 순수한 몸짓이기 때문이다.

아르쿠르 스튜디오의 배우

프랑스에서는, 아르쿠르 스튜디오에서 사진을 찍지 않은 배우는 배우가 아니다. 아르쿠르의 배우는 신(神)과 같은 존재이다. 그는 아무것도 하지 않는다. 그는 **휴식하고 있는** 상태에서 사진 찍힌다.

사교계에서 빌려온 완곡어법이 이 자세를 설명한다. 즉, 그 배우는 〈도시적〉이라고 가정된다. 물론 이것은 하나의 이상적인 도시이다. 무대 위에서는 모든 것이 관대하면서도 힘겨운 〈선물〉인 노동인 반면, 이 연기자들의 도시에서는 모든 것이 축제와 사랑에 불과하다. 이러한 변화는 우리를 무척이나 놀라게 하는 것이다. 지나치게 인간적이고 동요된 괴물의 허물을 벗어던지고 마침내 그 영원한 본질을 되찾은 듯한 한 배우의 위엄 있는 사진이 마치 성전 입구에 있는 스핑크스처럼 극장 계단에 걸려 있는 것을 보고 우리는 당황하게 된다. 여기에서 배우는 복수를 하는 셈이다. 즉, 때로 사제와 같은 자신의 임무로 인해 늙음과 추함을 연기해야 하는, 어쨌든 자기 자신을 벗어던지는 연기를 해야 하는 그 배우는, 직업이 갖는 어울리지 않는 모습의 역할에서 벗어나 (마치 세탁소에서처럼) 이상적인 모습을 되찾게 된다. 〈무대〉를 떠나 〈도시〉로 온 아르쿠르의 배우는 결코 〈현실〉을 위해 〈꿈〉을 포기하지 않는다. 오히려 그 반대이다. 무대에서 배우는 골격이 튼튼하고, 뼈마디가 울퉁불퉁하고, 육감적이며, 분을 덕지덕지 발라 두꺼운 피부를 하고 있다. 반면 평평하고 매끈한 도시에서는 아르쿠르 스튜디오의 부드러운 조명에 의해서 산뜻해진, 정숙함이 깃들인 얼굴을 가지고 있다. 무대에서는 때로는 늙은 모습을, 적어도 나이를 부각시키는 모습을 하고 있다. 그러나 도시에서는 영원히 젊고 언제까지나 미의 절정에 고정되어 있다. 무대에서는 무용수의 종아리처럼 지나치게 근육질이 있는 목소리의 물질성 때문에 이미지가 깎이지만, 도시에서는 이상적으로 말이 없어 신비롭고, 미인이 말하지 않을 경우에 추측되는 심오한 비밀로 가득 차 있다. 마지막으로 무대에서는 강제로 저속하거나 영웅적인 동작에, 어쨌든 효과적인 동작에 참여한다. 그러나 도시에서는 그런 모든 움직임이 제거된 하나의 얼굴로 환원된다.

그렇지만 이 순수한 얼굴은 정상 각도에서 벗어난 촬영 각도에 의해 완전히 무용(無用)한 것 — 즉, 사치스러운 것 — 이 되어 버린다. 이는 마치 지상세계에 속하지 않는 이런 아름다움을 포착할 수 있는 특권을 얻은 아르쿠르의 사진기가, 공기가 희박한 어떤 공간의 아주 희한한 장소에 위치하고 있는 것과 같다. 그리고 마치 무대의 조잡한 바닥과 〈도시〉의 찬란한 하늘 사이에서 떠도는 이 얼굴이, 본래 자신의 초시간성을 잠깐 피해 자신의 고독하고 위엄 있는 움직임에 경건하게 빠져든 채 포착될 수 있었던 것과 같다. 때로는 멀어지는 지상을 향해 어머니처럼 굽어보고, 때로는 황홀한 듯 고개를 쳐들고 있는 배우의 얼굴은, 서두르지 않고 근육도 없이 승천하여 자신의 천국에 도달한 것같이 보인다. 반대로 관람하는 사람들은 다른 동물계에 속하며, (얼굴이 아니라) 오직 다리로만 움직일 수 있기 때문에 걸어서 자기 아파트로 돌아가야 한다(부분적으로 삭제된 초상화에 대한 역사적인 정신분석을 언젠가는 시도해야 할 것이다. 걷는다는 것은 아마도 — 신화적으로 — 가장 저속한, 따라서 가장 인간적인 행위이다. 모든 꿈, 모든 이상적 이미지, 모든 사회적 지위 향상은 초상화를 통해서이건 아니면 자동차에 의해서이건 우선 다리를 제거한다).

얼굴·어깨·머리카락으로 환원된 여배우들은 이렇게 그들의 성(性)이 가지는 고결한 비현실성을 증명한다——그런 점에서 그녀들은 무대에서 연인·어머니·매춘부·하녀였지만, 도시에서는 분명히 천사이다. 마치 여성의 얼굴처럼 그 얼굴이 점차 소멸되어 버리기 때문에 천사류에 속한다고 인정받는 연인역의 남자 배우들을 제외한 남자들은, 어떤 도시적인 상징을 통해 그들의 남성다움을 드러낸다. 즉, 파이프 담배나 개·안경·팔걸이가 있는 벽난로 등, 오로지 남성에게만 허용된 과감한 남성성을 표현하는 데에는 진부하지만 필수적인 소품들이 그것이다. 그리고 그런 남성성의 표현을 통해 〈도시적인〉 남자 배우는 얼큰하게 취한 신(神)이나 왕들처럼, 때로는 쾌락(파이프)과 애정(개)·불구성(안경), 그리고 지상의 주거(벽난로) 등을 가진 타인과 같은 한 인간임을 그가 두려워하지 않는다는 것을 나타낸다.

아르쿠르의 초상화는 배우의 물질성을 승화시키며, 기능을 하기 때문에 필연적으로 저속할 수밖에 없는 〈무대〉를 움직이지 않는, 따라서 이상적인 〈도시〉를 통해 계승한다. 무대는 현실이고 여기이며, 도시는 신화이고 꿈이고 경이로운 것이라는 역설적인 상태가 된다. 직업이 지나치게 구현된 겉모습에서 벗어난 배우는 보통 사람들의 육체적 규범의 경계에 위치한 영웅·인간의 원형이라는 의례적인 본질에 이른다. 이 경우에 얼굴은 하나의 소설적인 대상이다. 그 얼굴의 무감동성, 신이 빚어놓은 반죽과 같은 그 모습은 일상적인 진실을 유보시키고 동요·황홀감, 마침내는 고차원의 진실이 주는 안정감을 제공한다. 따분해 하고 허세를 부리는 막간의 관객은, 순수이성과 동시에 강한 신화를 지나치게 좋아하는 사회계급과 시대에 고유한 환각에 대한 거리낌 때문에, 이 비현실적인 얼굴들이 도시의 얼굴이라고 선언하고, 그럼으로써 배우 뒤의 한 인간을 상정하는 합리주의적인 의식을 갖는다. 그러나 무언극 배우의 허물을 벗겨내는 순간 때마침 아르쿠르의 스튜디오는 신이 나타나게 하며, 거짓말에 무감각해진 동시에 거짓말을 먹고 사는 이 부르주아 관객에게는 모든 것이 만족스럽게 된다.

결과적으로 아르쿠르의 사진은 젊은 배우에게 하나의 입문 의식이며, 장인의 면허장이며, 진정한 직업 신분증이다. 아르쿠르의 성유 그릇[1]을 만지지 못하는 한 그가 배우로서의 왕좌에 오를 수 있겠는가? 그가 인생에 설정한 목표에 따라서, 이상적인 그의 얼굴, 그의 지적이고 감각적인, 혹은 악의적인 태도가 처음으로 드러나는 이 장방형의 틀, 이것은 곧 공식적인 증서이다. 이 증서를 통해 사회 전체는 배우를 그 자신의 육체적 법칙과 따로 떼어 생각하게 해주고, 이런 세례를 받는 날 일반 사람들에게는 보통 거부된 모든 능력, 적어도 같은 순간에는 거부된 모든 능력을 신의 선물로 받는 얼굴의 영원한 특권을 그에게 보장한다. 그 능력은 바로 변치 않는 찬란함, 어떤 악의도 없는 매혹, 연기자의 기교나 아름다움을 반드시 수반하지는 않는 지적인 힘 등이다.

그러므로 예를 들어 테레즈 르 프라나 아네스 바르다[2]의 사진들은 전위적이다. 왜냐하면 그 사진들은 배우에게 육화된 얼굴을 남겨두며, 거짓말을 하는 것이 아니라 〈재현〉하는 것인 배우의 사회적인 기능 속에 솔직하고 매우 겸손하게 그 배우를 가둬 놓기 때문이다. 배우들의 얼굴에 대한 신화만큼이나 소외된 어떤 신화에 있어서도 이

---

1) 프랑스 왕의 대관식날 성유를 바르는 데 사용하는 기름을 담는 유리병.
2) 1928년-현재. 프랑스의 영화감독인 그녀는 누벨바그(Nouvelle Vague)의 선구적 작품인 《la Pointe courte》(1955)의 제작자로, 처음에는 사진작가였다.

러한 방법은 매우 혁명적인 것이다. 즉, 치장되고 권태로운, (性에 따라) 천사처럼 만들어지거나 남성답게 만들어진 고전적인 아르쿠르의 사진들을 계단에 걸어놓지 않는 것, 그것은 대부분의 극장에서는 감히 할 수 없는 대담성이다.

영화 속의 로마인들

맨키비츠[1] 감독의 《줄리어스 시저》에 나오는 등장인물들은 모두 이마 위로 머리카락을 내려뜨리고 있다. 어떤 사람의 이마 위 머리는 곱슬곱슬하고, 어떤 이는 실처럼 가늘며, 어떤 이는 새의 도가머리 같고, 또 다른 사람은 기름을 바르고 있다. 그들은 모두 이마 위 머리를 정성 들여 빗질했고, 비록 로마 역사에는 대머리가 많이 있었지만 영화에서는 대머리가 허용되지 않는다. 머리숱이 적은 사람들의 경우에도 쉽게 넘어가지는 않았다. 그래서 영화의 중요한 기술자인 미용사는 그들의 마지막 머리털을 끌어내어 이마의 가장자리에, 이 로마인의 이마 가장자리에 붙여놓는 기술을 발휘했다. 이런 로마인들의 좁은 이마는 언제 어느 시대에나 권리와 미덕과 정복의 특수한 혼합을 나타내는 것이었다.

그렇다면 이 줄기찬 이마 위 머리장식은 무엇을 나타내는가? 그것은 바로 로마적인 성격(Romanité)의 표시이다. 따라서 여기에서 광경의 중요한 동기가 노골적으로 작용하는 것을 볼 수 있는데, 그 동기가 바로 **기호**(signe)이다. 이마 위의 머리털은 너무도 명백해서 그 옛날의 로마에 있다는 것을 의심할 사람은 아무도 없다. 그리고 이러한 확신은 계속된다. 즉, 배우들은 그들의 이마 위에 펼쳐진 이 작은

---

1) 1909-93년. 미국의 영화감독 및 제작자로, 《줄리어스 시저》(1953) · 《클레오파트라》(1956) 등의 대표작이 있다.

깃발과도 같은 머리카락 덕택에, 그 문제들의 역사적으로 사실임직한 성격을 조금도 잃지 않은 채, 〈보편적인〉 문제에 대해 논하고, 이야기하고, 행동하고, 괴로워한다. 그들의 보편성은 안전하게 부풀어올라 대서양과 여러 세기를 건너 헐리우드의 단역 배우들의 우스꽝스러운 양키 얼굴과 결합한다. 그렇더라도 아무런 상관없이 모든 사람들은 이마 위의 머리라는 가장 읽기 쉬운 기호에 의해서, 로마인은 로마적이라는 이중성 없는 세계의 가장 편안한 확신 속에 자리잡고 안심을 한다.

미국인들의 얼굴에는 아직도 무엇인가 이국적인 것이 남아 있다고 생각하는 어떤 프랑스 사람은, 갱스터와 보안관이라는 이런 형태학과 로마식의 사소한 이마 위 머리의 혼합을 우스꽝스러운 것으로 생각한다. 그것은 차라리 뮤직홀에서 벌어지는 훌륭한 개그와도 같은 것이다. 이는 우리들이 보기에 그 기호가 지나치게 기능을 해서, 그것의 궁극 목적이 드러나게 함으로써 신용을 잃기 때문이다. 그러나 이 영화의 자연스럽게 라틴적인 유일한 이마, 즉 말론 브랜도[2]의 이마에 내려뜨려진 동일한 앞머리 장식은, 우리를 웃기기는커녕 우리를 위압한다. 그리고 이 배우의 유럽에서의 성공의 일부는 로마인식의 머리카락이 그 인물의 전체적인 형태학 속으로 통합되는 데서 기인한다고 생각하는 것이 불가능한 일은 아니다. 그와는 반대로 수많은 조역의 탐정이나 희극배우로 이미 경험을 쌓은 앵글로색슨 변호사의 얼굴을 한 시저, 그의 호인다운 머리통이 미용사의 실타래 머리에 의해 간신히 긁어모아진 시저는 믿을 수 없는 모습이다.

---

2) 1924년-현재. 미국 태생의 영화배우로, 《줄리어스 시저》·《선창에서》·《파리에서의 마지막 탱고》 등의 작품이 있다.

머리카락의 의미작용의 범주 안에는 하위기호(sous-signe), 즉 한밤의 놀라움을 나타내는 하위기호가 있다. 한밤중에 잠이 깬 포르시아와 칼퓌르니아의 머리 모양은 노골적으로 흐트러져 있다. 젊은 포르시아의 머리는 무질서하게 붕 떠 있다. 다시 말해서, 그녀의 경우 전혀 꾸미지 않은 모습이, 말하자면 일차적인 단계에 속한다. 좀더 나이가 든 칼퓌르니아는 더욱 고심한 흔적이 보이는 허점을 나타내 보여 준다. 즉, 무질서의 전통적 기호를 부과하도록, 땋아내린 머리가 비대칭적으로 목을 감아 오른쪽 어깨 위로 늘어뜨려져 있다. 그러나 이러한 기호들은 과도한 동시에 별 효과가 없는 것이다. 그 기호들은 그것들이 감히 끝까지 지탱할 수조차 없는 〈자연스러움〉을 상정한다. 그 기호들은 〈솔직하지〉 못하다.

이 《줄리어스 시저》에는 또 다른 기호가 있다. 즉, 모든 사람의 얼굴이 끊임없이 땀에 젖어 있다는 것이다. 서민·군인·음모자 등 모든 사람은 그들의 준엄하고 긴장된 얼굴 모습을 (와셸린을 사용하여) 줄줄 흐르는 땀으로 적시고 있다. 그리고 그 클로즈업이 너무 자주 일어나서 땀이 여기에서는 의도적인 속성이라는 것이 명백하다. 로마식의 이마 위 머리나 한밤중의 땋아내린 머리처럼 땀도 또한 하나의 기호이다. 그것은 바로 도덕성(moralité)의 기호이다. 모든 사람들은 자신의 내부에 무엇인가 갈등이 있기 때문에 땀을 흘린다. 우리는 이 경우 끔찍하게 고통스러워하는 미덕의 장소, 즉 비극의 장소에 있다고 여겨지며, 이것을 설명하는 기능을 갖는 것이 바로 땀이다. 시저의 죽음으로 인해 그 다음에 마르크 안토니우스의 논거로 인해 충격을 받은 군중들, 그 군중들은 땀을 흘리면서 이 단 하나의 기호 속에 그들 감정의 격렬함과 그들 신분이 가지는 세련되지 못한 성격을 경제적으로 결합시키고 있다. 그리고 브루투스나 카시우스·카스카 등의 덕을 갖춘 사람들도 역시 땀을 흘리고 있는데, 그것을 통해 곧 어떤 범죄를 낳게 되는 덕목이 그들 내부에서 작용하는 엄청난 생리작용을 드러낸다. 땀을 흘리는 것, 그것은 곧 생각하는 것이다(이것은 확실히, 생각한다는 것은 격렬하고 큰 재앙과도 같은 작용이라는, 사업가들 같은 부류에게 고유한 가정에서 기인하는 것으로, 땀은 그것의 가장 작은 기호이다). 그 영화 전반에 걸쳐서 단 한 사람만이 땀을 흘리지 않고 매끈하고 부드럽고 습기가 없는 얼굴을 하고 있는데, 그가 바로 시저이다. 확실히 범죄의 **대상**인 시저의 얼굴은 건조하게 남아 있다. 왜냐하면 그는 아무것도 모르고 **생각하지도 않기** 때문이다. 따라서 그는 증거품과 같은 순수하고 고독하고 윤기 있는 표면을 가지고 있어야 한다.

여기에서 또다시 기호는 애매하다. 기호는 표면에 머물지만, 그렇다고 해서 깊이로 인정받기를 포기하지는 않는다. 기호는 사람들을 이해시키고자 하지만(이것은 칭찬할 만하다), 그러나 동시에 자연발생적인 것으로 생각하게 하며(이것은 속임수이다), 그것은 의도적인 동시에 억누를 수 없고, 인위적인 동시에 자연적이며, 만들어진 것인 동시에 발견된 것이라고 스스로를 표명한다. 이는 우리를 기호의 윤리로 안내할 수 있다. 기호는 두 가지의 극단적인 형태로만 제공되어야 할 것이다. 즉, 군기(軍旗) 하나가 전적으로 하나의 연대(聯隊)를 의미하는 중국 연극에서처럼, 그 거리(distance)에 의해서 하나의 대수(代數)로 환원된 노골적으로 지적인 형태가 그 하나이다. 또 하나의 형태는, (예를 들어 스타니슬라프스키[3]의 예술처럼) 더 이상 하나의 개념

---

3) 1863-1938년. 러시아의 배우이자 연극 연출가로, 리얼리즘 연극 예술의 뛰어난 이론가이기도 하다.

이 아니라 어떤 순간의 신호인, 내적이고 은밀한 어떤 측면을 나타내는, 말하자면 매번 새롭게 만들어지는 깊이 뿌리 박힌 형태이다. 그러나 중간 기호(로마식의 이마 위 머리나, 생각의 땀)는 품위가 떨어진 스펙터클을 표현하는데, 그것은 전적인 인위성을 두려워하는 만큼이나 순수한 진실도 두려워한다. 왜냐하면 어떤 스펙터클이 세계를 더 분명히 하기 위해서 만들어졌다는 것은 다행한 일이기는 하나, 기호(signe)와 기의(signifié)를 혼동하는 비난받아 마땅한 이중성이 있기 때문이다. 그리고 이것이 바로 부르주아 스펙터클에 고유한 이중성이다. 지적인 기호와 잠재적인 기호 사이에서, 이 예술은 생략적인 동시에 거드름을 피우는 하나의 잡종기호(signe bâtard)를 위선적으로 배열하는데, 그 예술은 이 잡종기호를 〈자연스러운 것〉이라는 번드르르한 이름으로 명명한다.

휴가중의 작가

지드[1]는 콩고로 가면서 보쉬에[2]를 읽고 있었다. 이러한 자세는 《피가로》지가 사진으로 찍은 〈휴가중〉인 작가들의 이상적인 모습을 제법 잘 나타내고 있다. 이는 곧 그 어떤 것도 가로막을 수 없고 품위를 떨어뜨릴 수 없는, 어떤 직업이 갖는 위신을 평범한 휴식에 접목시키는 것이다. 따라서 이것이 바로 사회적으로 매우 효과 있는 훌륭한 르포르타주로, 우리 부르주아 계급이 작가들에 대해 품고 있는 생각을 숨김없이 가르쳐 준다.

우선 이 부르주아 계급을 놀라게 하고 그를 매혹시키는 것처럼 보이는 것은, 바로 작가들 역시 보통 휴가를 보내는 사람들이라는 사실을 인식할 수 있는 그 계급 자체의 폭넓은 시야이다. 〈휴가〉는 최근의 사회적 현상이며, 게다가 그 휴가의 신화적 발달을 추적하는 것은 흥미 있는 일일 것이다. 처음에는 학교의 몫이었던 그 휴가는, 유급 휴가가 도입된 이후 프롤레타리아의 몫, 적어도 노동자들의 몫이 되었다. 이러한 현상이 이제는 작가들에게도 관련될 수 있다고 단언하는 것, 즉 인간 영혼을 다루는 전문가들도 역시 현대 노동법규에 따른다고 단언하는 것은, 곧 우리의 부르주아 독자들이 시대에 맞게 잘 살아나가고 있다고 그들에게 확인시키는 한 방법이다. 그들은 평범함

---

1) 1869-1951년. 프랑스의 소설가. 《지상의 양식》·《좁은 문》·《배덕자》 등의 작품이 있다.
2) 1627-1704년. 프랑스의 성직자이며 신학자이자 작가. 저서로는 《프로테스탄트 교회 변동사》가 있다.

의 필요성을 알아보고는 우쭐해 하며, 시그프리드[3]와 푸라스티에[4]의 교훈을 통해 〈현대적인〉 현실에 길들여진다.

물론 작가의 이러한 프롤레타리아화(prolétarisation)는 아주 조금만 인정되고, 곧 이어 쉽게 파괴되어 버린다. 문인은 사회적 속성(휴가는 그 중 아주 기분 좋은 속성이다)을 갖게 되자마자, 그가 소명감을 가진 전문가들과 공유하는 드높은 천상세계로 재빨리 되돌아간다. 그리고 우리의 소설가들을 그 안에서 영원히 존재케 하는 〈자연스러움〉은 사실 탁월한 어떤 모순을 나타내기 위해서 설정된다. 즉, 매우 물질주의적인 시대에 의해서 만들어진 평범한 신분과, (그들이 부르주아 사회에 대해 공격적이지 않는 한) 부르주아 사회가 정신의 대변인들에게 관대하게 인정하는 위신 있는 지위 사이의 모순이다.

작가의 가장 놀라운 특성을 보여 주는 것은, 그가 노동자와 포목점의 점원과 더불어 형제같이 공유하는 이른바 그 휴가 기간에, 그가 노동은 하지 않는다 해도 적어도 무엇인가를 끊임없이 만들어 낸다는 것이다. 가짜 노동자는 또한 가짜 휴가 여행자이다. 어떤 이는 자신의 추억을 쓰고, 어떤 이는 교정을 보고, 또 어떤 이는 자신의 다음 책을 준비한다. 그리고 아무것도 하지 않는 사람은, 그것을 강한 정신의 소유자들만이 드러낼 수 있는 진짜 역설적인 행위이며 전위적인 위업이라고 고백한다. 우리는 이러한 자화자찬으로 인해서 작가가 어떤 상황에서건 늘 글을 쓰는 것이 아주 〈자연스러운 일〉이라고 인식한다. 우선 그것은 문학적 생산을 무의지적인 일종의 분비작용, 따라서 금기(禁忌)된 분비작용과 동일시하는데, 왜냐하면 그 문학적 생산

---

3) 1875-1959년. 프랑스의 지리학자·사회학자. 선거사회학의 주창자.
4) 1907-90년. 프랑스 경제학자. 현대 산업사회의 통찰력 있는 분석가.

은 인간적 결정론에서 벗어나기 때문이다. 좀더 고상하게 말하자면, 작가는 그의 내부에 들어앉아 매순간 이야기를 하는 신에게 사로잡힌 자로, 그 신은 마치 폭군처럼 자신의 매체인 작가의 휴가에 대해서는 개의치 않는다. 작가들은 휴가중에 있지만 그들의 시신(詩神; Muse)은 항상 깨어 있고 끊임없이 무엇인가를 만들어 낸다.

이 어루증(語漏症)의 두번째 장점은, 어루증이 그것의 강제적인 특성으로 인해서 아주 자연스럽게 작가의 본질 자체로 간주된다는 것이다. 물론 작가 자신은, 자신이 인간적인 실존·시골의 오래 된 별장·가족·짧은 바지·손녀딸 등을 가지고 있다는 것을 인정한다. 그러나 본질을 바꾸어 해변가에서는 피서객에 불과한 다른 노동자들과는 반대로, 작가는 도처에서 자신의 작가로서의 본성을 유지한다. 휴가를 갖는 작가는 자신의 인성(人性)의 기호를 드러낸다. 그러나 신은 여전히 남아 있어, 변기 위에서까지도 루이 14세가 왕이었던 것처럼 작가는 항상 작가이다. 그러므로 문인의 기능과 인간의 노동과의 관계는 신들의 음식과 빵의 관계와 어느 정도 같다. 이는 영원한 기적적인 실체로, 사회적인 형태에 부응함으로써 자신의 위신 있는 차이(différence) 속에서 자신이 더 잘 포착되도록 한다. 이 모든 것은, 사회가 작가에게 허용한 인위적인 특성을 더 잘 누리도록 사회가 진열하고 있는 일종의 차별적인 존재, 초인간적인 작가에 대한 동일한 관념으로 이끈다.

〈휴가중의 작가〉가 지니는 호인의 이미지는, 그러므로 상류사회가 그 사회의 작가들을 더 잘 길들이기 위해서 행하는 이러한 교활한 속임수 중의 하나에 불과하다. 작가의 육화가 지닌 평범함에 의해 상반되는 것보다 〈직업〉의 특이성 —— 그 특이성은 부인되기는커녕 그것과는 거리가 멀다 —— 을 더 잘 드러내는 것은 아무것도 없다. 그것은 모든 성인전(聖人傳)이 가지고 있는 오래 된 기교이다. 따라서 〈문학적 휴가〉의 이 신화는 여름을 넘어서 훨씬 멀리 확장된다고 보여진다. 오늘날의 저널리즘의 기술은 점점 작가를 평범한 모습으로 비추려고 애쓴다. 그러나 그것을 탈기만화의 노력으로 간주한다면 잘못일 것이다. 완전히 그 반대이다. 속내 이야기를 통해 천재적 재능에 의해서 선택된 족속들의 일상생활에 끼여든다는 것은, 단순한 독자에 불과한 나에게는 물론 감동적이고 즐겁기조차 한 것으로 보일 수 있다. 이러이러한 대작가가 푸른 색 잠옷을 입고 있다거나, 이러이러한 젊은 소설가는 〈예쁜 아가씨와 르블로숑 치즈와 라벤더 향의 꿀〉을 좋아한다는 것을 여러 신문을 통해 알게 된 나는 틀림없이 그들은 매혹적으로 형제같이 느낄 것이다. 그렇다고 해도 그런 작용의 결과는, 여전히 작가가 더한층 스타가 되어 더 오래도록 이 땅을 떠나 천상의 거처로 간다는 것이다. 그곳에서는 그의 잠옷도 치즈도, 그가 조물주와 같은 고귀한 말을 다시 사용하는 것을 막지 못한다.

작가에게 공공연하게 매우 육체적인 몸을 부여하는 것, 그가 달지 않은 백포도주와 설익은 비프스테이크를 좋아한다는 사실을 드러내는 것은, 그의 작품들을 더욱더 기적과도 같은 것으로 만들어 주고, 더욱더 신적인 본질에 속하는 것으로 만들어 준다. 그의 세세한 일상생활이 더욱 다가오고, 그의 영감의 본질이 더욱 명확하게 보이기는 커녕, 그러한 속내 이야기에 의해서 작가가 강조하는 것은 바로 그의 신분이 지니는 신화적인 특이성이다. 왜냐하면 그들이 자신을 보편적인 의식으로 표명하는 바로 그 순간에 푸른 색 잠옷을 입고 있다든지, 혹은 다음에 나올 자아의 현상학(Phénoménologie de l'Ego)을 발표하는 바로 그 동일한 목소리로 르블로숑 치즈를 좋아한다고 말할 정도로 꽤 폭넓은 인간들의 실존을, 나는 초인간적인 성질의 탓으로 돌릴 수밖에 없기 때문이다. 그처럼 많은 고귀함과 그토록 많은 하찮은 성질의 눈부신 결합은 우리가 아직도 모순을 믿고 있다는 것을 의미한다. 전체적으로 놀라운 그 결합의 각 항(項)들 또한 놀랍다. 작가의 작품이 그의 옷이나 미각의 기능만큼이나 자연스러운 것으로 보일 정도로 탈신성화되는 세계에서는 그 결합이 확실히 흥미를 잃어버릴 것이다.

귀족의 항해 여행

엘리자베스 여왕[1]의 대관식 이후, 프랑스인들은 그들이 대단히 흥미로워하는 왕실의 활동에 대한 새로운 뉴스거리를 애타게 기다려 왔다. 따라서 수많은 귀족들이 **아가멤논**이라는 그리스 요트에 승선하는 것이 프랑스인들을 상당히 즐겁게 해주었다. 엘리자베스 여왕의 대관식은 감동적이고 감상적인 화제였다. 그리고 귀족의 항해 여행은 호기심을 자극하는 이야깃거리이다. 왕들은 마치 플레르[2]와 카이야베[3]의 희극에서처럼 평민의 역할을 했다. 그 결과 젖소의 젖을 짜는 여인의 역할을 하는 마리 앙투아네트와 같은 류의 모순으로 인한 우스꽝스러운 수많은 상황들이 벌어졌다. 그런 즐거움의 병리학은 대단한 것이다. 즉, 우리가 어떤 모순으로 인해 즐거워한다면, 그것은 우리가 아주 동떨어진 그 모순의 양항(兩項)을 상상하기 때문이다. 다시 말해, 왕은 초인간적인 본질을 가지고 있어서, 그들이 민중생활의 어떤 형태들을 임시로 빌릴 때에는 교만함에 의해서만 단지 가능한, 부자연스러운 구현만이 문제될 수 있는 것이다. 왕들이 평범할 수 있다는 것을 과시하는 것은, 천사 같은 순결주의가 대다수의 사람들에게 자연스럽지 않은 것 이상으로, 이런 평범한 지위가 왕들에게 자연스럽

---

1) 1926년-현재. 1952년 대관식 이래 현재까지 대영제국의 여왕.
2) 1872-1927년. 프랑스의 희곡작가. 카이야베와 합작으로 《왕 *Le Roi*》(1908) · 《푸른 옷 *L'habit vert*》(1912) 등을 집필하였다.
3) 1869-1915년. 프랑스의 극작가.

지 않다는 것을 인정하는 것이며, 왕이 여전히 신권(神權)을 갖고 있다는 것을 확인하는 것이다.

그러므로 **아가멤논** 선상에서 일어나는 일상생활의 평범한 몸짓은, 마치 자연이 그 속에서 자신의 지배를 위반하는 창조적인 공상들처럼 대단히 과감한 성격을 가졌다. 왕들이 스스로 면도를 하다니! 마치 그런 모습을 통해 왕권의 불멸하는 본질에 대한 자신들의 신념을 공언하면서도, 왕들이 자신들의 왕권 전체를 위태롭게 하는 데 동의나 한 것처럼, 주요 언론들은 이런 모습을 믿을 수 없는 기이한 행동처럼 보도했다. 파울로스 왕⁴⁾은 짧은 소매의 셔츠를 입고 있었고, 프레데리크 왕비⁵⁾는 **낡염된** 드레스를 입고 있었는데, 그런 옷은 특이하지는 않지만 그 디자인이 일반인들의 몸 위에서도 발견될 수 있는 그런 것이다. 옛날에는 왕들이 목동으로 변장하곤 했다. 오늘날은 유니프리와 같은 값싼 가게에서 산 옷을 보름 동안이나 입고 있는 것, 그런 것이 그들에게 있어서는 변장의 기호이다. 민중의 지위를 나타내는 또 다른 기호는 바로 아침 6시에 일어나는 것이다. 이 모든 것은 반어적으로 일상생활의 어떤 이상(理想)에 대해 가르쳐 준다. 즉, 그것은 커프스를 하고, 하인에게 면도를 맡기고, 늦게 일어나는 것이다. 이런 특권을 포기함으로써 왕들은 그것들을 꿈나라로 밀어낸다. 아주 일시적이지만, 그들의 희생은 일상적 행복의 기호들을 영원히 고착시킨다.

좀더 호기심을 끄는 것은 왕들의 이런 신화적 성격을, 오늘날 속화되기는 했지만 일종의 과학만능주의를 이용해서도 결코 쫓아내지는

---

4) 1901-64년. 1947년부터 1964년까지 통치한 그리스의 왕.
5) 1947년부터 1972년까지 덴마크의 왕이었던 프레데리크 9세(1899-1972)의 부인.

못했다는 것이다. 왕들은 마치 강아지처럼 그들의 혈통(왕족)의 순수성에 의해 결정된다. 그리고 완전히 폐쇄된 특권적 장소인 배는 일종의 현대적인 노아의 방주로, 그 배에서는 왕족의 중요한 변종들이 보존된다. 그곳에서는 몇몇 짝짓기의 기회가 공공연하게 예측될 정도로까지 그러하다. 항해하는 그들의 종마사육장 속에 갇힌 순종의 말들은 온갖 잡종의 결혼으로부터 보호되어 있으며, 그들이 자신들 사이에서 번식할 수 있도록 (아마도 매년?) 모든 것이 그들에게 준비되어있다. 그 배는 〈중국산 퍼그 강아지〉만큼이나 지구상에 그 수가 적은 순종의 말들을 고정시키고 모아들여서 일시적인 〈보호지구〉를 구성한다. 그리고는 그 속에서 우리는 수족(아메리카인디언의 한 부족)의 보호구역처럼 보호된 인종학적인 호기심을 유지하고, 그리고 다행히도 그 호기심을 영속화시킬 우려가 있다.

두 가지의 매우 오래 된 주제인 신과 같은 왕(Roi-Dieu)의 주제와 객체로서의 왕(Roi-Objet)의 주제가 서로 뒤섞인다. 그러나 이런 신화적인 하늘이 땅에 아무런 해가 없는 것은 아니다. 가장 절묘한 속임수, 귀족의 항해 여행에 대한 재미있는 상세한 이야기들, 주요 언론이 그로 인해 독자들을 진절머리나게 하는 이 모든 일화적인 수다는 공연히 제공된 것이 아니다. 즉, 다시 복구된 그들의 신성(神性)에 힘을 얻은 왕족들은 민주적으로 정치를 한다. 파리 백작[6]은 **아가멤**논을 떠나서 유럽방위공동체의 운명을 〈살펴려고〉 파리로 돌아오고, 스페인의 젊은 후안[7]은 스페인의 파시즘을 돕기 위해 파견된다.

---

6) 1908년-현재. 본명은 앙리 도를레앙으로, 오를레앙 부르봉가의 현 대표자이다.
7) 1938년-현재. 스페인의 왕.

눈먼 벙어리 비평

　(문학이나 연극) 비평가들은 종종 꽤 특이한 두 가지의 논법을 사용한다. 그 중 한 가지는 비평의 대상이 말로 설명할 수 없는 것이어서 비평이 불필요하다고 갑자기 선언하는 것이다. 역시 주기적으로 나타나는 또 다른 논법은, 자신은 너무 어리석고 우둔해서 철학적이라고 알려진 어떤 저작을 이해할 수 없다고 스스로 인정하는 것이다. 키에르케고르[1]에 관한 앙리 르페브르[2]의 작품은, 우리의 훌륭한 비평가들에게(나는 여기서 자신이 어리석다고 공개적으로 공공연히 주장하는 사람들에 대해서 말하는 것이 아니다) 어리석음이라는 까닭 모를 탈을 쓰도록 만들었다(그것의 목적은 르페브르를 우스꽝스러운 순수 지성 속으로 쫓아 버림으로써 그의 신용을 떨어뜨리는 것이다).

　왜 비평가는 주기적으로 자신의 무능이나 몰이해를 천명하는 것일까? 그것은 확실히 겸손해서가 아니다. 자신이 실존주의에 대해 전혀 이해하지 못한다고 고백하는 어떤 비평가보다 더 마음이 편안한 사람은 아무도 없으며, 비범한 철학을 전수받을 행운을 갖지 못해서 부끄럽다고 고백하는 것보다 더 아이러니컬하고 따라서 안전한 것은 아무것도 없다. 세번째로는 말로 표현할 수 없는 시론에 대해 변호하

---

1) 1813-55년. 덴마크의 사상가. 헤겔류의 합리주의적 사변철학에 반대. 20세기 실존주의의 선구자.
2) 1901-91년. 프랑스 철학자이자 사회학자. 인본주의적 마르크스주의를 주장한 마르크시즘 비평가.

는 사람보다 더 호전적인 사람은 없다.

　사실 이런 모든 것은 그런 비평가가 자신의 지성에 대해 충분히 자신하고 있어서, 이해하지 못한다고 고백하는 것은 작가의 명석함을 문제삼는 것이지 자기 두뇌의 명석함을 문제삼는 것이 아니라고 생각하고 있다는 것을 의미한다. 그들은 바보스러운 체하는데, 그것은 대중으로 하여금 이에 대해 더욱 이의를 제기하게 만들어, 그 대중을 무능력의 공모로부터 지성의 공모로 유리하게 끌고 가기 위해서이다. 그것이 베르뒤랭 부인[3]의 살롱과 같은 곳에서 잘 알려진 조작이다. 『지성을 갖추는 것이 직분인 나도 거기에 대해서는 아무것도 이해하지 못하겠어요. 그런데 당신 역시 거기에 대해 아무것도 이해하지 못하시는군요. 그러니 당신도 나만큼 지적인 거죠』

　주기적으로 이렇게 무교양을 공표하는 행위가 지니고 있는 진짜 얼굴은 바로 낡은 몽매주의적 신화인데, 그 신화에 따르면, 만약 사상이 〈양식〉(bon sens)과 〈감정〉에 의해 통제되지 못한다면 그 사상은 유해한 것이다. 즉, 지식은 곧 악으로 둘 다 모두 같은 나무에서 자랐다. 교양의 목적은 허황된 것이며, 그것의 힘에는 한계가 있다는 것을 주기적으로 선언한다는 조건하에서만 교양이 허용되는 것이다(이 점에 대해서는 심리학자와 정신분석학자들에 대한 그레이엄 그린[4]의 생각을 참조해 보라). 이상적인 교양은 수사학적인 감미로운 심정 토로, 즉 영혼이 일시적으로 젖어드는 것을 나타내기 위한 말들의 예술에

---

3) 마르셀 프루스트의 《잃어버린 시간을 찾아서》에 나오는 등장인물로, 파리의 가장 명망 있는 살롱 중 하나를 이끌었다.

4) 1904-91년. 영국의 소설가. 가톨릭 작가로 《제3의 사나이》·《권력과 영광》·《사건의 핵심》 등의 작품이 있다.

불과할 것이다. 그렇지만 심정과 두뇌라는 이 낭만적인 오래 된 짝은, 그노시스에서 나왔음직한 비유 속에서만, 강력한 체제에 언제나 도움이 되었던 아편과도 같은 이런 철학들 속에서만 현실성을 갖는다. 그런 체제에서는 지식인들로 하여금 말로 표현할 수 없는 것과 감정에 전념하게 함으로써 그들을 제거한다. 사실, 교양에 대한 모든 유보적 태도는 폭력적인 입장이다. 비평을 직업으로 삼으면서, 실존주의나 마르크스주의(왜냐하면 공교롭게도 특히 이 철학들에 대해 비평가들이 이해하지 못한다고 고백하기 때문이다)에 대해 전혀 이해하지 못한다고 공표하는 것은, 자신이 눈 멀고 벙어리라는 사실을 보편적인 인식 규칙으로 승격시키는 것이며, 마르크스주의와 실존주의를 세계로부터 몰아내는 것이다.『나는 이해하지 못한다. 그러므로 너희들은 바보이다.』

　그러나 한 작품에서 그것의 철학적 토대를 그토록 두려워하거나 무시한다면, 그리고 거기에서는 아무것도 이해하지 않을 권리와 그것에 대해서 이야기하지 않을 권리를 너무 강하게 주장한다면, 왜 비평가가 되는가? 이해하고 뜻을 명확히 해주는 것, 그것이 바로 당신의 직업이다. 당신은 분명히 양식의 이름으로 철학을 판단할 수 있다. 난처한 점은, 〈양식〉과 〈감정〉이 철학에 대해 전혀 이해하지 못한다 해도, 철학은 그것들을 아주 잘 이해한다는 것이다. 당신은 철학자들을 설명하지 못하지만 그들은 당신을 설명한다. 당신은 마르크스주의자인 르페브르의 글을 이해하고 싶어하지 않지만, 마르크스주의자인 르페브르는 당신의 몰이해를, 그리고 특히(왜냐하면 나는 당신을 교양이 없다기보다는 교활하다고 생각하기 때문에) 당신이 그것에 대해서 말하는 달콤하게 〈무해한〉 고백을 완벽하게 이해한다는 것을 명심하라.

비누와 합성세제

(1954년 9월 파리에서 열린) 합성세제에 관한 제1차 세계회의는 오모(Omo)가 주는 행복감 속에 빠져들도록 해주었다. 왜냐하면 합성세제 제품들이 피부에 어떤 해로운 작용도 하지 않을 뿐만 아니라, 그 상품들이 광부들을 규폐증에서 구해 낼 수 있을지도 모르기 때문이다. 그래서 이 제품들은 지난 몇 년 이래로 매우 거대한 광고의 대상이 되어, 오늘날 프랑스인들의 일상생활의 한 부분을 이루고 있다. 정신분석학적 연구들은, 시대에 따라가려면 다소라도 그 점을 살펴야 할 것이다. 그러면 표백 살균액(〈자벨 Javel〉)에 대한 정신분석과 가루비누(럭스 Lux·페르시 Persil)나 합성세제(레 Rai·팩 Paic·크리오 Crio·오모 Omo)에 대한 정신분석을 효과적으로 대비시킬 수 있을 것이다. 치료약과 병(病) 사이의 관계, 제품과 더러움 사이의 관계는 각각의 경우에 따라 매우 다르게 나타난다.

예를 들어 자벨이라는 표백액은 언제나 일종의 액체상태의 불로 느껴져서, 그것의 작용은 조심스럽게 조절되어야 한다. 그렇지 않으면 대상물 자체가 손상을 입고 타버리게 된다. 이런 종류의 제품들이 가지고 있는 암암리의 전설은, 그 물질이 연마적이고 강하게 변형시킨다는 생각에서 기인한다. 그 결과 화학적인 차원에서 변화를 일으키거나 손상을 입히기도 한다. 즉, 그 제품은 더러움을 〈죽인다〉. 반대로 가루비누는 분리시키는 성분들이다. 그것의 이상적인 역할은 대상을 상황에 따른 결함으로부터 해방시키는 것이다. 더러움을 〈내쫓는〉

것이지 죽이는 것이 아니다. 오모의 여러 이미지 속에서, 더러움은 오직 오모의 심판의 위협만으로도 순수하고 깨끗한 속옷으로부터 전속력으로 도망치는 더럽고 허약한 보잘것없는 적이다. 염소와 암모니아는 의심할 여지도 없이 구원자이지만 맹목적인 일종의 총체적인 불의 대표자들이다. 반대로 가루비누는 선택적이다. 그것은 대상의 조직 너머로 더러움을 밀어내고 더러움을 유도한다. 그것은 전쟁의 기능이 아니라 경찰의 기능이다. 이런 구분은 인종학적인 그 대응체를 가진다. 즉, 화학적인 액체는 옷을 두드려서 빠는 세탁부의 동작의 연장선상에 있는 것이다. 그리고 가루비누는 오히려 경사진 빨래판에 대고 세탁물을 누르고 굴리고 하는 주부의 동작을 대신한다.

그러나 가루비누의 영역 자체에서 심리학적인 광고와 정신분석학적인 광고(나는 이 말에 특별한 학파적 의미를 부여하는 것은 아니다)를 대비시켜야 한다. 예를 들어 페르시의 순백성은 명백한 결과를 토대로 그 위세를 형성한다. 어떤 세탁물이 다른 세탁물보다 더 하얀 두 가지 대상을 비교함으로써 사회적인 외양·허영심을 자극한다. 오모 광고는 (게다가 최상급의 형식으로) 제품의 효과를 지적하지만, 특히 그 제품이 작용하는 과정을 보여 준다. 따라서 그 광고는 그 실체의 일종의 경험적인 방식 속으로 소비자를 끌어들여서, 소비자를 어떤 결과의 단순한 수혜자가 아니라 어떤 해방감의 공모자로 만든다. 여기에서 그 물질은 가치 있는 상태를 지니고 있는 것이다.

오모는 합성세제의 영역에서는 꽤 새로운 깊이와 거품이라는 두 가지 속성을 모두 이용한다. 오모가 깊숙한 때까지 씻어낸다고 말하는 것(광고 영화를 보라), 그것은 속옷에 깊이가 있다는 것을 상정하는 것으로, 우리가 결코 생각지 못했던 것이다. 그리고 이것은 이론의 여지없이 인간의 육체 속에 있는, 둘러싸이고 애무받고자 하는 이 모호한 충동에 알맞은 대상으로 그 **오모**를 설정하고 칭찬하는 것이다. 거품에 대해 이야기하자면, 그 거품이 갖는 사치(luxe)라는 의미작용은 잘 알려져 있다. 우선 거품은 불필요한 외양을 하고 있다. 그리고 나서 풍부하고 쉽고 거의 무한한 거품의 증식은, 그 거품이 나오는 실체 속에 어떤 활기찬 근원, 깨끗하고 강력한 본질을 상정하게 해주고, 본래의 작은 부피 밑에 대단히 풍부한 활성성분들이 있다고 생각하게 해준다. 결국 그 거품은 소비자에게 가벼운 동시에 수직적인 접촉의 양식인 물질에 대한 공기의 상상력을 부추긴다. 이는 곧 옷의 영역(모슬린, 얇은 명주 망사)과 비누의 영역(목욕을 하는 인기 여배우) 속에서처럼 미각의 영역에서도(거위의 간 요리·앙트르메[로스트와 디저트 사이에 먹는 가벼운 음식]·포도주) 모두 하나의 행복으로서 추구되는 것이다. 거품은 정신이 무(無)에서 유(有)를, 작은 부피의 원인들에서 커다란 표면적인 결과들을 만들어 낼 수 있다고 여겨지는 데 따라 어떤 정신성(spiritualité)의 기호가 될 수도 있다(크림은 부드러운 차원의 전혀 다른 정신분석을 가지고 있다. 즉, 크림은 주름살·통증·화끈거림 등을 제거한다). 중요한 것은, 섬유조직을 손상시키지 않고 섬유조직의 분자적 질서를 지배할 수 있는 깊이가 있는 동시에, 공기처럼 가벼운 실체의 감미로운 이미지 아래에 합성세제의 연마적 기능을 감출 줄 알았다는 것이다. 게다가 이런 행복감은 **페르시**와 **오모**가 거의 동일한 어떤 차원이 있다는 것을 잊게 해서도 안 된다. 그것은 바로 영국과 네덜란드 합동기업인 **유닐레버**의 차원이다.

가난한 사람과 프롤레타리아

　채플린(샤를로)[1]의 마지막 개그는, 구소련에서 탄 상금의 절반을 피에르 사제[〈피에르 사제의 초상학〉을 참조]의 기금으로 돌린 것이다. 결국 그것은 가난한 자와 프롤레타리아 사이의 본질적인 동일성을 설정하는 것이다. 채플린은 프롤레타리아를 가난한 자의 모습으로 보았다. 거기에서 그의 연기의 인간적인 힘뿐만 아니라 그 연기의 정치적인 모호성도 나온다. 이것은 《모던 타임스》[2]라는 훌륭한 영화 속에서 매우 뚜렷하다. 이 영화에서 채플린은 프롤레타리아적인 주제를 끊임없이 건드리지만, 결코 그것을 정치적으로 수용하지는 않는다. 그가 우리에게 보여 주고자 하는 것은 여전히 눈 멀고 기만당하는 프롤레타리아, 그의 욕구의 즉각적인 성격과 지배자(고용주나 경찰)의 수중에 전적으로 내맡겨진 모습으로 규정되는 프롤레타리아이다. 채플린에게 있어서 프롤레타리아는 여전히 배고픈 사람이다. 배고픔의 표현은 채플린에게 있어서 늘 서사적이다. 예를 들어 터무니없이

---

1) 1889-1977년. 영국 태생의 미국 영화배우 · 감독 · 제작자. 1913년 헐리우드에 들어간 뒤부터 가난한 민중의 정의감과 비애감에 바탕을 둔 풍자 희극으로 전세계 민중의 마음을 사로잡아, 20세기 전반의 영화계를 대표하는 위대한 존재로 알려졌다. 그러나 인도주의적 · 반전적인 작품 제작과, 자본주의 사회의 사회악에 비판적이어서, 미국의 입국 거부로 스위스에서 거주하였다. 대표작으로는 《황금광시대》·《위대한 독재자》 등이 있다. 샤를로는 그의 애칭이다.
2) 1936년 찰리 채플린이 제작 · 감독 · 주연한 작품으로, 산업혁명이라는 사회적 배경에 명랑한 성격을 가미하여 대공황과 실업, 인간소외시대를 풍자한 영화.

큰 샌드위치, 엄청난 양의 우유, 거의 먹지도 않고 무심히 버려진 과일 등이 그것이다. 아이러니컬하게도 (고용주의 세계에 속하는) 급식 기계는 보기에도 맛이 없어 보이는 조각난 음식만을 제공한다. 굶주림에 허덕이는 인간으로서의 채플린은 항상 정치적 자각에는 미치지 못한 채 있다. 그에게 있어서 파업은 곧 재앙인데, 왜냐하면 파업은 현실적으로 배고픔으로 인해 눈먼 인간을 위협하기 때문이다. 이 사람은 가난한 자와 프롤레타리아가 동시에 경찰의 감시(와 탄압)를 받는 순간에만 노동자라는 신분에 합류한다. 역사적으로 볼 때 채플린은 왕정복고시대의 노동자를 거의 포괄하는데 그 노동자는, 즉 기계에 대항하고 파업으로 인해 막막한, (문자 그대로) 빵의 문제에만 현혹된 노동자, 그러나 여전히 정치적 명분에 대한 인식과 집단적인 전략의 필요성에는 접근할 수 없었던 그런 노동자이다.

그러나 그의 연기의 효과가 엄청난 것은 바로 채플린이 아직도 혁명과는 무관한 일종의 원초적인 프롤레타리아를 그리고 있기 때문이다. 어떤 사회주의적 작품도 그만큼 치열하고 용기 있게 노동자의 굴욕적인 신분을 표현하는 데 이른 적이 없다. 아마도 브레히트[3]만이 혁명 직전의 인간, 즉 〈타고난〉 과잉의 자기 불행으로 인해 혁명의 광명에 이제 막 눈을 뜨려고 하는, 아직은 몽매하고 고독한 인간을 사회주의 예술이 다루어야 할 필요성을 간파한 유일한 사람이다. 다른 작품들은 이미 의식적인 투쟁에 참여한 대의명분과 당에 포섭된 노동자를 제시함으로써, 필연적인 정치적 현실을 설명하지만 미학적인 역량은 부족하다.

---

3) 1898-1956년. 독일의 극작가·연출가·시인으로, 서사시적 연극 이론과 〈거리 두기의 효과〉 등 독자적 연극론을 개진하고 실천하였다. 《서푼짜리 오페라》·《제3제국의 공포와 빈곤》 등의 작품이 있다.

그런데 채플린은 브레히트의 사상에 따라 관객에게 자신의 실명상태를 보여 줌으로써, 관객은 눈먼 장님을 보는 동시에 그 장님이 제공하는 구경거리를 본다. 누군가가 보지 못하는 것을 보는 것은, 그가 보지 못하는 것이 무엇인지를 강하게 볼 수 있는 가장 좋은 방식이다. 그러므로 인형극에서는, 인형이 보지 못하는 척하는 것을 인형에게 알려 주는 것은 바로 어린아이들이다. 예를 들어 채플린은 자신의 감방에서 경비원들에게 귀여움을 받으면서 미국 프티부르주아의 이상적인 삶을 영위한다. 즉, 그는 다리를 꼬고 링컨의 초상화 아래에서 신문을 본다. 그러나 그가 처한 처지의 경탄할 만한 충족성이 이 이상적인 삶을 완전히 불신하게 만들고, 따라서 그런 이상적인 삶이 내포하는 새로운 소외를 주목하지 않은 채 그런 삶 속으로 피신하는 것을 더 이상 불가능하게 만든다. 그러므로 가장 하찮은 집착도 헛되게 되고, 가난한 자는 끊임없이 그러한 유혹에서 단절된다. 결국 이로 인해 인간 채플린은 모든 것을 극복한다. 즉, 그것은 그가 모든 것으로부터 벗어나고, 모든 협력자를 거부하고, 인간 속에 오직 인간만을 투자하기 때문이다. 정치적으로 논란의 여지가 있는 그의 무정부주의는 예술 속에서 아마도 혁명의 가장 효과적인 형태를 재현한다.

화성인들

처음에 비행접시의 신비는 지상의 신비였다. 즉, 비행접시는 또 다른 유성처럼 그 의중을 알 수 없는 세계인 구 소련의 미지의 장소에서 왔다고 생각되었다. 이미 이러한 형태의 신화는 그 신화가 유성으로 발전할 가능성을 배태하고 있었다. 구 소련의 비행접시가 그토록 쉽게 화성의 비행접시가 된다면, 그것은 사실상 서구의 신화학이 어떤 유성의 이타성 자체를 공산주의 세계에 부여하기 때문이다. 구 소련은 지구와 화성 사이에 있는 중간 세계이다.

단지 불가사의는 그 변전 속에서 방향을 바꾸었다. 사람들은 전쟁의 신화에서 심판의 신화로 이행해 갔다. 사실상 화성은 새로운 결정이 내려질 때까지는 공평하다. 즉, 화성인은 지구를 심판하기 위해서 지상에 오지만, 유죄를 선고하기 전에 관찰하고 듣기를 원한다. 미국과 구 소련 사이의 커다란 분쟁은 그후 유죄상태로 느껴지게 된다. 왜냐하면 이 경우 정당성에 비해서 위험이 한없이 크기 때문이다. 그래서 양진영을 위압하기에 충분히 위력적인 하늘의 시선에다 신화적으로 호소하게 된다. 미래분석가들은 이 힘의 상징적인 요소들을, 그 힘을 구성하는 꿈 같은 주제들을 설명할 수 있을 것이다. 가령 〈둥근〉 비행물체, 〈매끈한〉 그 물체의 금속, 〈이음새가 없는〉 물질이라는 이런 세계 최고의 상태 등이 그것이다. 반대로 우리는 우리의 지각 영역에서 악(惡)의 주제에 속하는 모든 것, 곧 각이 진 것, 불규칙한 면, 소음, 불연속적인 표면 등을 더 잘 이해한다. 이 모든 것은 이미 미래

소설에서 세세하게 상정되었는데, 그 소설 속의 화성에 대한 고정관념은 문자 그대로 묘사를 되풀이하게 하는 것에 불과하다.

가장 의미심장한 것은 화성이 지구의 결정론을 그대로 투사한 역사적 결정론을 암암리에 부여받는다는 것이다. 어느 미국 학자가 큰 소리로 그것을 이야기했듯이, 그리고 물론 모든 사람이 속으로 그렇게 생각하듯이, 비행접시가 지구의 지세를 관측하려고 오는 화성 지리학자들의 교통수단이라면, 그것은 화성의 역사가 우리 세계의 역사와 동일한 리듬으로 성숙했고, 우리가 지리학과 공중촬영을 발견했던 것과 같은 세기에 지리학자를 산출했다는 것이다. 단지 앞선 것은 교통수단 그 자체인데, 그러므로 화성은 모든 이상화의 꿈속에서처럼 완벽한 날개를 부여받은 꿈꾸어진 하나의 지구에 불과한 것이다. 이번에는 우리 차례로 우리가 만든 비행접시를 화성에 착륙시킨다면, 아마 우리는 거기서 지구 그 자체만을 발견하게 될 것이다. 그리고 동일한 역사를 가진 이 두 생성물 사이에서, 우리는 어느 것이 우리 것인지 알아낼 수 없을 것이다. 왜냐하면 화성이 화성에 대한 지리적 지식에 도달하기 위해서는 화성 역시 화성의 스트라보[1]나 화성의 미슐레,[2] 화성의 비달 드 라 블라슈[3] 같은 학자들을 가지고 있어야 하고, 점차로 지구와 동일한 나라들, 전쟁·학자·인간들을 가지고 있어야 하기 때문이다.

---

1) B.C. 63?-A.D. 21년?. 고대 그리스의 지리학자. 많은 부분이 보존된 그의 저서 《지리학》에서는 민족과 그들의 집단 이동, 제국들의 기원에 관한 문제를 제기하며, 인간과 자연·환경 사이의 관련을 연구하였다.
2) 1798-1874년. 프랑스의 역사학자·작가. 저서로는 《프랑스사》·《프랑스 혁명사》 등이 있다.
3) 1845-1918년. 프랑스의 지리학자. 자연지리학과 인문지리학의 관계에 대한 문제를 강조하였다.

논리적으로 화성은 또한 동일한 종교, 물론 특히 우리 프랑스인들에게는 프랑스의 종교를 가지고 있어야 한다. 《르 프로그레 드 리옹》지는, 화성인들이 당연히 예수 같은 존재를 가지고 있다고 말했다. 따라서 그들 역시 교황이 있다(게다가 공공연한 교회 분열까지도 있다). 그렇지 않았으면 화성 사람들은 천체를 왔다갔다하는 그 비행접시를 발명할 정도로 문명화될 수 없었을 것이다. 왜냐하면, 이 잡지에 따르면 종교와 기술의 진보는 똑같이 문명의 귀중한 재산과 같은 것으로, 종교는 반드시 기술의 진보를 동반하기 때문이다. 그 잡지에는 다음과 같이 씌어 있다.『그들 자신의 수단에 의해서 우리에게까지 도달할 수 있을 그런 정도의 문명을 가진 존재들이 〈이교도〉라고는 상상할 수 없다. 그들은 신의 존재를 인정하고, 그들 자신의 종교를 가지는 이신론자(déistes)임에 틀림없다.』

따라서 이 모든 고정관념은 동일한 것의 신화, 즉 분신의 신화를 토대로 확립된다. 그러나 언제나 그러했듯이 여기에서도 분신이 앞서 있고, 분신이 심판관이 된다. 동서의 대립은 이미 더 이상 선과 악의 단순한 투쟁이 아니다. 그것은 제3의 시선 아래에 던져진 일종의 선악이원론의 혼전이다. 그것은 하늘의 차원에서의 초자연(Surnature)의 존재를 상정한다. 왜냐하면 하늘에 바로 공포가 있기 때문이다. 즉, 이제 하늘은 문자 그대로 원자적 죽음이 나타나는 영역이 된다. 심판관은 사형집행인이 위협하는 바로 그곳에서 태어난다.

그렇지만 사람들은 이 심판관── 오히려 이 감시자 ──에게 공통적인 정신성을 조심스럽게 부여했고, 결국 그를 지상의 순수한 투영과 거의 다르지 않게 만들었다. 왜냐하면 타자를 상상할 수 없는 이 무능력이야말로 바로 프티부르주아 신화학의 변함없는 특징 중 하나이기 때문이다. 이타성은 〈양식〉과 가장 상반되는 개념이다. 신화 전체는 숙명적으로 편협한 신인동형론을 지향하며, 설상가상으로 계급적인 신인동형론이라고 불릴 수 있을 것을 지향한다. 화성은 그저 지구가 아니라 그것은 프티부르주아의 지구이고, 화보가 있는 잡지에 의해 발전된(설명된) 사고 양식의 작은 구역이다. 화성은 하늘에 형성되자마자 가장 강한 점유, 즉 동일성이라는 점유에 의해서 지구와 나란히 놓이게 되었다.

아스트라 작전

기존 질서가 가지는 예속성에 대한 호의에 넘치는 장면을 기존 질서 속에 주입시키는 것이, 이제는 기존 질서를 팽창시키는 역설적이지만 결정적인 한 방법이 되었다. 이 새로운 논증의 도식은 다음과 같다. 복원시키거나 발전시키고자 하는 질서의 가치를 취해, 우선 그 가치의 편협함, 그 가치로 인해 발생하는 부당함, 그것으로 인해 야기되는 박해를 장황하게 늘어놓아 그 가치를 본래 불완전한 것으로 몰아간다. 그런 다음, 마지막 순간에 그 가치가 지니는 숙명적인 결함들에도 **불구하고**, 혹은 오히려 그것들과 **더불어** 가치를 구해 낸다. 그러한 예들은 적지 않다.

어떤 군대를 생각해 보자. 상관들의 군국주의, 군대 규율의 편협하고 부당한 성격을 적나라하게 표명하라. 그리고 관객의 원형인, 과오를 범하기 쉽지만 호감이 가는 보통 사람 한 명을 이런 어리석은 압제 속에 넣어보라. 그리고 마지막 순간에 마술모자를 뒤집어 그 모자에서 바람에 깃발들이 휘날리는 근사한 개선 군대의 이미지를 끌어내라. 마치 스가나렐[1]의 아내처럼, 사람들은 비록 패배할지라도 (지상에서 **영원으로, 사나이들이 있는 한**) 그 군대에 오로지 충성할 수밖에 없다.

다른 군대를 생각해 보자. 군대의 기술자들이 갖는 과학적인 광신

---

1) 몰리에르의 여러 희곡 속에 자주 나오는 불운한 남편의 유형에 속하는 등장인물이다.

과 그들의 맹목성을 상정하라. 매우 비인간적인 엄격성이 파괴하는 모든 것, 가령 인간·부부들을 제시하라. 그리고 나서 당신의 깃발을 꺼내서 진보라는 이름으로 군대를 구하고, 진보의 승리에 군대의 위대함을 연결하라(쥘 루아[2]의 《태풍》). 마지막으로 교회를 생각해 보자. 교회의 위선과 완고한 신자들의 편협한 정신을 격렬하게 성토하고, 이 모든 것이 매우 위험한 것일 수도 있음을 지적하고, 신앙의 그 어떤 나약함도 숨기지 말라. 그리고 나서 **궁극에는** 그 문자적인 의미가 비록 실속 없는 것일지라도, 그 희생자 자신들에게는 구원의 길임을 이해시키고, 도덕적 엄격주의가 억압하는 사람들의 성덕으로 그 도덕적 엄격주의를 정당화시켜라(그레이엄 그린의 《거실》).

이것은 일종의 유사요법(homéopathie)이다. 교회나 군대에 대한 의구심을 바로 교회나 군대의 악(惡) 자체로 치료한다. 본질적인 악을 예방하거나 치료하기 위해 사소한 악을 접종한다. 기존 질서의 가치들이 가지는 비인간성에 맞서 항거하는 것은 보편적이고 자연스러운 용서할 만한 질환이라고 생각된다.

병과 정면으로 맞서지 말고 오히려 귀신 들렸을 때 하듯이 그 병을 쫓아 버려야 한다. 즉, 환자에게 자신의 병을 재현하게 함으로써 자신의 반항의 진면목을 인식하게 한다. 그러면 반항은 일단 거리를 두고 관찰된 만큼 더욱 확실하게 사라지고, 기존 질서는 양다리를 걸쳤으므로 결과적으로 유리한 이원론적인, 따라서 불가피한 하나의 혼합체에 불과하다. 예속성이 지니는 내재적 악은 종교·조국·교회 등의 초월적 선으로 보상된다. 〈고백된〉 약간의 악은 감춰진 많은 악을 인정하지 않아도 되도록 해준다.

---

2) 1907년-현재. 알제리 태생의 프랑스 소설가.

이 새로운 예방접종을 잘 설명해 주는 소설적인 도식을 우리는 광고에서 찾아볼 수 있다. **아스트라**(Astra) 광고가 그러하다. 짤막한 이야기는 늘 마가린에 대해 터뜨리는 분노의 외침으로 시작된다.『마가린으로 만든 무스[mousse: 크림과 달걀 흰자위로 된 디저트나 앙트르메]라고? 그건 있을 수 없는 일이지!』『마가린이라고? 네 아저씨께서 화내실걸!』그런 다음 눈이 크게 떠지고 마음은 누그러진다. 마가린은 기분 좋고 소화가 잘 되고 경제적이며, 모든 경우에 사용할 수 있는 맛있는 음식이 된다. 마지막의 교훈은 뻔하다.『마침내 당신은 비용이 많이 드는 편견에서 벗어나셨습니다!』기존 질서가 당신을 진보주의적 편견에서 벗어나도록 하는 것도 같은 방식으로이다. 군대의 이상적 가치라고? 이는 생각할 수도 없는 일이다. 군대의 신병 학대, 군국주의, 상관들의 항상 가능한 맹목성을 보라. 교회가 잘못을 범하지 않는다고? 슬프게도 자못 의심스럽다. 교회의 독신자들, 영향력 없는 사제들, 매우 위험한 관례 추종주의를 보라. 그리고 나서 양식이 계산을 해본다. 즉, 기존 질서의 이점에 비해, 그것의 사소한 잘못된 부분들이 무엇인가? 예방접종의 대가를 치르는 편이 더 낫다. 버터보다 마가린이 주는 이득이 월등하다면 **결국** 마가린이 기름덩어리에 불과한들 무슨 상관인가? 우리가 몇 푼 안 들이고 살아갈 수만 있게 해준다면 **결국** 기존 질서가 다소 가혹하거나 다소 맹목적인들 어떻겠는가? 이제 우리도 또한 우리에게는 비싸게 비용이 드는, 지나치게 비싸게 비용이 드는, 우리로 하여금 지나친 가책, 지나친 반항, 지나친 투쟁, 그리고 지나친 고독을 대가로 치르게 하는 편견에서 마침내 벗어나게 된 것이다.

부부들

　화보가 있는 잡지에서는 수많은 결혼을 기사로 다루고 있다. 그 속에는 성대한 결혼(쥐앵 장군의 아들과 재무성 회계감독관의 딸, 카스트리 공작의 딸과 비트롤 남작), 애정 결혼(1953년도 미스 유럽과 그녀의 소꿉친구), 스타들의 (미래의) 결혼(말론 브랜도와 조지안 마리아니, 라프 발론과 미셸 모르강)이 있다. 물론 이 모든 결혼들이 동일한 순간에 기자들에 의해 포착되는 것은 아니다. 왜냐하면 그 결혼들의 신화학적인 효력은 동일하지 않기 때문이다.

　(귀족이나 부르주아의) 성대한 결혼은 결혼식이 가지는 전통적인 기능과 이국적인 기능에 부응한다. 즉, 그 결혼은 두 집안간의 선물 교환(potlatch)[1]이며, 동시에 부의 소비를 지켜보는 대중의 눈에는 이 선물 교환이 제공하는 구경거리이기도 하다. 대중은 필수적이다. 그러므로 성대한 결혼식은 항상 교회 앞의 광장에서 거행된다. 바로 그곳에서 사람들은 돈을 태워서[2] 거기 모인 군중들의 눈을 부시게

---

1) 아메리카인디언 언어에서 유래한 영어 단어인 potlatch는 레비 스트로스에게 많은 영감을 주었고, 특히 프랑스의 인류학자 마르셀 모스에 의해 연구된 바 있는, 신성한 성격을 띤 증여를 가리킨다. 수혜자는 받은 것과 동등한, 혹은 그보다 월등한 증여를 상대방에게 베풂으로써 도전한다. 성대한 결혼식에서 양가의 가족들은 각기 금전·의복·초대손님의 수준과 양으로 상대방을 놀라게 하고 압도하고자 한다. 바르트는 potlatch 고유의 상황과 결혼식 양가 가족의 사고방식 사이에 유사관계가 있다고 생각한다.

2) 한순간의 결혼식을 위한 막대한 비용 지출이 마치 돈을 불태우듯이 짧은 시간에 덧없이 이루어짐을 가리키는 은유적 표현이다.

한다. 제복과 예복, 검(劍)과 (레지옹도뇌르) 훈장, 군대와 정부, 부르주아 연극의 모든 주요 배역들, (다소 부드러워진) 육군 무관들, (맹목적인) 헌병대 대위와 (감동한) 파리 군중을 열광의 도가니에다 던져넣는다. 힘·법률·정신·애정, 이 모든 기존 가치들이 결혼식 속에 한꺼번에 투입되고, 그 선물 교환 속에서 소진된다. 그러나 바로 이를 통해 모든 결합이 갖는 자연스러운 풍요를 한껏 독식하면서, 그 기존 가치들은 어느 때보다도 더욱 견고하게 제도화된다. 〈성대한 결혼〉은 기존 질서라는 막대한 차변을 자연이라는 대변으로 이행시키고, 부부의 공개된 행복 속으로 〈인간들의 야만적이고 슬픈 역사〉를 흡수해버리는, 부기의 유리한 조작임을 잊어서는 안 된다. 즉, 기존 질서는 사랑을 바탕으로 자양을 취한다. 거짓말·착취·탐욕 등 부르주아의 모든 사회악은 부부의 진실에 의해 구조된다.

  53년도 미스 유럽인 실비안 카르팡티에와 그녀의 소꿉친구인 전기 기사 미셸 바랑부르의 결합은 행복한 초가삼간의 이미지를 전개시키도록 해준다. 자신의 타이틀 덕분에 실비안은 스타의 화려한 삶을 영위하며, 여행을 하고, 영화를 찍고, 많은 돈을 벌 수도 있었을 것이다. 그러나 슬기롭고 겸손한 그녀는 〈덧없는 영광〉을 포기했다. 그리고는 자신의 과거에 충실한 그녀는 팔레즈 지방의 한 전기 기사와 결혼했다. 이 경우 신혼부부는 그들 자신의 행복의 습성에 길들여지고, 소박한 안락의 익명성 속에 자리잡아 가는 결혼 후의 모습이 우리에게 소개되고 있다. 이들은 부엌이 달린 두 칸짜리 방을 꾸미고, 아침 식사를 하고, 영화관에 가고, 장을 본다.

  여기에서 전략은 분명히 부부의 자연스러운 모든 영광이 프티부르주아의 모델에 기여하도록 하는 데 있다. 즉, 당연히 보잘것없는 이 행복은 그럼에도 불구하고 **선택되어**, 신분상 이런 행복을 공유하는 수백만의 프랑스인들을 구제할 수 있다. 프티부르주아 계층은, 마치 예전에 교회가 귀족계급의 베일을 씀으로써 권력과 위세를 끌어내었던 것처럼, 실비안 카르팡티에의 가담을 자랑스럽게 여길 수 있다. 미스 유럽의 소박한 결혼, 즉 대단한 영광을 누린 후에 팔레즈의 부엌 달린 두 칸 방으로 돌아온 그녀의 감동적인 입장(入場), 그것은 곧 트라프 수도원을 택한 랑세,[3] 혹은 카르멜 수녀회를 택한 루이즈 드 라 발리에르[4]이다. 트라프·카르멜·팔레즈로서는 크나큰 영광인 것이다.

여기에서 〈영광보다 더 강한 사랑〉(l'amour-plus-fort-que-la-gloire)은 사회적 현상 유지의 모럴을 활성화시킨다. 즉, 자신의 신분에서 벗어나는 것은 현명하지 못하며, 자신의 신분으로 되돌아가는 것은 훌륭한 것이다. 그 대신 신분 자체는 자신의 이점을 발전시킬 수 있는데, 그것은 곧 무엇보다 도피의 이점이다. 이 세계 속에서의 행복이란 일종의 가정에 틀어박히는 놀이를 하는 것이다. 즉 〈심리에 관한〉 설문들, 카드 놀이, 자질구레한 집안 수리, 살림 도구, 일과표 등 《엘르》지나 《엑스프레스》지의 이 모든 살림살이의 천국이 가정에의 칩거를, 그의 소극적인 내향성을 찬양하고, 이 모든 것이 그의 마음을 사로잡고, 그를 어린아이처럼 만들고, 그를 무고하게 하며, 확대된 사회적 책임으로부터 그를 격리시킨다. 〈초가삼간의 부부〉, 그렇지만 세계 역시 존재한다. 그러나 사랑이 초가삼간을 고상하게 만들고, 초가삼간은 누추한 집을 숨긴다. 즉, 이상적인 그 초가삼간의 이미지

---

3) 1626-1700년. 세속 성직 생활(1657-60)을 청산하고 시토 수도회에 들어가(1663) 노르망디 지방 솔리니에 있는 트라프의 노트르담 사원의 사제가 되었다.

4) 1644-1710년. 공작부인으로 루이 14세의 총애를 받았다. 1674년 루이즈 드 라 미제리 코르드란 이름으로 카르멜에 은거, 종교에 귀의하여 생을 마쳤다. 팔레스틴에 있는 카르멜 산에는 여자들만을 위한 엄격한 수녀회가 있었으며, 이곳의 여수도자들을 카르멜리트(Carmélites)라 불렀다.

인 가난함으로써 비참함을 몰아낸다.

스타들의 결혼은 대부분 미래의 양상으로만 제시된다. 이 결혼이 전개시키는 것은 부부의 거의 순수한 신화이다(적어도 발론과 모르강 커플의 경우는 그러하다. 브랜도의 경우에는 곧 살펴보게 되겠지만, 여전히 사회적인 요소들이 지배하고 있다). 따라서 신중하지 않게 불확실한 미래로 유보된 부부관계는 무용함의 경계에 있다. 즉, 말론 브랜도는 조지안 마리아니와 곧 결혼할 것이다(그러나 그가 20편의 새 영화를 촬영한 후에만 그 결혼이 성사될 것이다). 미셸 모르강과 라프 발론은 **아마도** 새로운 합법적인 부부를 이룰 것이다(그러나 우선 미셸이 이혼해야 한다). 사실상 확실한 것으로 제공된 우연이 문제된다. 왜냐하면 우연의 중요성은 결혼이 공개적으로 항상 짝짓기의 〈자연스러운〉 궁극의 목적이기를 바라는, 매우 일반적인 이러한 관례에 따르는 부수적인 것이기 때문이다. 중요한 것은 가정된 결혼을 담보로 부부의 육체적인 현실을 받아들이게 하는 것이다.

말론 브랜도의 (미래의) 결혼은 아직도 사회적 콤플렉스들로 가득 차 있다. 이것은 양치기 소녀와 영주의 결혼이다. 방돌 지방의 〈보잘 것없는〉 어부의 딸이지만, 1차 대입 자격시험에 합격하였고 영어를 유창하게 구사(결혼할 소녀의 〈완벽성〉에 관한 테마)하므로, 더할 나위없이 훌륭한 조지안은, 이폴리트와 고독하고 야성적인 어떤 회교국 군주를 합쳐 놓은 듯한 영화계의 가장 침울한 남자의 마음을 사로잡았다. 그러나 헐리우드의 괴물에 의한 순박한 프랑스 처녀의 이런 유괴는 그 괴물이 되돌아오는 움직임 안에서만 완전하다. 사랑의 사슬에 묶인 주인공은 프랑스의 작은 도시에, 방돌의 해변·시장·카페, 그리고 식품점에 자신의 명성을 전부 옮겨 붓는 것처럼 보인다. 그러나 사실상 화보 주간지를 구독하는 모든 여성 독자들의 프티부르주아의 원형에 의해 풍요로워지는 것은 바로 말론이다.《한 주일의 세상》은 다음과 같이 적고 있다.『말론은 (미래의) 장모와 (미래의) 아내와 함께 마치 프랑스의 프티부르주아처럼 한가로운 식전 산책을 즐긴다』프랑스의 프티부르주아 계급은 오늘날 명백히 신화적 제국주의의 국면에 있으므로, 현실은 꿈에다 현실의 장식과 위상을 강요한다. 말론의 명성은 일차적으로는 온화한 성격의 근육질적인 영역에 속하고, 이차적으로는 사회적 영역에 속한다. 말론이 방돌을 신성화시킨 것 이상으로 말론은 방돌에 의해 신성화된다.

도미니시 혹은 문학의 승리

도미니시 소송사건[1]은 뜻밖에도 보수적인 문학의 심리학 같은 것으로 여겨지는 심리학의 어떤 개념을 바탕으로 진행되었다. 물적 증거가 불확실하거나 상반되었기 때문에 사람들은 심증에다 호소했다. 그런데 기소자들의 정신구조 자체 내에서가 아니라면 어디에서 이 심증들을 취할 수 있는가? 그래서 상상만으로, 그렇지만 추호도 의심의 여지없이 동기와 일련의 행위들이 재구성되었다. 그들은 마치 발굴지의 사방에서 오래 된 돌조각들을 주워 최신식 시멘트로 세소스

1) 도미니시 사건의 개요는 이러하다. 1952년 알프스 산기슭에 있는 디뉴라는 작은 도시에서 캠핑을 하던 드뤼몽드라는 영국인 일가족 세 명(아버지·어머니·딸. 부모는 카라빈 총으로, 딸은 총의 개머리판으로 머리를 때려 숨지게 하였다)이 피살되었다. 당시 77세였던 농부 가스통 도미니시는 기소되어 자신의 아들들의 불리한 증언에 의해 범인으로 지목되어 사형선고를 받지만, 1954년 11월 29일 증거 불충분으로 사면된다. 특기할 만한 사실은 장 지오노가 도미니시 사건에 관해 쓴 기사에서, 도미니시가 구사하는 어휘는 35개에 불과하다고 지적했다는 사실이다. 1994년 8월 11일자《피가로》지에 의하면, 그 당시 불리한 증언으로 아버지를 곤경에 처하게 했던 아들 귀스타브(현재 75세)는, 42년간의 침묵을 깨고 마침내 진실을 밝히고 오명을 씻고자, 이 사건을 프랑스 최고재판소에 재심을 청구하여 받아들여졌다. 담당 변호사 콜라르는 간접 추리, 물적 증거 파손, 정치적 악용(우익은 도미니시를 유죄로, 좌익 특히 공산주의자들은 무죄를 주장하면서 이념적 대결의 장으로 이용한다. 지금도 여전히 그러하다), 심문자들의 자아도취 등을 재판부의 고쳐야 할 관행으로 비판하면서, 몇 가지 점을 들어 이번 재심에서 도미니시의 결백을 증명할 수 있을 것이라고 낙관한다. 즉, 디뉴 고문서 보관소에 보관되어 있는 탄알이 범행에 사용된 카라빈 총의 것이 아니라는 사실, 또 52년 재판 당시 헌병대 장교가 처음에는 익명으로, 반응이 없자 정식 문서로 드뤼몽드 가족이 사용했던 자동차와 같은 형의 또 다른 힐만(Hillmann) 자동차를 목격했다고 진술한 증언이 묵살되었던 사실을 들고 있다.

트리스[2]의 섬세한 제단을 세우는 고고학자들이나, 혹은 낡은 토대에서 보편적인 지혜를 끌어내어 2천 년 전에 사라진 종교를 복원시키는 고고학자들처럼 행동했다. 사실상 그 보편적 지혜란 제3공화국의 학교에서 만들어진 그들 자신의 지혜에 불과한 것이다.

도미니시 노인의 〈심리〉(心理)의 경우도 마찬가지이다. 이것이 정말로 그의 심리인가? 그것은 아무도 모른다. 하지만 그것이 중죄 재판소의 재판장이나 검사의 심리라는 것은 확신할 수 있다. 알프스 산악 시골 노인의 사고와 재판부의 사고라는 이 두 정신구조는 동일한 구조를 가지는가? 그보다 더 불확실한 것은 없다. 그럼에도 불구하고 도미니시 노인이 유죄 판결을 받은 것은 바로 〈보편적인〉 심리의 이름으로이다. 즉, 부르주아 소설과 본질 심리학이라는 매혹적인 천상에서 내려온 문학이 한 인간을 단두대로 보내기로 판결을 내렸다. 검사의 말을 들어보자. 『이미 말씀드렸지만 잭 드뤼몬드 경은 겁이 났었습니다. 그러나 그는 최선의 방어가 공격임을 알고 있었습니다. 그래서 그는 이 사나운 남자에게 달려들어서 노인의 목덜미를 잡습니다. 한마디 말도 오가지 않았습니다. 하지만 가스통 도미니시로서는 누군가가 자신을 쓰러뜨려 꼼짝 못하게 짓누르고자 한다는 단순한 사실이 상상할 수도 없는 일이었습니다. 그는 갑자기 자신에게 대항하는 이 힘을 육체적으로 이겨낼 수가 없었습니다』 그것은 세소스트리스의 신전이나 주느브아[3]의 문학처럼 그럴 듯하다. 단지 고고학이나 문학이 〈왜 안 됩니까?〉에 근거를 둔다 해도 그것은 어느 누구에게도 해를 끼치지 않는다. 하지만 정의(正義)는 어떠한가? 주기적으

---

2) 이집트의 제12대 왕조의 파라오들을 일컫는 그리스어 이름이다.
3) 1890-1980년. 프랑스 소설가로 낙천적 자연주의 계열의 작품을 주로 썼다.

로, 그리고 《이방인》(알베르 카뮈의 1942년 작품)의 재판처럼 반드시 허구적이지만은 않은 어떤 소송은, 정의가 양심의 거리낌없는 유죄 판결을 내리도록 당신에게 대체용 두뇌를 빌려 줄 용의가 항상 있으며, 코르네유[4]적인 정의는 있는 그대로의 당신이 아니라 마땅히 그래야 하는 대로의 당신을 그려내고 있음을 당신에게 상기시킨다.

피고의 세계에서 이런 사건의 검증은 하나의 매개 신화 덕분에 가능한데, 종교재판은 그것이 중죄 재판소의 종교재판이든 문학 논단의 종교재판이든간에, 그 매개 신화를 항상 십분 활용한다. 그 신화는 곧 언어의 투명성과 보편성이다. 《피가로》지를 읽는 중죄 재판소의 재판장은 〈일자무식의〉 염소지기 노인과 대화하는 데 전혀 거리낌을 느끼지 않는다. 그들은 프랑스어라는 가장 명백한 동일 언어를 공유하고 있지 않은가? 양치기들이 판사들과 스스럼없이 대화를 나누는 고전적인 교육에 대한 이 기막힌 확신! 그러나 여기에서는 라틴어 역문과 프랑스어 논술의 멋진 (그리고 괴상한) 모럴 뒤에 한 사람의 목숨이 걸려 있다.

그렇지만 두 언어의 차이, 침투 불가능한 그 언어의 폐쇄성이 몇몇 기자들에 의해 지적되었고, 장 지오노[5]는 자신의 방청 보고서에서 그에 관한 많은 예들을 제시하였다. 이는 카프카[6]식의 오해들, 알 수 없

---

4) 1606-84년. 프랑스의 극작가. 《르 시드》·《오라스》·《신나》 등의 작품을 통해 자신들의 운명을 스스로 결정하는 자유로운 존재들의 숭고함을 그렸다.
5) 1895-1970년. 프랑스의 소설가. 남프랑스의 전원생활을 배경으로, 원시적인 자연과 인간의 융합을 묘사하여 독자적인 시정을 전개하였다. 작품으로는 《언덕》·《세계의 노래》 등이 있다.
6) 1883-1924년. 체코 태생의 독일 작가. 근대인의 고립과 불안과 절망을 표현주의에서 시작된 초현실주의 수법으로 묘사하고, 현대에 있어서 인간 존재의 부조리라는 주제를 전개하였다. 작품으로는 《변신》·《심판》·《성》 등이 있다.

는 장벽들을 상상할 필요도 없음을 증명한다. 그렇다. 구문·어휘·언어의 기본적이고 분석적인 대부분의 자료들이 무턱대고 서로 암중모색함으로써 의사소통이 이루어지지 않지만, 어느 누구도 이에 개의치 않는다(『다리에 갔었죠?……오솔길이오? 오솔길은 없어요, 내가 잘 알죠, 내가 거기에 있었거든요 Etes-vous allé au pont? ……Allée? il n'y a pas d'allée, je le sais, j'y suis été』). 물론 공식 언어가 곧 상식이고, 도미니시의 언어는 그 빈곤함으로 인해 특이한 인종학적인 변종에 불과하다고 모든 사람들이 믿는 척한다. 그렇지만 비일상적인 상투어로 가득 찬 이 재판장의 언어 역시 특수한 것으로, (대부분의 사람들이 자신들이 배운 언어의 심리를 불가피하게 소유하지 않는 한) 그것은 학교 논술용 언어이지 구체적인 심리의 언어가 아니다. 서로 대립되는 것은 단순히 사용하는 두 언어의 특수성일 뿐이다. 하지만 그 하나는 자신을 위한 힘과 법률과 명예를 가지고 있다.

이 〈보편적〉 언어가 법조인들의 심리에 때마침 새로운 힘을 부여해 준다. 즉, 이 심리는 언제나 보편적 언어가 타인을 하나의 사물로 간주하여 일거에 기술하고 단죄하도록 허용한다. 이것은 형용사적인 심리로, 그 심리는 피해자들에게 속사를 붙여 줄 줄만 알지 강제로 행위를 밀어넣은 유죄의 범주를 벗어나는 행위에 관해서는 아무것도 모른다. 이러한 범주들은 곧 고전주의 희곡이나 필적학 개론의 범주들이다. 허풍쟁이·성내는 자·이기주의자·교활한 자·호색한·냉혈한 등 심리의 눈에는 인간이 〈기질들〉만으로 존재하는데, 이 기질들이 인간을 보다 쉽게 동화할 수 있는 대상인지 아닌지, 보다 공손하게 복종하는 주체인지 아닌지로 사회에다 지정해 준다. 모든 의식의 상태는 제쳐 놓는 공리적인 이 심리학은, 그렇지만 행위가 선재하는 내면성에 근거를 둔다고 주장하며 〈영혼〉을 가정한다. 이 심리학은 처음에 인간을 사물로 묘사했던 것에 대해 전혀 난처해 하지 않은 채 인간을 하나의 〈의식〉으로서 판단한다.

그런데 심리학이라는 이름으로 오늘날 쉽사리 당신의 목을 벨 수 있는 이것은, 부르주아 양식에서 인간에 관한 기록 문학이라고 불리는 우리의 전통 문학에서 곧바로 유래하였다. 도미니시 노인이 유죄 판결을 받은 것은 바로 인간에 관한 기록의 이름으로이다. 재판부와 문학이 결탁하여 그들의 낡은 기술(技術)을 교환하고, 이렇게 함으로써 그들의 뿌리 깊은 동일성을 드러내고, 파렴치하게 서로의 명예를 훼손한다. 배심원들 뒤의 고관석에는 작가들(지오노 · 살라크루[7])이 앉아 있다. 기소자측에는 검사가 있는가? 아니다. (《르몽드》지가 검사에게 수여한 충격적인 표창장에 의하면) 〈이론의 여지없는 재치〉와 〈현혹적인 능변〉의 재능을 타고난 〈기막힌 이야기꾼〉이 있을 뿐이다. 경찰조차도 여기에서 글짓기 연습을 하고 있다(경찰서장의 말 :『나는 결코 그 사람보다 더 배우 뺨치는 거짓말쟁이, 더 의심이 가는 도박사, 더 능란한 이야기꾼, 더 음흉한 사기꾼, 더 기력 좋은 70대 노인, 더 자신만만한 폭군, 더 사악한 모사꾼, 더 교활한 위선자를 본 적이 없다…… 가스통 도미니시, 그는 인간의 영혼들과 동물적 생각들을 연기하는 놀라운 프레골리[8] 같은 자다. 그랑테르의 가짜 족장인 그는 몇 개의 얼굴이 아니라 백의 얼굴을 가졌다!』). 대조법 · 은유 · 웅변의 비약 등 이 모든 고전주의 수사학이 여기에서 양치기 노인을 비난하고 있다. 문학이 〈인간에 관한〉 새로운 자료들을 찾으러, 그리고 순진하게도 재판

---

7) 1899-1989년. 프랑스의 극작가. 현대세계의 사회적이고 인간적인 문제들을 통속적인 리듬으로 다룬 희곡 작품을 썼다.

8) 1867-1936년. 60가지 이상의 다른 배역을 해낸 이탈리아의 배우로, 그의 변신은 가히 전설적이다.

을 통해 문학이 그에게 처음에 강요했던 심리학의 반영을 피고와 혐의자들의 얼굴에서 수집하러 법정에 오는 반면, 재판부는 사실주의 문학의, 전원 이야기의 가면을 썼다.

다만 (항상 〈현실〉과 〈인간〉에 관한 문학으로 제시된) 포만한 문학 앞에는 비통의 문학이 있다. 도미니시 소송사건 역시 이런 문학이었다. 여기에서는 단지 현실에 굶주린 작가들과 한 사람의 생명을 앗아가는 〈현혹적인〉 능변의 뛰어난 이야기꾼들만이 있을 따름이었다. 피고의 죄질의 정도가 어떠하든간에, 우리 모두가 위협받고 있는 테러, 즉 권력이 우리에게 빌려 준 언어만을 들으려 하는 권력 자신에 의해 심판받는 테러의 장면이 또한 있었다. 우리는 모두 잠재적인 도미니시로, 우리는 살인자가 아니라 언어를 박탈당한, 혹은 한술 더 떠서 기소자들의 언어로 유죄 판결을 받은, 괴상하게 꾸며지고 모욕당한 피고들이다. 바로 언어의 이름으로 한 사람에게서 그의 언어를 훔치는 것, 바로 이런 행위를 통해 모든 합법적인 살인이 시작된다.

피에르 사제의 초상학

피에르 사제[1]의 신화는 사제의 인상이라는 귀중한 성공 조건을 이용한다. 그것은 곧 호감이 가는 좋은 인상으로, 성직의 모든 기호들을 분명하게 보여 준다. 즉, 선량한 시선, 프란체스코 수사식으로 자른 머리, 선교사의 수염, 이 모든 것을 보완하는 노동 신부가 입는 털을 댄 반코트와 순례자의 지팡이라는 기호들이다. 이렇게 해서 전설의 표징들과 현대성의 표징들이 결합된다.

예를 들어 꾸밈새도 없고, 특히 모양새도 없는 절반만 깎은 이발 방식은 확실히 기술이나 기교조차도 전혀 상관없는 머리 모양, 즉 일종의 제로상태의 이발 방식을 수행하려고 한다. 물론 이발은 해야 한다. 그러나 필수적인 이 작업은 최소한 어떤 특별한 존재 방식도 내포해서는 안 된다. 이 작업은 특별한 것이 아닌 채로 존재하게 해야 한다. 짧은 머리(눈에 띄지 않기 위해 필수 불가결한 관습)와 등한시한 머리(여타 관습들에 대한 무시를 표명하기에 적합한 상태) 사이의 중립적인 균형에 이르기 위해 가시적으로 고안된 피에르 사제의 이발 방식은 이렇게 해서 성스러움을 나타내는 두발의 원형이 된다. 성자란 무엇보다도 외모에 신경을 쓰지 않는 존재이다. 유행이라는 개념

---

1) 1912년-현재. 독일 점령하에서 레지스탕스로 활약하였으며, 피에르 사제란 당시 레지스탕스가 그를 칭하는 암호였다. 1949년 〈엠마위스 공동체〉를 조직하여 현재에 이르기까지 빈민운동을 벌이고 있으며, 평생을 사회 정의와 이웃 사랑으로 일관한 그는 슈퍼맨, 신화적 존재로 일컬어지며, 프랑스 국민의 정신적 대부이다.

은 성스러움이라는 개념과 상반된다.

그런데 사태가 복잡해지는 것은—— 사제도 모르는 사이에 그러기를 바란다—— 다른 곳에서나 마찬가지로 여기에서도 중립성이 결국 중립성의 **기호**로 작용한다는 것이다. 그러므로 진정으로 주목받지 않기를 바란다면 처음부터 다시 시작해야 할 것이다. 제로 이발 방식은 매우 손쉽게 프란체스코회주의를 드러낸다. 처음에는 성스러운 외모에 흠이 가지 않도록 소극적으로 고안된 이발 방식이 재빨리 의미작용의 최상의 방식이 되어, 사제를 성 프란체스코로 **가장시킨다**. 그런 까닭에 삽화가 있는 잡지나 영화에는 이런 머리 모양의 초상이 풍부하다(영화에서는 배우 레이바즈가 이런 머리 모양을 하는 것만으로도 충분히 사제로 감쪽같이 속일 수 있다).

수염의 경우에도 동일한 신화적 회로를 거친다. 물론 수염은 단순히 우리 사회의 일상적 관습에는 초연한, 그리고 면도하는 데 시간을 낭비하기 싫어하는 자유인의 표지일 수도 있다. 애덕(charité)에 빠져들면 이런 종류의 경멸을 가지는 것도 무리는 아니다. 그러나 성직자의 수염도 역시 자신의 작은 신화학을 지니고 있음을 지적해야만 한다. 신부들 중에서 무턱대고 수염을 기른 사람은 없다. 수염은 특히 선교사나 카프치노 수도회 수도사의 표지이어서 성직과 빈곤을 **의미**하지 않을 수 없다. 수염은 그 수염을 기른 사람을 재속 성직자로부터 약간 떼어놓는다. 면도한 신부는 더 세속적이고, 수염을 기른 신부는 더 복음에 적합하게 여겨진다. 즉, 사악한 프롤로(Frolo)[2]는 면도

---

2) 빅토르 위고의 작품 《노트르담의 꼽추》(1831)에 나오는, 가슴 속에 지옥을 품고 있는 과묵하고 고독한 인물이다. 원문의 Frolo는 Frollo의 오자인 듯하다.

3) 1858-1916년. 1901년 사제가 된 그는 알제리 남부와 이후 타만라세트에 자리잡고 투아레그족(사하라 사막에 사는 종족)의 언어를 연구하며 사하라의 전도에 헌신하였다.

를 했고, 선한 푸코 신부[3]는 수염을 길렀다는 식이다. 수염이 있으면 주교나 교계제도나, 정치적 색채를 띤 교회와는 보다 관련이 적다. 훨씬 자유로워 보이고, 약간 독자적이며, 한마디로 더욱 원초적이어서, 초기 은자들의 명성의 덕을 보고, 수도생활을 창시한 사람들의 무뚝뚝한 솔직함을 가지며, 겉치레에 반대하는 정신의 수탁자로 보인다. 수염이 있다는 사실은 빈민 구역이나 브리토니[브리튼들이 사는 지역] 혹은 말라위[현재 아프리카의 말라위(Malaiwi) 공화국을 가리킨다]를 동일한 심정으로 탐사한다는 것이다.

(선량함의 표지가 《파리 마치》지의 피에르 사제라는 현실과, 영화의 피에르 사제라는 허구 사이의 손쉬운 교환 대상인, 쉽게 이용할 수 있는 여러 종류의 화폐들이라는 것이 사실상 꽤 놀라움에도 불구하고, 간단히 말해서 성직이 전설과 복원이라는 거창한 여행을 위해 완벽하게 장비가 갖추어진, 모든 준비가 완료된 순간부터 나타난다는 것이 꽤 놀라움에도 불구하고) 물론 이 수많은 **기호**들이 어떻게 피에르 사제를 뒤덮을 수 있었는지를 아는 것이 문제가 아니다. 나는 단지 대중이 행하는 이 기호들의 엄청난 소비에 대하여 의아할 뿐이다. 나는 형태학과 소명의 기막힌 동일성 덕분에 대중이 안심하는 것을 본다. 대중은 형태학을 알고 있으므로 소명을 의심치 않으며, 그 진부한 수법을 통해서만 성직의 경험에 접하고, 신성함을 진열한 상점 앞에서 양심에 거리낌을 느끼지 않는 데 익숙해져 있다. 애덕의 과시를 매우 탐욕스럽게 소비함으로써, 그 결과나 용도, 그리고 그것의 한계에 관해서는 자문하기를 망각하는 사회가 나는 걱정스럽다. 그래서 나는 피에르 사제의 멋지고 감동적인 초상이 정의의 현실을 애덕의 기호들로 탈 없이 대체시키기 위해서 국민들 대부분이 다시 한번 방패로 삼는 알리바이가 아닐까 자문하게 된다.

소설들과 아이들

얼마 전 《엘르》지는 한 장의 사진에 일흔 명의 여류 소설가들을 모아놓았는데, 그 잡지에 의하면 여류 문필가는 주목할 만한 동물학의 한 종을 이룬다. 즉, 여류 소설가는 소설과 아이들을 뒤죽박죽으로 해산한다. 예를 들어 **자클린 르누아르**(딸 둘, 소설 한 편)·**마리나 그레이**(아들 하나, 소설 한 편)·**니콜 뒤트레이**(아들 둘, 소설 네 편) 등으로 알려진다.

이것은 무엇을 의미하는가? 그것은 곧 다음과 같다. 글쓰기는 명예롭지만 과감한 행위이다. 작가는 〈예술가〉이므로 그에게는 자유분방할 수 있는 권리가 어느 정도 인정된다. 작가는, 최소한 《엘르》지에 나타난 프랑스에서는, 일반적으로 작가의 양심의 논거를 사회에 제공할 책임이 있기 때문에, 그의 봉사는 충분히 그 보상을 받아야 한다. 즉, 작가에게는 약간의 개인생활을 영위할 권리도 묵시적으로 인정된다. 그러나 여성들은 우선 여성성의 영원한 위상에 복종하지 않고는 자신들이 이러한 규약을 이용할 수 있다고 생각하지 않는다는 점에 주의하자. 여성들이란 남자들에게 아이를 낳아 주기 위해서 이 땅에 존재한다. 여성들이 원하는 한 글을 쓰도록 하고, 자신들의 처지를 미화하도록 하라. 하지만 무엇보다도 자신들의 처지에서 벗어나지 않도록 하라. 여성들에게 허용된 지위 향상이 그녀들의 성서적인 운명을 혼란시키지 않도록 하고, 당연히 작가생활에 결부된 이런 자유분방함을 그녀들의 모성(母性)이라는 공물로 값을 치르게 하라.

그러므로 용감하고 자유로우라. 남자인 양 처신하고 남성처럼 글을 써라. 하지만 결코 남성에게서 벗어나지 말라. 남자의 시선 아래서 살며, 당신의 소설들을 당신의 아이들로 보상하라. 잠시 당신의 활동을 만끽하라. 그러나 당신의 처지로 재빨리 돌아오라. 소설 한 편, 아이 한 명, 약간의 페미니즘, 약간의 부부생활, 예술의 모험을 가정이라는 견고한 대들보에 잡아매자. 둘 다 모두 이 왕복운동에서 많은 것을 얻을 것이다. 신화의 분야에서 상호 부조는 항상 많은 성과를 거둔다.

예를 들어 시의 여신 뮤즈는 보잘것없는 가사 임무에 자신의 고귀함을 부여할 것이다. 그 대신 이러한 훌륭한 직무에 대한 감사로, 출산의 신화는 이따금 약간 경박하다는 평판이 있는 뮤즈 여신에게 그 신화가 지닌 존엄성의 보증과 육아실이라는 감동적인 장식을 빌려준다. 그러므로 모든 것이 가장 훌륭한 세계——《엘르》지의 세계——에서 최선으로 존재한다. 여성이 자신감을 갖게 하라. 여성도 남성들처럼 창조의 상위 위상에 접근할 수 있다. 그러나 남성들이 재빨리 안심하게 하라. 그렇다고 해서 아내를 빼앗기지는 않을 것이다. 그녀는 본성상 여전히 마음대로 할 수 있는 씨받이로 남을 것이다. 《엘르》지는 재빠르게 몰리에르식의 한 장면을 연기한다. 한쪽으로는 그렇다고 말하고 다른 쪽에서는 아니라고 말하며, 어느 누구의 비위도 거스르지 않으려고 분주하다. 두 시골 처녀 사이에 있는 동 쥐앙처럼, 《엘르》지는 여성들에게는 당신들도 남성들만한 가치가 있다고 말하고, 남성들에게는 당신들의 아내는 한낱 여자일 뿐일 거라고 말한다.

남성은 처음에는 이 이중의 해산에 부재하는 것처럼 보인다. 아이와 소설들은 어머니에게만 속하기 때문에 둘 다 모두 저절로 생겨난 듯이 보인다. 동일한 괄호 안에 묶은 작품들과 아이들을 일흔 번이나 본 나머지, 자칫하면 작품과 아이들 모두가 상상력과 꿈의 열매, 즉 발자크[1]다운 창조의 기쁨과 모성의 애정 어린 기쁨을 단 한 번에 여성에게 줄 수 있는 이상적인 단성생식의 기적적인 산물이라고 믿게 될 것이다. 이 가족 그림 속에서 도대체 남성은 어디에 있는가? 마치 어떤 상황을 결정하는 동시에 제한하는 어떤 권위자처럼, 수평선처럼, 하늘처럼, 그 어디에도 없고 또 어디에나 있다. 《엘르》지의 세계가 그러하다. 이 세계에서 여성들은 언제나 자신의 특권에 집착하고 예속을 훨씬 더 좋아하는 하나의 구성집단이며, 하나의 동질의 종이다. 남성은 결코 이 세계의 내부에 존재하지 않으므로, 여성성은 순수하고 자유롭고 강하다. 그러나 남성은 주변의 어디에나 있어서 도처에서 압력을 가하고, 모든 것을 존재하게 한다. 남성은 아주 옛날부터 창조적인 부재, 라신[2]적인 신(神)의 창조적인 부재이다. 남성이 없는 세계, 그러나 남성의 시선으로 모든 것이 구성된 세계인 《엘르》지의 여성세계는 바로 규방의 세계이다.

《엘르》지의 모든 방식에는 다음과 같은 이중의 움직임이 있다. 즉, 규방을 잠가라. 그리고 나서 그때 비로소 그 안에서 여성을 풀어 주라. 사랑하고, 일하고, 글을 쓰고, 여류 사업가나 문필가가 되라. 그러나 남성이 존재하며 당신은 남성처럼 만들어지지 않았음을 항상 기억하라. 당신의 영역은 남성의 영역에 종속된다는 조건하에서만 자유롭다. 당신의 자유는 사치이며, 당신이 우선 당신 본성의 의무들을 인정해야만 가능하다. 원한다면 글을 써라. 우리 여성들은 모두 그것을 자랑스럽게 여길 것이다. 하지만 아이를 만드는 일도 역시 잊어서는 안 된다. 왜냐하면 그것이 당신의 숙명인 까닭이다. 제주이트의 모럴

---

1) 1799-1850년. 프랑스의 소설가. 프랑스 사회의 모든 계급·직업과 그들 인간의 기질을 묘사한 작품 90여 편을 총서로 하여 《인간 희극》(1829-48)이라는 제하로 출판하였다.

은 다음과 같다. 당신의 상황의 모럴과 타협하라. 그러나 모럴의 기초가 되는 교리에 대해서는 절대로 타협하지 말라.

장난감

프랑스의 어른이 어린아이를 또 다른 자기 자신으로 여긴다는 것을 보여 주는 데 프랑스 장난감보다 더 좋은 예는 없다. 흔히 볼 수 있는 장난감들은 본질적으로 어른 세계의 축소이다. 마치 대중이 보기에 아이란 요컨대 더 작은 인간, 마치 그에게 알맞은 물건들을 제공해 주어야 하는 난쟁이인 것처럼, 장난감은 모두가 어른들의 물건을 축소시킨 복사품들이다.

창안된 형태는 그 수가 매우 적다. 뜯어맞추기 정신에 입각한 몇몇 조립식 놀이만이 역동적인 형태를 제시한다. 나머지 프랑스 장난감은 **언제나 무엇인가를 의미한다.** 그런데 이 무엇인가는 항상 전적으로 어른들의 현대 생활의 신화나 기술에 의해 구성되고 사회화된 것이다. 군대 · 라디오 · 우체국 · 병원(의사의 축소형 왕진 가방, 인형을 위한 수술실) · 학교 · 미장원(퍼머용 드라이어) · 공군(낙하산 부대) · 교통(기차 · 시트로앵 자동차 · 브레트 자동차 · 베스파 스쿠터 · 주유소) · 과학(화성인 장난감) 등이 그것이다.

프랑스 장난감이 어른들의 기능세계를 **문자 그대로** 예시하고 있다는 사실은, 언제 어느 시대에나 군인 · 우체부들, 베스파 스쿠터를 만들어 낸 본성의 알리바이를 아이가 생각해 보기도 전에 아이에게 구성해 줌으로써, 분명히 그 모든 것을 받아들이도록 준비시킬 수 있을 뿐이다. 장난감은 여기에서 어른들이 놀라워하지 않는 모든 것의 목록을 보여 준다. 즉, 전쟁 · 관료주의 · 추함 · 화성인 등이다. 게다가 이것은 너무나 실제와 같아서 양위(讓位)의 기호인 모방이 될 수 없다. 즉, 프랑스 장난감은 지바로족[1]의 축소된 머리와 같은 것으로, 사과만한 크기의 이 머리에는 어른의 주름살이나 머리카락이 있다. 예를 들어 오줌을 누는 인형도 있다. 그 인형은 식도를 가지고 있어서 우유병을 물리면 기저귀를 적신다. 앞으로는 추호도 의심의 여지없이, 곧 뱃속에서 우유가 물로 변하는 인형도 나올 것이다. 이를 통해 어린 여자아이를 집안일의 인과관계에 대비시키고, 미래의 어머니의 역할에 〈알맞도록 적응〉시킬 수 있다. 충실하고 복잡한 사물들의 이런 세계 앞에서, 아이는 결코 창조자가 아닌 소유자나 사용자만이 될 수 있을 뿐이다. 아이는 세계를 창안하지 않고 단지 세계를 이용한다. 아이에게는 모험도, 놀라움도, 기쁨도 없는 제스처들이 마련된다. 사람들은 아이를 어른들 세계의 인과관계의 동인(動因)들을 창안할 필요조차 없는 내성적인 어린 집주인으로 만든다. 아이에게는 전부 준비된 동인들만 제공되므로 아이는 사용하기만 하면 된다. 두루 찾아다니며 발견해야 할 그 어떤 것도 결코 아이에게는 제공되지 않는다. 조립식 놀이는 아무리 사소한 것이라 해도 지나치게 정교하지만 않다면 아주 다른 세계를 배울 수 있게 해준다. 그 놀이에서 아이는 의미 있는 물건들을 전혀 만들지 않으며, 물건들이 어른의 이름을 가지는 것도 아이에게는 별로 중요하지 않다. 아이가 행하는 것은 사용이 아니라 조물주 같은 창조이다. 아이는 작동하거나 굴러가는 형태를 만들고, 소유물이 아니라 생명을 창조한다. 그 놀이에서 이제 사물들은 스스로 움직인다. 그것은 더 이상 손바닥 위에 놓인 복잡하고 움

---

1) 에콰도르 안데스 산맥 동쪽 기슭의 인디언. 전투적 민족인 지바로는 적의 머리를 베어서 뜨겁게 달군 돌로 말린 다음 여러 가지 크기로 축소시킨다. 그들에게는 사람의 머리 가죽이 전리 트로피로 간주되었다.

직이지 못하는 물질이 아니다. 그렇지만 그런 장난감은 흔치 않다. 프랑스 장난감은 일반적으로 모방의 장난감이어서 아이를 창조자가 아닌 사용자로 만들고자 한다.

장난감의 부르주아화는 순전히 장난감의 기능적인 형태에서 뿐만 아니라 그 재질에서도 나타난다. 보통의 장난감들은 자연 소재 제품이 아니라 볼품없는 소재로 만들어진 화학제품이다. 많은 장난감들이 이제는 복잡한 반죽상태에서 주조된다. 플라스틱 소재는 조악하면서 동시에 위생적인 외관을 가지며, 그것은 촉감의 즐거움이나 부드러움, 인간적 특성을 없애 버린다. 한심하기 짝이 없는 징조가 하나 있는데, 그것은 나무 재질이 점차 사라지고 있다는 것이다. 나무 재질은 그것의 단단함과 부드러움, 만질 때 느껴지는 자연스러운 온기로 인해 매우 이상적인 소재이다. 나무는 그것이 만드는 어떤 형태이든간에 거기에서 너무 날카로운 모서리 때문에 다칠 우려나, 금속이 갖는 화학적인 냉기를 제거한다. 아이가 그것을 다룰 때나 그것에 충격을 가할 때에도 진동하거나 삐걱대지 않고 희미하면서도 분명한 소리를 낸다. 이것은 친숙하고 시(詩)적인 재질로, 아이가 나무·탁자·마루와 계속적인 접촉 속에 있게 해준다. 나무는 다치게 하지도 않고 고장이 나지도 않는다. 나무는 부서지는 것이 아니라 마모되므로 오랫동안 지속될 수 있어, 아이와 함께 살면서 사물과 손의 관계를 조금씩 변형시킬 수 있다. 만일 나무 장난감이 죽는다면, 그것은 고장난 용수철이 튀어나온 채 죽어가는 기계로 움직이는 장난감들처럼 팽창되어서가 아니라 수축됨으로써이다. 나무는 본질적인 사물, 항구적인

---

2) 프랑스 동북부 로렌 지방. 보주 산맥 산악지대의 서쪽 기슭에 있다. 나무가 울창하여 대부분의 나무 장난감이 이곳 농가에서 가내공업으로 만들어졌다.

사물을 만든다. 그런데 사실상 가내공업 시대에나 가능한, 보주[2)]에서 만드는 이런 나무로 된 장난감들이 이제는 거의 없다. 앞으로 장난감은 재질이나 색상에 있어서 화학적이다. 장난감의 재료 자체가 즐거움이 아닌 사용의 전신감각으로 안내한다. 게다가 이런 장난감들은 매우 빨리 죽고, 일단 죽으면 아이에게는 어떠한 사후의 삶도 없다.

파리는 침수되지 않았다

1955년 1월의 홍수는, 그것이 수천 명의 프랑스인들에게 야기한 곤경이나 불행에도 불구하고, 재앙이라기보다는 축제의 성격을 띠고 있다.

우선 그 홍수는 어떤 사물들을 낯설게 했고, 엉뚱하지만 설명 가능한 관점들을 끌어들임으로써 세계에 대한 인식을 새롭게 하였다. 지붕만 보이는 자동차, 훼손되어 마치 연꽃처럼 그 머리만 수면 위로 떠오른 가로등, 아이들의 집짓기 나무토막처럼 동강난 집들, 며칠씩 나무 위에 고립된 고양이가 목격되었다. 이 모든 일상적인 사물들은 갑자기 그 자신의 뿌리로부터 떨어져 나와, 특히 대지라는 당연한 실체를 박탈당한 것처럼 보였다. 이런 단절은 신기하게도 위협적이지 않으면서 호기심을 끈다는 장점을 지녔다. 수면은, 성공은 했으나 들통이 난 속임수처럼 작용했고, 사람들은 변하기는 했지만 결국 〈자연스러워 보이는〉 형태를 바라보는 즐거움을 누렸고, 그들의 정신은 불안 속에서 알 수 없는 원인을 향해 거슬러 올라가지 않고, 온통 결과에만 쏠린 채 남아 있을 수 있었다. 범람은 일상적인 전망을 전복시켰지만, 그렇다고 해서 일상적인 전망을 환상적인 것 쪽으로 유도하지는 않았다. 사물들은 변형된 것이 아니라 부분적으로 지워졌다. 그 광경은 기이하지만 합리적인 것이었다.

일상생활로부터의 다소 폭넓은 모든 단절이 축제로 안내한다. 그런데 범람은 어떤 사물들을 선택해서 낯설게 했을 뿐만 아니라, 풍경에 대한 체감 자체와 조상 전래의 지평선의 구조를 뒤흔들었다. 즉, 토지

대장에 기록된 정상적인 선들, 나무들의 장막, 줄지어 선 집들, 도로, 강의 흐름, 소유지의 형태를 잘 갖추는 각을 이루는 안정성, 이 모든 것이 지워졌고, 각(角)에서 면(面)으로 펼쳐졌다. 더 이상 길도, 강 연안도, 방향도 존재하지 않는다. 어디로도 흘러가지 않는, 그래서 인간의 변전을 중단시키는 평범한 실체가 인간을 이성으로부터, 장소의 도구적 성질로부터 해방시킨다.

가장 걱정스러운 현상은 분명히 강이 사라졌다는 사실 자체이다. 이 모든 혼란의 원인인 그 강은 더 이상 존재하지 않고, 물은 더 이상 흐르지 않으며, 아이들이 매우 좋아하는 지리학적 인식의 초보적인 형태인 강의 띠는 선(線)에서 면(面)으로 넘어간다. 공간의 기복은 더 이상 아무런 배경도 갖지 못하고, 강·도로·들판·비탈·빈터 사이에 서열도 더 이상 존재하지 않는다. 전경은 자신의 중요한 힘을 잃게 되는데, 그 힘은 곧 기능들의 병렬로써 공간을 구성하는 것이다. 그러므로 시각적 반사의 중심 자체에서 범람에 의한 불안이 야기된다. 그러나 이런 불안은 **시각적으로** 위협적이지 않다(나는 정말로 홍수를 집단적으로 소비하는 유일한 수단인 신문에 게재된 사진들에 대해서 말하는 것이다). 공간의 점유가 중단되고 지각작용은 충격을 받지만, 전체적인 느낌은 마냥 온화하고, 평화롭고, 태연하고, 상냥하다. 한없이 물에 뒤섞인 형태에 시선이 끌린다. 일상적인 시각의 단절은 소동을 일으킬 만한 종류에 속하는 것이 아니다. 그것은 완료된 특성만 보이는 변화로, 공포와는 거리가 멀다.

지형도에 씌어진 **이름**과 기능들의 일시 정지상태 속에서 고요한 강의 범람 때문에 생긴 이 행복한 광경에, 미끄러져 들어가기(glissement)라는 행복한 신화가 분명히 상응한다. 즉, 홍수 사진 앞에서 모든 독자는 자신이 대리로 슬그머니 미끄러져 들어감을 느낀다. 그러므로 길에 작은 배들이 떠다니는 장면들이 큰 성공을 거둔다. 이런 장면들은 수없이 많으며, 신문과 독자들은 이런 장면들에 탐욕을 보인다. 왜냐하면 거기에서 물 위를 걸어다니는 사람이라는 어린아이 같은 신화적인 큰 꿈이 현실에서 일어났음을 보기 때문이다. 항해를 시작한 지 수천 년이 지났는데도 배는 여전히 놀라운 대상이다. 배는 욕망과 정열과 꿈을 낳는다. 놀이를 하는 아이들이거나 항해 유람 여행에 매혹된 노동자들 모두가 배에서 해방의 도구 자체를 보고, 물 위를 걷는다는, 양식으로는 설명할 수 없는 문제에 대한 언제나 놀라운 해결책을 본다. 홍수로 인하여 이 주제는 활기를 띠게 되고, 매일 매일의 거리가 자극적인 배경으로서 그 주제에 제공된다. 가령 배를 타고 식품점에 간다든가, 신부가 조각배를 타고 성당에 들어가며, 한 가족이 카누를 타고 생필품을 사러 간다.

이런 종류의 믿을 수 없는 신기한 일에, 마을이나 구역을 재건하고, 길을 새로 내고, 그곳을 연극 무대처럼 잠시 사용하는 행복감, 견고한 성이나 베네치아의 궁전처럼 물 자체에 의해 잘 보호된 은신처인 집에 힘들게 접근함으로써, 오두막집에 대한 어린아이 같은 신화를 다양하게 하는 행복감이 추가된다. 역설적인 사실은, 홍수가 즐겁게 세계를 다루기 쉽고 더 마음대로 사용할 수 있게 만들었다는 것이다. 이러한 종류의 즐거움은 어린아이가 자신의 장난감을 마음대로 이용하거나, 그것을 탐구하거나 즐기거나 할 때 느끼는 것이다. 집들은 집 짓기 놀이 나무토막에 불과했고, 철도 선로는 끊어졌고, 가축떼는 떠내려갔다. 그러므로 아이들 세계의 최고의 장난감인 작은 배가 곧 더 이상 뿌리를 박지 못하고, 이렇게 배열되고 펼쳐진 공간을 소유하는 방식이 된다.

만일 우리가 감각의 신화에서 가치의 신화로 넘어간다 하더라도 홍수는 동일한 행복감을 지니고 있다. 즉, 신문은 매우 수월하게 연대감의 역동성을 발전시킬 수 있고, 마치 사람들을 결속시킬 수 있는 대사건인 양 날마다 범람을 재구성할 수 있다. 이것은 본질적으로 재난의 **예측 가능한** 성격에서 기인한다. 범람이 최고조에 달할 날짜를 신문이 예보하는 방식에는 열렬하고 적극적인 무엇인가가 있다. 재난이 터질 때까지 주어진 거의 과학적인 유예기간은 제방 쌓기, 물새는 곳 막기, 배수작업 같은 합리적인 해결책을 강구하는 데 사람들을 모을 수 있다. 소나기가 오기 전에 농작물이나 빨래를 걷어들이게 하거나, 모험소설에서 승개교를 올리는, 간단히 말해서 시간이라는 유일한 무기로 자연에 맞서 싸우는 솜씨가 돋보이는 동일한 행복감의 문제이다.

파리를 위협하는 범람은 1848년 2월 혁명의 신화 속에 다소 포함될 수도 있다. 파리 시민들은 〈바리케이드〉를 치고, 강물이라는 적에 대항해 보도 블록의 힘을 빌려 자신들의 도시를 방어하였다. 이러한 전설적인 저항 방식은 밀물에 신속히 맞서 아이들이 해변에 쌓는 저지벽, 명예로운 참호, 모래둑의 비유를 통해 사람들을 대단히 매혹시키고 용기를 북돋워 주었다. 이것은 지하실의 물 퍼내기보다 더 숭고한 저항 방식이다. 신문들은 넘치고 있는 강에 도로 쏟아붓는 물을 퍼내서 무슨 소용이 있는지를 관리인들이 이해하지 못했기 때문에, 그 방식에서는 큰 효과를 끌어낼 수 없었다. 무장동원의 이미지, 집단 협력, 모터 달린 고물 노가 있는 고무 보트들, 〈노약자와 아이들의 인명 구조〉, 성서와 같은 가축 거두기 등 방주를 채우는 노아의 이 모든 열기를 전개시키는 편이 더 낫다. 왜냐하면 방주는 행복한 신화이기 때문이다. 즉, 이 신화에서 인류는 자연의 힘에 대하여 거리를 두고 신화에 몰두하여, 세계가 다루기 쉬운 것이라는 명백한 사실을 재

난 자체로부터 끌어냄으로써, 인간의 능력에 대한 필요 불가결한 의
식을 신화에서 만들어 낸다.

검둥이 나라에 간 비숑

《파리 마치》지는 우리에게 검둥이에 관한 프티부르주아 신화에 관해 의미심장한 다음과 같은 이야기를 했다. 즉, 어떤 젊은 교수 부부가 그림을 그리기 위해 식인종들의 나라를 탐험하였다. 그 부부는 생후 몇 개월 된 아기 비숑을 함께 데리고 갔다. 사람들은 부모와 어린 아이의 용기에 감탄하였다.

우선 목적이 결여된 영웅적 행위보다 더 기분을 거스르는 것은 없다. 무상으로 자신의 미덕의 **형태들**을 발휘하기 시작하는 것은 한 사회에 있어 심각한 상황이다. 만일 어린 비숑에게 닥쳤던 위험들(급류·맹수·질병 등)이 사실이었다면, 그림을 그리기 위해 아프리카로 간다는 구실만으로, 그리고 화폭 위에다 〈태양과 빛의 흐드러짐〉을 담는다는 의심스러운 허세를 충족시키기 위하여 어린아이에게 그런 위험을 겪게 한다는 것은 글자 그대로 어리석은 짓이었다. 게다가 이 어리석음을 매우 장식적이고 감동적인 훌륭한 대담성으로 간주하게 하는 것은 훨씬 더 비난할 만한 것이다. 여기에서 용기가 어떻게 작용하는지 우리는 알고 있다. 즉, 이것은 형식적이고 무의미한 행위이며, 그 행위는 동기가 없을수록 더욱 존경심을 불러일으킨다. 지금은 스카우트 문명의 전성기로, 감정과 가치의 약호는 연대성이나 진보라는 구체적인 문제들과는 완전히 분리되어 있다. 이것은 〈기개〉(caractère), 말하자면 〈훈련〉(dressage)의 낡은 신화이다. 비숑의 수훈은 구경거리가 될 만한 등반(登攀)과 같은 부류에 속한다. 즉, 그것은 윤리적인 차원의 과시행위들로서 공개해야만 그 궁극적 가치를 부여받을 수 있다. 단체 운동 경기의 사회화된 형태에 프랑스에서는 흔히 스타 운동선수라는 최상의 형태가 상응한다. 그 형태에서 육체적 노력은 자기 그룹 속에 편입되기 위한 훈련의 토대가 되는 것이 아니라, 오히려 허세의 모럴, 지구력의 이국 취향, 기괴하게도 사회성이라는 고정관념과는 단절된, 모험에 대한 작은 절대적 신념의 토대가 된다.

비숑의 부모들은 게다가 위치가 매우 애매한 지역, 특히 검붉은 검둥이 국가(Pays des Nègres Rouges)로 알려진 지역으로 여행을 떠났다. 이 지역은 보기와는 딴판으로 지나치게 현실적인 특성들이 약화된 소설에나 나올 법한 곳이지만, 전설적인 그 이름은 이미 그들의 피부색과 그곳에서 마신다고 여겨지는 사람의 피 사이의 끔찍한 양의성을 상정하고 있다. 이 여행은 여기에서 정복이라는 어휘로 우리에게 제시되었다. 물론 무장은 하지 않고, 그러나 〈팔레트와 붓을 손에 들고〉 그들은 떠난다. 마치 형편없는 물질적 조건 속에서 결정되었지만(영웅들은 항상 가난하며, 우리 관료사회는 고상한 출발에는 호의를 베풀지 않는다), 사기로 충천한, 오만한 (혹은 기괴한) 무용성(無用性)으로 충만한 군사 파병이나 사냥이라도 떠나는 것처럼. 이것이 전부이다. 어린 비숑은 파르지팔[1]을 연기하며, 자신의 금발머리, 순진 무구함, 곱슬머리, 그리고 자신의 미소를, 검붉은 피부를 가진 자들의 지옥 같은 세계, 번제, 흉측한 가면에 대립시킨다. 당연히 승리하는

---

[1] 리하르트 바그너의 시와 음악으로 이루어진 3막 5장의 음악극에 등장하는 인물로, 성배 전설에서 영감을 받아 씌어졌다. 마법사의 딸 쿤트리에게 매료된 순결한 파르지팔은 마술사의 창을 탈취함으로써 적을 물리치고 승리한다. 이 창으로 불행한 암포르타스의 상처를 치유하고 성배를 쟁취하여 왕위에 오른다는 내용. 이 음악극의 궁극적 메시지는 악을 누르는 선의 권능에 대한 긍정이다.

쪽은 백인의 유순함이다. 비송은 〈사람을 먹는 자들〉을 복종시키고 그들의 우상이 된다(백인들은 확실히 神이 되도록 만들어졌다). 비송은 선량한 어린 프랑스인이어서, 야만인들의 마음을 누그러뜨리고 조금도 저항을 받지 않은 채 복종시킨다. 두 살의 나이에 불로뉴 숲에 가는 대신 그는 벌써 자기 아빠처럼 조국을 위해 일한다. 아빠는 왠지 모르지만 메하리족들과 함께 살면서 밀림에서 〈약탈자들〉을 추적한다.

매우 용기를 주는 이 짧은 소설 뒤에서 뚜렷이 드러나는 검둥이의 이미지는 이미 간파되었다. 우선 검둥이는 공포를 느끼게 하며 식인종이다. 비송이 영웅적이라고 생각되는 것은 사실 그가 잡아먹힐 위험이 있기 때문이다. 암암리의 이런 위험이 없었다면 이야기는 충격의 힘을 잃고 독자는 무서워하지 않을 것이다. 그래서 대결이 거듭되는 가운데 백인 꼬마는 홀로 버려진 채 걱정 근심도 없이 위험의 소지가 있는 검둥이들의 무리 속에 노출되어 있다(검둥이에 대한 충분히 안심되는 유일한 이미지는 식민지의 **원주민 하인**(boy)의 이미지일 것이다. 그런데 이 원주민 하인의 이미지는 곧 주인의 물건들을 가지고 사라지는 도둑 하인이라는, 아프리카의 모든 재미있는 이야기들의 또 다른 흔해 빠진 이야기와 짝을 이루는 길들여진 야만인의 이미지이다). 각 이미지에 접할 때마다 무슨 일이 닥칠지 몸을 떨어야만 한다. 결코 그것은 상세히 밝혀지지 않으며 서술은 〈객관적〉이다. 그러나 사실상 그 서술은 하얀 피부와 검은 피부, 순진무구함과 잔인성, 정신성과 마법의 감동적인 결탁에 근거를 두고 있다. 야수가 미녀에게 예속되며, 사자들이 다니엘을 핥으며, 본능의 야만성이 영혼의 문명에 복종한다.

비송 작전의 심층적 계략은 백인 꼬마의 눈을 통해 검둥이의 세계를 보여 주는 데 있다. 거기에서 모든 것은 분명히 **인형극**(guignol)의 외관을 띤다. 그런데 이러한 축소는 이국적인 예술과 관습에 대해 상식이 가지는 바로 그 이미지를 내포하고 있기 때문에, 따라서 《파리 마치》지의 독자는 프티부르주아 신화들에 대해 이미 지적한 바 있는, 타인을 상상하지 못하는 이런 무능함 속에 약간 더 자리잡고 있으며, 어린아이 같은 관점을 견지하고 있다. 요컨대 검둥이는 자율적인 충일한 삶을 갖고 있지 않다. 즉, 검둥이는 이상한 하나의 사물이다. 이것은 기생적 기능, 즉 막연히 위협적인 그 기괴함으로 인해 백인들을 즐겁게 해주는 기능으로 축소된다. 아프리카, 그것은 다소 위험한 인형극장이다.

이제 검둥이 현상의 속임수를 벗기기 위한 민족학자들의 노력과, 그들이 〈원시인〉이나 〈고대인〉이라는 애매한 개념을 다루어야 할 때 매우 오래 전부터 이미 그들이 기울이고 있는 엄격한 신중성, 위장된 낡은 인종 문제들로 고투하고 있는 모스[2]·레비 스트로스[3] 혹은 르루아 구랑[4] 같은 사람들이 보여 준 지적 성실성을 이러한 일반적인 비유와 비교하여 검토하고자 한다면(《파리 마치》지는 대략 1백50만 명의 독자를 가지고 있다), 우리의 주요한 예속들 중의 하나인 지식과 신화학 사이의 명백한 결별을 더 잘 이해하게 될 것이다. 과학은 자신의 길로 빠르게 곧장 나아가고 있다. 그러나 집단의 심리적 표상들은 따라가지 못하고, 권력과 영향력 있는 언론과 기존 질서의 가치에 의해 오류 속에 갇혀서 수세기나 뒤처진 채 정체되어 있다.

우리는 아직도 **볼테르 이전의** 사고방식 속에서 살고 있다. 바로 이것을 끊임없이 이야기해야만 한다. 왜냐하면 몽테스키외나 볼테르의 시대에 페르시아인들이나 휴런족들을 보고 놀랐다면, 그것은 적어도

---

2) 1872-1950년. 프랑스의 사회학자·인류학자.
3) 1908년-현재. 프랑스의 인류학자.
4) 1911-86년. 프랑스의 민속학자·선사학자.

그들에게 순진함의 특전을 베풀기 위해서였다. 볼테르는 오늘날 《파리 마치》지가 쓴 것 같은 비송의 모험담은 쓰지 않았을 것이다. 볼테르는 오히려 서양의 네이팜 탄으로 무장한 〈꼭두각시〉와 싸우는 어떤 식인종 (혹은 한국인) 비송을 상상할 것이다.

공감이 가는 노동자

카잔[1]의 영화《선창에서》[2]는 속임수의 좋은 예이다. 물론 알다시피 이 영화는 게으르고 약간 난폭한 부두 노동자(말론 브랜도)의 이야기로, 사랑과 교회(스펠만 스타일[3]의 매우 파격적인 신부의 형태로 제시된)의 덕택으로 그의 의식이 차츰 깨어난다. 이러한 의식의 각성은 기만적이고 부당한 조합의 제거와 일치하고, 부두 노동자들을 몇몇 착취자에게 저항하도록 끌어들이는 것처럼 보이기 때문에, 어떤 사람들은 미국 대중에게 노동 문제를 보여 주기 위한 용기 있는 영화, 〈좌파〉의 영화가 아닐까 생각하게 되었다.

사실 문제는 여전히 진실의 예방접종으로, 나는 매우 현대적인 그 메커니즘을 다른 미국 영화들에 대해서 지적한 바 있다. 대고용주의 착취 기능을 소수의 악당들에게로 전환하여, 보기 흉한 가벼운 종기처럼 붙어 있는 작은 악을 고백함으로써, 현실의 악으로부터 비껴가고 그 악을 거론하는 것을 피하며, 마침내는 그 악을 몰아낸다.

---

1) 1909년-현재. 미국의 영화감독. 주요 작품으로는 《욕망이라는 이름의 전차》·《에덴의 동쪽》 등이 있다.
2) 원제는 《On the Waterfront》로 1948년 퓰리처 상을 탄 맬컴 존슨의 르포 소설 《부두의 범죄》를 버트 슐버그가 각색, 엘리아 카잔이 1954년 감독한 작품이다. 대부두에 도사린 고질적인 사회악을 한 순진한 처녀에게 감화를 받은 청년이 두목과 단신대결하여 목숨을 걸고 해결한다는 내용. 감독상·남우주연상 등 8개 부문 아카데미 상 수상.
3) 스펠만 추기경은 1950년대 미국에서 매우 대중적인 인기를 끌었던 미국의 성직자. 바르트는 〈스펠만 스타일〉이라고 말함으로써, 대중적이지만 비혁신적인, 약간은 기만적이라는 뉘앙스를 부여하려는 것으로 보인다.

그렇지만 카잔의 영화가 지닌 기만적인 힘을 이의 없이 확증하려면 그의 영화에 나오는 〈배역들〉을 객관적으로 묘사하기만 하면 된다. 프롤레타리아는 여기에서 예속된 상태로 구부정하게 등이 휜 무기력한 사람들의 무리로 구성되어 있으며, 그들은 그 예속상태를 뒤흔들 용기도 없이 바라만 보고 있다. (자본주의) 국가는 절대 정의와 혼동되며, 그 국가는 범죄와 착취에 맞설 수 있는 유일한 수단이다. 만일 노동자가 국가에까지, 경찰과 조사위원회에까지 도달할 수 있다면 그는 구원된다. 교회로 말하자면 자기 과시적인 모더니즘의 외관을 갖추고 있지만, 교회는 노동자를 구성하는 빈곤과 국가-고용주의 아버지 같은 권력 사이를 매개하는 하나의 힘에 불과하다. 게다가 결국 정의와 의식의 이 억누를 수 없는 작은 모든 욕망은 유익한 질서의 큰 안정성 속에서 재빨리 진정되고 해결된다. 그리고 그 안정성 속에서 노동자들은 일을 하고, 고용주들은 팔짱을 끼며, 신부들은 자신들의 공정한 기능 속에서 노동자들과 고용주들을 다같이 축복한다.

게다가 이 영화를 폭로하는 것은 바로 마지막 장면으로, 그 순간에 많은 사람들은 카잔이 교묘하게 자신의 진보주의에 서명한다고 믿었다. 마지막 시퀀스에서 브랜도는 초인적인 노력을 통해 그를 기다리고 있는 고용주 앞에 양심적인 좋은 노동자로 나타나게 된다. 그런데 이 고용주는 확실히 희화화되어 있다. 사람들은 말했다. 『카잔이 얼마나 자본가들을 신의 없이 조롱하고 있는가 보시오』라고.

지금이야말로 바로 브레히트가 제안한 탈기만화(démystification) 방법을 적용해야 될 경우이고, 영화의 시작부터 우리가 주인공에게 보낸 동의가 가져온 결과들을 검토해야 할 때이다. 우리에게 브랜도는 긍정적인 주인공이어서, 그의 단점들에도 불구하고 참여 현상 이론에 따라서 대중 전체가 그에게 지지를 보내는데, 이런 참여 현상이 없다면 일반적으로 사람들은 영화를 그럴 듯한 것으로 여기려 들지 않는다. 자신의 의식과 용기를 되찾았기에 더욱 위대한, 상처를 입고 기진맥진했지만 강인한 주인공이 자신에게 일을 돌려 줄 고용주를 향해 갈 때, 우리의 정신적인 공감은 끝이 없고, 우리는 깊이 생각할 겨를도 없이 완전히 이 새로운 그리스도와 일체가 되어 주저 없이 그의 고난에 참여한다. 그런데 브랜도의 고통스러운 승천은 사실상 영원한 고용주를 수동적으로 인정하도록 이끈다. 모든 희화에도 불구하고 우리에게 대대적으로 주입되고 있는 것은 **질서로의 복귀**이다. 브랜도와 더불어, 부두 노동자들과 더불어, 미국의 모든 노동자들과 더불어, 우리는 승리와 안도의 감정을 느끼면서 고용주의 손에 우리 자신을 맡기게 된다. 그런 고용주의 부패한 외관을 그리는 것이 이제는 더 이상 아무런 소용도 없다. 사회 정의의 의미를 되찾아, 결국 그것을 미국 자본에 바칠 뿐인 이 부두 노동자와의 운명적인 일치감에 우리가 사로잡혀 끈끈하게 더럽혀진 지 이미 오래 되었다.

바로 이 장면의 **참여적인** 성격이 이 장면을 객관적으로 속임수의 에피소드로 만들고 있음을 우리는 알고 있다. 처음부터 브랜도를 좋아하도록 길들여진 우리는 어떤 순간에도 그를 비판하거나 그의 객관적인 어리석음을 알아차릴 수조차 없다. 다 알다시피, 브레히트가 역할로부터 거리 두기라는 방법을 제시한 것은 바로 이러한 메커니즘의 위험에 대항해서이다. 브레히트는 아마도 브랜도에게 그의 순진성을 **보여 주도록** 요구하고, 그의 불행에 대해 우리가 느낄 수 있는 공감에도 불구하고 불행의 원인과 처방을 보는 것이 훨씬 더 중요하다는 사실을 우리에게 이해시키도록 요구했을 것이다. 판단의 대상으로 제시해야 할 중요한 것은 자본주의자가 아니라 바로 브랜도 자신이었다고 말함으로써 우리는 카잔의 오류를 요약할 수 있다. 왜냐하면 희생자들의 집행인에 대한 회화에서보다 희생자들의 반항으로부터 기대할 것이 훨씬 더 많기 때문이다.

가르보의 얼굴

　가르보[1]는 아직도 배우의 얼굴이 관객들을 사로잡아 큰 혼란에 빠뜨리고, 마치 미약을 복용했을 때처럼 배우의 모습에 글자 그대로 넋을 잃어버리는, 얼굴이 육신의 일종의 절대상태, 즉 다다를 수도 단념할 수도 없는 그런 상태를 구성하던 영화의 시기에 속하는 배우이다. 몇 해 전 발렌티노[2]의 얼굴은 자살을 야기하는 원인이었다. 가르보의 얼굴은 아직도 궁정풍의 사랑이 풍미하던 시대의 특징을 지니고 있는데, 그 시대에는 육체가 영혼의 파멸을 초래하는 신비주의적 감정을 불러일으켰다.

　이것은 틀림없이 경탄할 만한 대상 얼굴(visage-objet)이다. 최근 몇 년 사이에 파리에서 다시 볼 수 있었던 영화 《크리스티나 여왕》에서, 분장은 가면의 눈이 덮인 듯한 두께를 가진다. 이것은 그려진 얼굴이 아니라 분을 두껍게 바른 얼굴로, 그 얼굴은 선이 아니라 색채의 표면에 의해 보호된다. 부서질 듯하면서도 밀도 있는 이 백설 속에서, 이상야릇한 연한 속살처럼 검은, 그러나 전혀 감정을 드러내지 않는 두 눈만이 약간 흔들리는 멍든 자국이다. 극도로 아름다울 때조차도 그려진 것이 아니라 오히려 매끈하고 여린 것에 조각된, 즉 완

---

1) 1905-90년. 스웨덴 태생의 미국 영화배우. 우수를 지닌 신비적인 미모로 1920-30년대의 은막의 여왕으로 군림하였다.
2) 1895-1926년. 이탈리아 출신의 미국 영화배우. 라틴적인 매혹적 인물의 화신인 그는 초기 헐리우드의 대스타 중 하나였다.

완전하면서도 순간적인 것에 지나지 않는 이 얼굴은 채플린의 희게 분장한 안면, 그의 어두운 식물성의 두 눈, 토템 같은 그의 얼굴 표정과 닮아 있다.

그런데 전체 가면(예를 들어 고대의 가면)의 유혹은 아마도 비밀의 테마(이것은 이탈리아의 半가면의 경우이다)라기보다는 인간 얼굴의 원형의 테마를 내포한다. 가르보는 피조물에 대한 일종의 플라톤적 사고를 보여 주는데, 바로 이것이 왜 그녀의 얼굴이 거의 무성화(無性化)된, 그렇다고 해서 모호하지는 않은 얼굴인가를 설명해 준다. 이 영화(크리스티나 여왕은 번갈아 여자였다가 젊은 남장 기사가 된다)는 사실상 그와 같은 성의 미분화의 여지가 있다. 그렇지만 가르보는 이 영화에서 전혀 남장 여인의 차림을 하고 있지 않다. 그녀는 항상 그녀 자신이며, 왕관을 썼을 때나 차양이 넓은 펠트 모자를 썼을 때나, 꾸밈 없이 눈처럼 희고 고독한 한결같은 얼굴을 하고 있다. **여신**(Divine)이라는 그녀의 별명은 틀림없이 아름다움의 최고의 상태를 나타내려고 한다기보다는, 모든 것이 가장 밝은 빛 속에서 형성되고 완성되는 하늘에서 내려온, 육체를 지닌 자신의 본질을 나타내려는 것이다. 그녀 자신도 얼마나 많은 여배우들이 자기 아름다움의 불안한 성숙을 대중 앞에 드러내는 데 동의했는지 알고 있었다. 그녀는 그렇게 하지 않았다. 본질이 훼손되어서는 안 되었으며, 그녀의 얼굴은 조형적인 것 이상으로 더 지적인 그녀의 완벽함의 현실 이외의 다른 현실을 가져서도 안 되었다. 본질은 차츰 흐려지고, 안경이나 챙 넓은 모자, 은둔하는 삶으로 인해 점차 베일에 가리게 된다. 그러나 본질은 결코 변질되지 않는다.

그렇지만 신격화된 이 얼굴에는 가면보다 더욱 예리한 어떤 것이 나타난다. 즉, 콧구멍의 곡선과 눈썹의 궁륭 사이에는 일종의 제멋대로의, 따라서 인간적인 비례관계가 나타나고, 얼굴의 두 부분 사이에는 매우 드문 개별적인 기능이 나타난다. 가면은 단지 선들의 총합에 불과하지만, 얼굴이란 무엇보다도 선들이 이루어 내는 주제의 환기이다. 가르보의 얼굴은 이 불안정한 순간을 표현하는데, 이 순간에 영화는 본질적인 미로부터 실존적인 미를 끌어내고, 이 순간에 원형은 소멸하기 쉬운 얼굴의 매력 쪽을 지향하게 되며, 이 순간에 육체적인 본질들의 광채가 여인의 서정미와 대체하게 된다.

전이의 순간으로서 가르보의 얼굴은 초상학의 두 시기를 양립시키는데, 그것은 두려움에서 매력으로의 이행을 보증한다. 오늘날 우리는 이러한 변전의 또 다른 극에 있음을 알고 있다. 예를 들어 오드리 헵번[3]의 얼굴은 그녀의 독특한 주제(어린아이 같은 여자, 고양이 같은 여자)에 의해서 뿐만 아니라, 그녀의 용모. 얼굴의 거의 유일한 특수화에 의해 개성이 부여되는데, 이 얼굴의 특수화는 본질적인 것은 더 이상 없고 형태학적인 기능들의 무한한 복합체로 구성된다. 언어처럼 가르보의 특이성은 개념의 범주에 속하며, 오드리 헵번의 특이성은 실질의 범주에 속한다. 가르보의 얼굴은 관념이며, 헵번의 얼굴은 현상이다.

---

3) 1929-93년. 벨기에 태생의 미국 영화배우. 1953년 《로마의 휴일》로 아카데미 여우주연상을 받았으며, 청초한 미모와 감성적인 연기로 세계적인 배우가 되었다.

강력함과 가벼움

갱단 영화 속에서 우리는 이제 가벼움의 멋진 제스처와 만나게 되었다. 남자들의 습격을 받으면서도 담배연기를 동그랗게 내뿜고 있는 촉촉한 입술의 여인들, 일제 사격하라는 명료하고 간단한 신호를 보내기 위해 위엄 있게 손가락을 꺾는 소리, 가장 격렬한 상황이 벌어진 속에서 두목 부인의 태평스런 뜨개질 등이 그것이다. 《현금》[1]은 이러한 초연함의 제스처가 매우 프랑스적인 일상이라고 보증함으로써 이미 그것을 제도화시켰다.

갱들의 세계는 무엇보다도 냉혹함의 세계이다. 일반 철학이 아직 중대하다고 판단하는 것들, 예를 들어 한 남자의 죽음 같은 사건들은 하나의 도식이 되어 버렸고 아주 미미한 몸짓 아래 표현되었다. 평화롭게 카메라의 이동하는 선 가운데 작은 점 하나, 두 손가락을 꺾는 소리, 그러면 저 멀리 보이는 반대쪽 끝에서 한 남자가 동일한 묵계에 따른 몸짓으로 쓰러진다. 언제나 신파극에 대한 냉정한 조롱처럼 구성되는 이 완서법의 세계는 또한 알다시피 요정 이야기의 마지막 세계이기도 하다. 결정적인 몸짓의 간략함은, 머리를 한번 까딱하는 것으로 인간의 운명을 뒤흔들어 놓는 고대 신들의 **누멘**(numen)[2]에서부터 요정이나 마법사가 마술지팡이로 치는 행동에 이르기까지, 나

---

1) 이 영화의 원제는 1953년 자크 베커 감독의 프랑스와 이탈리아 합작영화 《현금에 손 대지 마라 *Touchez pas au Grisbi*》이다. 장 가뱅·잔 모로 주연.
2) 라틴어 〈누멘〉은 신성한 것의 표명, 신비의 감정을 지칭한다. 〈충격사진〉 참조.

름대로의 신화학적인 전통을 지니고 있다. 총기는 분명 죽음에 거리를 제공했으나, 그 방법이 너무나도 합리적이어서 운명의 존재를 다시금 나타내기 위해서는 몸짓에 신경을 써야만 했다. 그것이 바로 오늘날 갱들의 가벼움이다. 즉, 몸짓과 행동을 거의 구별할 수 없이 혼동하게 되는 비극적 움직임의 잔재이다.

나는 또다시 이 세계의 의미론적인 정확성, 그 장면의 (감정적인 것뿐만 아니라) 지적인 구조를 강조하려고 한다. 완벽한 포물선을 그리며 윗도리 밖으로 콜트 자동권총을 재빨리 꺼내는 것은 전혀 죽음을 의미하지 않는다. 왜냐하면 오래 전부터 관습은 그것이 단순한 위협, 그 결과가 기적적으로 바뀌어질 수 있는 그런 위협에 불과하다는 것을 지적하고 있기 때문이다. 권총의 출현은 여기에서 비극적 가치를 지니지 않고 단지 인식적인 가치만을 지닌다. 즉, 그것은 새로운 급변이 일어날 것을 의미한다. 그 몸짓은 문자 그대로 위협적인 것이 아니라 논증적이다. 그것은 마리보[3]의 희곡 작품에 나오는 추론의 굴곡 같은 것에 해당된다. 즉, 상황이 바뀌어 정복의 대상이었던 것이 단번에 사라져 버린다는 것이다. 권총들의 무도(舞蹈)는 이야기의 줄거리 속에서 갑자기 원점으로의 회귀, 쌍륙놀이[4]의 역행과 유사한 역행을 사용함으로써 시간을 더욱 불확실한 것으로 만든다. 콜트 자동권총은 언어이다. 그 기능은 삶의 압력을 유지시키는 것이며 시간의 폐쇄성에서 벗어나는 것이다. 그것은 프락시스(praxis; 실천)가 아니라 로고스(logos; 언어)이다.

갱의 가벼운 몸짓은 반대로 정지(停止)가 갖는 모든 예정된 힘을

---

3) 1688-1763년. 프랑스의 극작가 · 소설가. 연애 희곡에 특징이 있고, 심리 해부에 뛰어난 작가로 《사랑과 우연의 장난》 등의 작품이 있다.
4) 두 개의 주사위를 던져, 주사위의 점수에 따라 거위가 그려진 놀이판의 칸을 전진하거나 후퇴하면서 즐기는 게임.

지닌다. 그 몸짓은 아무런 감정적 충동 없이, 목적을 향해 한치의 오차도 없이 신속하게 돌진해 가는 가운데 시간을 끊어 버리고 수사학을 혼란시킨다. 모든 가벼움은 단지 침묵만이 유효하다고 단정한다. 뜨개질, 담배 피우기, 손가락을 꺾는 행위, 이런 행위들은 진정한 삶이란 침묵 안에 있다는 생각을, 그리고 행동은 즉석에서 생사를 요구할 권리를 지닌다는 생각을 받아들이게 한다. 그래서 관객은 확실한 하나의 세계, 즉 결코 말의 압력에 의해서가 아니라 행동의 압력에 의해서만 변화되는 세계에 대한 환상을 지니게 된다. 만일 갱이 말을 한다면 그것은 이미지를 통해서이다. 언어는 그에게 있어서 단지 시(詩)에 불과하며 단어는 어떤 조물주적인 기능도 갖지 못한다. 말을 한다는 것은 그가 한가로우려는 하나의 방식이며 또 그의 한가로움을 나타내는 방법이다. 언제나 지정되고 예정된 지점에서 멈추는 원활히 가동되는 몸짓의 세계, 일종의 순수 효과의 총체인 본질적인 세계가 있다. 그리고 그 위에는 몇몇 은어의 화려한 장식이 있는데 그것은 마치 유일한 교환가치가 몸짓인 경제구조에는 쓸데없는 (따라서 귀족적인) 사치와도 같은 것이다.

그러나 이 몸짓은, 그것이 행동과 뒤섞인다는 것을 의미하기 위해서는 모든 과장을 잘 다듬어야 하고, 그 존재를 지각할 수만 있을 정도로 얄팍해져야 한다. 이 몸짓은 단지 원인과 결과 사이에 있는 관계의 두께만 가져야 한다. 여기에서 가벼움은 효과에 대한 가장 교묘한 기호이다. 각자 거기에서 인간적인 순수 제스처에 따라 완전히 좌우되는, 그리고 언어의 혼잡으로 더 이상 지연되지 않을 한 세계의 이상형을 발견한다. 갱들과 신들은 말하지 않는다. 그들은 머리만 까딱한다. 그러면 모든 것이 이루어진다.

포도주와 우유

프랑스 국민들에게 있어 포도주는 3백60종류의 치즈와 프랑스 문화와 동일한 자격으로 그들 나라에 고유한 재산인 것처럼 느껴진다. 그것은 네덜란드의 우유, 또는 영국 왕가가 격식을 차려 마시는 차에 상응하는 토템 음료(boisson-totem)이다. 바슐라르[1]는 의지의 몽상에 관한 그의 시론 마지막 부분에서 이미 이 액체에 대한 실질적인 정신분석을 하면서, 포도주는 태양과 땅의 즙이며 그 기본상태는 축축한 것이 아니라 건조한 것임을, 그리고 그런 이유로 인하여 포도주와 가장 대립되는 신화적 실체는 물이라고 밝혔다.

사실 강인한 모든 토템처럼 포도주는 모순이 있는 것에 대해 전혀 신경을 쓰지 않는 다양한 신화학을 견디어 낼 수 있다. 이 활기를 불어넣어 줄 수 있는 실체는 언제나, 예를 들어 갈증을 풀어 주는 데 가장 효과적인 것으로 간주된다. 아니면 적어도 갈증은 그 포도주를 마시는 데 첫번째 알리바이가 된다(《포도주가 갈증을 일으킨다》). 포도주는 그 붉은 형태로 인해 생명을 구성하는 진한 액체인 피를 무척이나 오래 된 그 본질로 갖는다. 사실 포도주의 체액 형태는 그리 중요하지 않다. 포도주는 무엇보다도 상황과 상태들을 바꿔 놓을 수 있고, 대상으로부터 그 반대의 것을 추출할 수 있는 전환의 실체이다.

---

1) 1884-1962년. 프랑스 철학자로, 물·불·대지·공기 등 4원소론을 토대로 문학 상상력을 연구.

예를 들어서 약한 자를 강한 자로, 조용한 사람을 수다스러운 자로 만들 수 있는 것이다. 거기에서 바로 포도주의 오래 된 연금술적 유산이 나오며, 변환하거나 무(無)로부터 창조하는 그의 철학적 능력이 생겨난다.

포도주는 본질적으로 하나의 기능, 즉 그 항(項)들이 변할 수 있는 기능이기 때문에 겉으로 보기에 조형적인 능력을 보유하고 있다. 즉, 포도주는 현실과 마찬가지로 꿈에 대해서도 알리바이 역할을 할 수 있다는 것이다. 그것은 단지 신화의 이용자에게 달려 있다. 노동자에게 포도주는 자격 부여이며, 일을 전지전능하게 쉽게 해주는 것이 될 것이다(〈일에 열성을〉). 지식인들에게 포도주는 반대 기능을 가질 것이다. 작가가 마시는 〈평범한 백포도주〉나 〈보졸레〉는 그에게는 지나치게 자연스러운 세계, 즉 (속물 근성에 의해 그에게 제공되는 유일한 음료들인) 칵테일과 비싼 음료들의 세계로부터 그 작가를 단절시키게 될 것이다. 포도주는 작가를 신화로부터 해방시키고, 작가에게서 그의 지성을 제거하여 그를 프롤레타리아와 동등하게 할 것이다. 포도주로 인해 지식인은 자연스러운 남성성에 접근한다. 그리하여 1세기 반 동안 낭만주의가 순수 지성 위로 끊임없이 퍼부어댄 저주에서 벗어난다고 생각한다(현대 지식인에게 고유한 신화 중의 하나가 〈그 순수 지성을 가지고 있다〉는 강박관념이라는 것은 잘 알려진 사실이다).

그러나 프랑스에 독특한 것은 이러한 포도주의 전환 능력이 결코 드러내 놓고 하나의 목적으로 주어지지는 않는다는 사실이다. 다른 나라에서는 취하기 위해서 마신다. 그리고 그것은 누구나가 하는 말이다. 프랑스에서 취한다는 것은 결과이지 결코 궁극 목적이 아니다. 음주는 기쁨을 드러내 보이는 것으로 느껴지지 결코 목적하던 결과에 대한 필수적인 원인으로 느껴지지 않는다. 포도주는 미약일 뿐 아니라 그것은 마신다는 지속적인 행위이기도 하다. 여기에서 몸짓은 장식적인 가치를 지니며, 포도주의 힘은 결코 그 존재 양식과 분리되지 않는다(예를 들어서 〈마신 뒤 가장 깨끗하고 가장 기분 좋게〉 취하기 위해 마시며, 반복하여 삼킴으로써 그 마시는 행위가 하나의 원인행위(acte-cause)가 되고 마는 위스키와는 반대이다).

이 모든 것은 민담·속담·대화와 문학 속에서 수천 번 언급되고 또 알려져 있다. 그러나 이 보편성 자체는 일종의 순응주의를 내포한다. 포도주를 믿는다는 것은 구속력을 갖는 하나의 집단행위이다. 이 신화에 관하여 어느 정도 거리를 두려는 프랑스인은 자질구레하지만 분명한 통합의 문제들과 직면하게 될 것인데, 그 중 첫째 문제는 바로 자신을 이해시켜야 한다는 것일 것이다. 여기에서 보편성의 원칙은 사회가 포도주를 신임하지 않는 사람은 누구나 환자·불구자, 혹은 방탕아라고 **부른다**는 의미에서 완전한 제 몫을 한다. 사회는 그를 **용납하지** 않는다(**용납하다**라는 단어가 갖는 (이해하고 받아들인다는) 지적이며 공간적인 두 가지 의미에서). 반대로 훌륭한 동화의 자격증이 포도주를 마시는 사람에게 수여된다. 마실 줄 **안다**는 것은 프랑스인이라는 자격을 부여하는 데 쓰이는, 그리고 인생에 대한 그의 수행 능력과 자제력, 그리고 사교성을 동시에 입증하는 데 쓰이는 국가적인 기술(技術)이다. 포도주는 이처럼 집단 윤리를 확립하며, 그 윤리 내에서는 모든 것이 만회된다. 즉, 무절제와 불행·범죄는 분명 포도주와 더불어 있을 수 있는 일이지만, 악의·배신이나 비열함은 절대 있을 수 없다. 포도주로 인해 생길 수 있는 악은 숙명적인 성격의 것이다. 따라서 그것은 처벌을 받지 않는다. 그것은 돌발적인 악이지 기질적인 악은 아니다.

포도주는 사회화되었다. 왜냐하면 그것은 하나의 도덕뿐만 아니라 하나의 배경을 형성하기 때문이다. 그것은 프랑스의 일상적인 삶의 가장 사소한 예식들을 장식한다. 간단한 식사(싸구려 포도주와 치즈)에서부터 대향연에 이르기까지, 선술집의 대화에서부터 연회의 연설에 이르기까지 등장한다. 또 포도주는 기후가 어떠하든 그 기후를 찬양한다. 추위 속에서는 덥게 하는 모든 신화와 결합되고, 무더위 속에서는 그늘과 서늘함, 그리고 자극적인 모든 이미지들과 결합된다. 그 어떤 물리적 제약(기온·배고픔·권태·굴종·낯설음 등)의 상황도 전부 다 포도주를 꿈꾸게 한다. 다른 음식 형태에 기본적인 실체로 결합됨으로써 포도주는 프랑스인들의 모든 시간과 공간을 포괄할 수 있다. 일상성의 어떤 한부분에 이르러 포도주가 없다는 것은 이국 취향과도 같은 충격을 준다. 코티 대통령[2]은 자신의 7년 정치의 초기 시절에 사적인 식사 장면을 사진으로 찍게 했는데, 어쩌다가 그 자리에 1리터짜리 적포도주 대신 뒤메닐 맥주병이 놓여 있는 것을 본 나라 전체가 떠들썩했다. 그것은 독신자 왕만큼이나 참을 수 없는 일이었다. 이때 포도주는 국시(國是)의 한 부분이다.

바슐라르가 물을 포도주와 반대되는 것이라고 한 것은 분명 옳았다. 신화적으로 볼 때 그것은 사실이다. 사회학적으로는, 적어도 오늘날에는 반드시 그렇지 않다. 경제적 혹은 역사적 상황으로 인해 그 역할은 우유에게로 넘어갔다. 지금은 우유가 진정한 반(反)포도주이다. 망데스 프랑스 총리[3]가 앞장 서서 보여 준 것(뽀빠이가 시금치를 먹는 것처럼 연단에서 우유를 마시는 것은 의도적인 신화학적 행동이었다) 때문만이 아니라, 광범위한 물질 형태학으로 볼 때 우유는 그 분

---

2) 1882-1962년. 1954년부터 1959년까지 프랑스 제4공화국의 마지막 대통령.
3) 1907-82년. 프랑스 진보사회당 소속 정치가. 1954년부터 1955년까지 총리 역임.

자 농도에 의해서 표면에 크림이 형성되는, 그래서 진정시키는 특성에 의해서 불과는 대립되기 때문이다. 포도주는 훼손시키며 외과적이다. 그것은 변화시키고 무엇인가를 만들어 낸다. 우유는 화장용이다. 그것은 접합하고, 회복시키고, 복원시킨다. 게다가 어린아이 같은 순진무구함과 연결된 우유의 순수함은 힘의 표시, 즉 유도하고 충혈하기 쉬운 힘이 아니라 겉모습과 똑같이 조용하고 결백하며 명석한 힘의 표시이다. 몇몇 미국 영화에서 강직하고 순수한 주인공이 상대를 응징하기 위해 그의 콜트 자동권총을 꺼내기 전 우유잔 앞에서 질색하지 않는 장면은 파르지팔적인 이 새로운 신화의 형성을 준비한 셈이다. 오늘날까지도 파리의 주먹계나 깡패들 세계에서는 이따금 미국에서 온 이상한 석류 시럽 우유를 마신다. 그러나 우유는 이국적인 실체로 남아 있다. 민족적인 것은 포도주이다.

게다가 포도주의 신화학은 프랑스인들로 하여금 그들의 일상생활이 갖는 습관적인 양의성을 이해할 수 있게 해준다. 왜냐하면 포도주가 멋지고 좋은 실체라는 것은 사실이나, 포도주 생산이 프랑스 자본주의의 특성을 상당히 띠고 있는 것 또한 사실이기 때문이다. 그것이자가 브랜디 증류자의 자본주의이거나, 아니면 회교도에게서 빼앗은 바로 그 땅에서 빵이 부족한 그들에게 관심도 없는 문화를 강요하는 알제리 식민지 개척자들의 자본주의이거나간에 그렇다. 이렇듯 어쨌든 순수하지 않은 매우 사랑스러운 신화들도 있다. 그리고 우리의 현소외 현상의 속성, 그것은 바로 포도주가 또한 공용 징수의 산물이라는 것을 부당하게 잊을지도 모르지만 어쨌든 그것이 완전히 행복한 실체일 수는 없다는 사실이다.

비프스테이크와 감자튀김

비프스테이크는 포도주와 동일한 피의 신화학에 속한다. 그것은 고기의 중심이고 순수 상태의 고기이다. 그것을 먹는 사람은 누구든지 황소의 힘을 제 것으로 만든다. 명백히 비프스테이크의 명성은 그것이 거의 날것이라는 점에 기인한다. 거기에서 피는 눈에 보이고 자연스럽고 농도가 짙으며, 밀도가 높은 동시에 자를 수도 있다. 우리는 이러한 종류의 묵직한 물질에서 고대 신들의 양식을 상상할 수 있는데, 그 물질은 인간의 핏속으로 넘쳐흐르게 되는 그 조형성과 그 근원적인 힘을 동시에 생생히 느끼도록 이빨 아래에서 잘게 썰려 사라진다. 피가 보이는 것은 비프스테이크의 존재 이유이다. 즉, 요리가 구워지는 정도는 칼로리 단위가 아니라 피의 형상으로 표현된다. 비프스테이크는 (도살된 소의 동맥의 흐름을 상기시키는) **피가 흐르는** (saignant) 것이거나 **퍼렇게 설익은**(bleu) 것으로 표현된다(여기에서 붉은빛의 최상급 상태인 자줏빛으로 환기되는 것은 정맥의 다혈성 피, 묵직한 피이다). 요리 정도는 비록 완화된다 해도 솔직하게 표현될 수는 없다. 이런 반(反)자연상태에는 완곡어법이 필요하다. 그리하여 비프스테이크가 **적당히 익힌**(à point)이라고 이야기되는데, 이는 하나의 완벽한 상태라기보다 한계점이라는 의미이다.

따라서 피가 흐르는 비프스테이크를 먹는다는 것은 하나의 본성인 동시에 윤리이다. 그 속에서는 모든 기질들이 이익을 본다고 여겨지는데, 즉 다혈질의 사람들은 동일시에 의해, 그리고 신경질적인 사람들과 생기 없는 사람들은 보충에 의해 이득을 보는 것이다. 포도주가 상당수의 지식인들에게 있어서 그들을 자연의 원초적인 힘으로 이끌어 가는 매개 실체가 되는 것과 마찬가지로, 비프스테이크도 그들에게 하나의 보상 음식이 되며, 이 보상 음식 덕분에 그들은 그들 두뇌의 힘을 단조롭게 만들며, 피와 물렁한 육질을 통해 그들이 끊임없이 비난받는 그 불모의 삭막함을 내쫓는다. 타르타르 스테이크(타르타르 소스로 간을 한 다진 날고기 요리)의 유행은, 예를 들면 감수성과 병적 요소의 낭만적 결합에 대항하는 하나의 추방 작업이다. 그 준비과정에는 재료의 모든 발아상태가 있다. 피가 흐르는 날고기 다짐과 달걀 흰자위 등 물렁하고 생생한 실체들의 조화, 즉 이것은 최종 생성 이전의 이미지들의 일종의 의미심장한 요약이다.

포도주처럼 비프스테이크는 프랑스에서 하나의 기본요소로서, 사회화되는 것 이상으로 국민화되었다. 그것은 식생활의 모든 배경 속에 그 모습을 드러낸다. 싸구려 음식점에서는 납작하고 누런 기름에 둘러싸인 가죽처럼 질긴 고기로, 전문 술집에서는 두껍고 즙이 많은 고기로, 그리고 고급 레스토랑에서는 살짝 그을린 표면 속에 물기가 그대로 남아 있는 묵직한 고기로 그 모습을 드러낸다. 그리고 그 비프스테이크는 부르주아의 안락한 식사와 독신자의 격식 없는 간단한 식사 등 모든 리듬에 참여한다. 그것은 신속한 동시에 탄탄한 음식물로 경제성과 효율성 사이, 그리고 신화학과 그 소비의 조형성 사이에서 가능한 최선의 관계를 완수한다.

게다가 이것은 프랑스의 자산이다(오늘날 미국식 스테이크의 만연으로 그 규모가 줄어든 것은 사실이다). 포도주의 경우와 마찬가지로 프랑스인으로 하여금 비프스테이크를 꿈꾸게 하지 않는 식생활의 제약은 없다. 외국에 도착하자마자 비프스테이크에 대한 향수가 떠오른다. 여기에서 비프스테이크는 우아함이라는 부차적인 덕목으로 치장된다. 왜냐하면 겉으로 드러난 이국 요리들의 복잡성 속에서 비프스테이크는 단순성에다 풍미를 덧붙이는 음식이라고 생각되는 것이다. 국민적인 것으로서 비프스테이크는 애국적 가치들의 시세를 따른다. 즉, 비프스테이크는 전시(戰時)에 그 가치들을 재건시키며, 비프스테이크는 프랑스 전투원의 살〔肉〕 자체이며 양도할 수 없는 자산으로, 그것을 적에게 넘기는 것은 오직 배반뿐이다. 옛날 영화(《독일 사령부 대항 정보부》)에서 애국 신부의 하녀가 프랑스 지하조직원으로 변장한 독일 스파이에게 먹을 것을 준다.『아! 로랑, 당신이군요. 제 비프스테이크를 좀 드리겠어요.』그리고 나서 그가 스파이임이 밝혀졌을 때의 반응은『내가 내 비프스테이크를 그에게 주었는데!』인 것이다. 신뢰에 대한 최대의 악용인 것이다.

일반적으로 감자튀김과 결합된 비프스테이크는 그 감자튀김에 자신의 국민적 광채를 전해 준다. 그리하여 감자튀김도 비프스테이크처럼 향수를 불러일으키며 애국적이다. 《파리 마치》지는 인도차이나 휴전 이후 〈카스트리 장군이 그의 첫번째 식사로 감자튀김을 주문했다〉는 것을 우리에게 알렸다. 인도차이나 재향군인회 회장은 나중에 이 사실을 해설하며,『우리는 자신의 첫 식사로 감자튀김을 주문하는 카스트리 장군의 몸짓을 늘 이해하지 못했다』라고 덧붙였다. 우리가 이해해야 하는 것, 그것은 그 장군의 요구가 전혀 천박한 물질주의적 반응이 아니라 되찾은 프랑스 민족성에 대한 찬양을 나타내는 의식적(儀式的)인 일화라는 사실이다. 그 장군은 우리의 국민적 상징을 잘 파악하고 있었으며, 감자튀김이 〈프랑스적 특성〉(francité)의 음식 기호라는 사실을 알고 있었던 것이다.

노틸러스와 취한 배

　(최근 그의 추모 50주기를 기념했던) 쥘 베른[1]의 작품은 구조 비평에 좋은 대상이 될 것이다. 그것은 여러 주제를 갖고 있는 작품인 것이다. 베른은 그 자체로 폐쇄된 일종의 우주진화론을, 즉 고유한 자신의 범주와 그 자체의 시간과 공간, 그 충족성, 그리고 그 실존적 원리까지 갖고 있는 우주진화론을 만들었다.

　그런데 그 원리는 감금의 지속적인 몸짓인 것처럼 보인다. 여행의 상상력은 베른에게 있어서 폐쇄 공간에 대한 하나의 탐험에 해당되며, 베른과 유아기의 일치는 모험에 대한 평범한 열정에서 나오는 것이 아니라, 반대로 오두막과 텐트에 대한 유아기적 정열 속에서 보게 되는 유한(有限)함에 대한 공통된 행복에서 나온다. 울타리를 치고 그 속에 자리를 잡는 것, 그것이 바로 유아기와 베른의 실존적 꿈이다. 그리고 이 꿈의 원형이 바로 거의 완벽한 소설인 《신비의 섬》(1874)으로, 그 속에서 아이 어른(homme-enfant)은 세계를 다시 만들어 그 세계를 가득 채우고 울타리를 쳐서 그 속에 틀어박힌다. 그리고 밖에는 폭풍우, 다시 말하자면 무한(無限)이 맹위를 떨치고 있으나, 끄떡도 없이 실내화와 파이프, 그리고 벽난로에서 볼 수 있듯이 자기 자신의 것으로 만든다는 부르주아적 태도를 통해 이 백과사전적인

---

1) 1828-1905년. 프랑스의 과학적 모험소설가. 풍부한 공상력을 구사해서 과학적 발명, 세계 지리, 미지의 세계 등을 제재로 과학모험소설의 새로운 분야를 개척. 《해저 2만 리》·《80일간의 세계일주》 등의 작품이 있다.

노력을 완성한다.

　베른은 충족성에 대한 편집광이었다. 그는 끊임없이 세계를 완성시키고 그 속을 채우고 달걀식으로 가득 메운다. 그의 태도는 정확히 18세기 백과사전파나 네덜란드 화가의 태도이다. 즉, 세계는 완성되었으며, 그 속에는 셀 수 있으며 인접해 있는 재료들로 가득 차 있다. 예술가는 목록을 만들고 빈 구석 공간들을 찾아, 거기에 인간들의 창작물과 도구들이 빽빽이 정돈되어 나타나게 하는 것 외의 다른 임무를 가질 수 없다. 베른은 부르주아 계급의 진보주의자 계보에 속한다. 그의 작품이 제시하는 것은, 그 어떤 것도 인간에게서 벗어날 수 없으며 가장 멀리 있는 세계도 그의 손 안에 든 사물과 같다는 것, 그리고 소유란 결국 자연의 전반적 예속화 속에 있는 한 변증법적 계기에 불과하다는 것이다. 베른은 도피라는 낭만적 방식이나 무한이라는 신비론적 계획들에 따라 세계를 확장시킬 생각은 전혀 하지 않았다. 그는 세계를 끊임없이 수축시키고 가득 채우려고 노력했다. 그리하여 인간이 안락하게 살 수 있을 잘 알려진 하나의 닫힌 공간으로 그 세계를 축소시키고자 했다. 세계는 모든 것을 그 자체로부터 끄집어 낼 수 있으며, 존재하기 위해 그 세계는 인간 이외의 어떤 다른 존재도 필요로 하지 않는 것이다.

　수많은 과학적 방법 외에도 베른은 세계를 자기 것으로 점유하는 이 방식을 명백히 하기 위한 멋진 소설적 방법을 고안해 냈다. 즉, 공간을 시간으로 보증하는 것이고, 이 두 범주를 끊임없이 결합시키는 것이며, 언제나 성공하는 동일한 주사위 던지기나 동일한 순간적 결정에 그 둘을 걸어보는 것이다. 돌발사건들 그 자체는 이 세계에 일종의 탄성을 부여하고, 울타리를 넓혔다 좁혔다 하는 임무, 우주적인 거리를 갖고 경쾌하게 놀이를 하는 임무, 그리고 인간의 힘을 공간과

시간표 위에서 장난스럽게 시험하는 임무를 띠고 있다. 그런데 베른식 영웅, 즉 밤 동안은 순진무구하고 〈잘못을 속죄하는〉 일종의 부르주아적 안타이오스[2]인 베른식 영웅이 의기양양하게 정복한 이 지구 위에, 종종 어떤 자포자기한 자가 배회하고 있다. 이미 지나가 버린 낭만적 시대의 유물인, 회한이나 우울함에 사로잡힌 그 자포자기한 자는 각 상황들, 즉 그 복잡성이란 것이 전혀 형이상학적이지도 도덕적이지도 못한 것으로 단지 지리상의 어떤 자극적인 변덕에서만 기인하는 그런 상황들에 가능한 한 완벽하게 적응하려는 생각밖에 하지 않는 이 세계의 진정한 소유주들의 건강을 자신과의 대조를 통해 뚜렷이 드러내게 되는 것이다.

따라서 쥘 베른의 심오한 몸짓은 두말할 것 없이 자기 것으로 만드는 행위이다. 베른의 신화학에서 무척이나 중요한 배의 이미지는 그 점에 있어서 전혀 대립되지 않는다. 그 정반대이다. 배는 충분히 출발의 상징이 될 수 있으나 더 깊이 볼 때 그것은 폐쇄성의 암호이다. 선박에 대한 취향은 언제나 완벽하게 자신을 가두는 기쁨이며, 가능한 한 가장 많은 물건들을 자기 손 안에 두게 되는 기쁨이다. 곧 완벽하게 완성된 공간을 마음대로 사용하는 것이다. 즉, 선박들을 좋아하는 것, 그것은 무엇보다 최상급의 집을 좋아하는 것이다. 왜냐하면 끊임없이 갇혀 있고 막연한 대출발은 전혀 없기 때문이다. 선박은 운송의 수단이기 이전에 하나의 주거 현상이다. 그런데 쥘 베른의 모든 배들은 완벽한 〈난롯가〉들이며 그 장대한 항해는 그들 울타리의

---

2) 그리스 신화에 나오는 리비아의 거인. 자기 땅을 지나가는 모든 사람에게 씨름을 청했는데, 그는 땅(그의 어머니인 가이아)에 닿을 때마다 새로운 힘을 얻었기 때문에 아무리 땅에 내동댕이쳐져도 힘이 꺾이지 않았다. 헤라클레스는 그와 싸울 때 이 사실을 알아차리고 그를 땅에서 들어올려 죽였다.

행복을, 그들의 내향적 인간성의 완벽함을 더 증가시킨다. **노틸러스**는 그 점에 있어서 근사한 은신처이다. 폐쇄의 즐거움이 절정에 달하는 것은, 전혀 틈서리가 없는 이 내재성 한가운데에서 커다란 유리창을 통해 바깥 바닷물의 외적 모호성을 보고, 또 하나의 동일한 몸짓 속에서 그 반대되는 것을 통해 내부를 규정지을 수 있을 때이다.

대부분의 전설이나 가상의 배들은 이런 점에서 **노틸러스**와 마찬가지로 사랑받는 폐쇄의 테마이다. 왜냐하면 배를 인간의 주거지로 제시하기만 하면 인간은 그 배 안에서 둥글고 매끈한 우주, 게다가 그곳의 항해 윤리가 모두(**유일한 갑판장** 등의 표현이 보여 주듯이) 인간을 신이자 주인이자 동시에 소유자로 만드는 그런 우주가 주는 즐거움을 즉시 조직하기 때문이다. 이러한 항해의 신화학에는 배 위에서 인간의 소유 본능을 몰아내는 단 하나의 방법이 있다. 즉, 인간을 제거하고 배만 남겨놓는 것이다. 그때 배는 상자·주거지·소유물이 되기를 멈춘다. 그것은 여행하는 눈이 되며, 무한에 접근하는 존재가 된다. 그리하여 그것은 끊임없이 출발을 만들어 낸다. 베른의 **노틸러스**와 진정 대립되는 대상은 랭보[3]의 **취한 배**이다. 〈나〉라고 말하며 그 오목한 형태에서 해방된 그 배는 인간을 동굴의 정신분석으로부터 진정한 탐험의 시학(詩學)으로 넘어가게 할 수 있는 배이다.

---

3) 1854-91년. 프랑스의 시인. 16세에서 19세까지 불과 3년간의 문학생활과 그동안 쓴 두 편의 시집으로 불멸의 영예를 차지한 천재시인.

깊이의 광고

나는 오늘날 세제 광고가 본질적으로 깊이의 개념을 부추긴다는 사실을 앞서 지적했다. 더러움은 더 이상 표면에서 벗겨지는 것이 아니라, 그 더러움이 숨어 있는 가장 내밀한 곳으로부터 추방되는 것이다. 모든 화장품 광고 역시 내밀함에 대한 일종의 서사적 표현 위에 기초를 두고 있다. 화장품을 선전하며 소개하는 데 쓰이는 짧은 과학적 문구들은, 그 화장품들로 하여금 깊이 씻고 깊이 제거하도록, 그리고 깊이 영양을 공급하도록, 간단히 말해 무슨 일이 있어도 스며들도록 지시하고 있다. 역설적으로 피부가 깊은 근원, 즉 몇몇 화장품들이 **재생의 염기성층**이라 부르는 깊은 근원에 속하는 것이라고 별 어려움 없이 제시되는 것은, 바로 그 피부가 무엇보다 표면이라는 것, 하지만 살아 있는, 따라서 건조해지고 늙어서 죽게 되는 표면이라는 점에서이다. 게다가 의학은 미용에 (진피와 표피라는) 깊은 공간을 제공하게 하여, 여성들로 하여금 자신들은 개화의 아름다움이 뿌리의 영양 섭취에 달려 있는 일종의 발아성 순환의 산물이라는 사실을 믿도록 해준다.

따라서 깊이의 개념은 전반적이며, 그 개념이 소개되지 않는 선전 광고는 하나도 없다. 그러나 이 깊이 한가운데로 스며들고 변화시키는 실체에 대해서는 명확한 것이 하나도 없다. (살균 요소 R 51 등) 약간의 과학만능주의로 간신히 복잡해졌을 뿐 온통 몰리에르풍의 어휘로 된 (생기를 주는, 자극하는, 영양이 되는) **원리들**(principes)이나

(생명의, 활성화시키는, 재생시키는) 정수들(sucs)이 문제되고 있음을 단지 지적할 뿐이다. 하지만 이 작은 광고의 정신분석 전체에서 진정한 극적 사건은 바로 깊이의 영역을 향한 〈정수들〉과 〈원리들〉의 전진을 서로 맡으려고 미묘하게 다투는, 대적하는 두 실체들의 갈등이다. 그 두 실체는 곧 물과 지방질이다.

그 둘은 모두 성격상 모호하다. 물은 이로운 것이다. 왜냐하면 늙은 피부는 건조하고 젊은 피부는 (**촉촉한 신선함**이라고 어떤 화장품이 말하듯이) 신선하고 순수하다는 것을 모든 사람들이 잘 알고 있기 때문이다. 탄탄함과 매끈함 등 육체적 실체의 모든 긍정적 가치들은 무의식적으로 마치 물에 의해 팽팽히 당겨진 것처럼 느껴지며, 린네르 제품같이 부풀려진 것처럼 느껴지며, 물이 그 전반적 열쇠인 순수함과 청결함 그리고 신선함을 지닌 이러한 이상적 상태 속에 확립되어 있는 것처럼 느껴진다. 따라서 광고에 있어 깊은 곳까지 수분을 공급하는 작용은 필수적인 작업이다. 그러나 불투명한 신체 속으로의 침투는 물이 하기에는 용이해 보이지 않는다. 물은 너무 쉽게 증발되고 가벼우며 너무 성미가 급하기 때문에 아름다움이 만들어지고 있는 이 지하 영역에까지 제대로 이를 수 없다고 여겨진다. 그리고 육체 물리학에서 자유로운 상태의 물은 표면을 닦아내고 자극하며, 공기 속으로 돌아가 불의 일부가 된다. 따라서 그 물이 이로운 것은 단지 갇혀서 유지될 때뿐이다.

지방질은 상반되는 장점과 단점들을 갖는다. 그것은 신선하게 해주지 않는다. 그것의 부드러움은 지나치며 너무 지속적이며 인위적이다. 미용의 광고를 크림, 즉 그 밀도 자체가 부자연스런 상태로 느껴지는 크림의 순수 개념에 기초를 둘 수는 없다. 물론 (성서나 동양에서처럼 복수로 된 **기름들**이라는 표현으로 더 詩的으로 불려지는) 지방질은 영양 섭취의 개념을 드러낸다. 그러나 그 지방질을 전달 수단이 되는 요소로, 훌륭한 윤활제로, 피부의 깊은 곳까지 물을 운반하는 것으로 찬양하는 것이 더 안전하다. 물은 잘 증발되고 공기처럼 가벼우며, 사라지기 쉽고 순간적이며 조심스럽게 다루어야 하는 것으로 주어진다. 반대로 기름은 표면에 붙어서 누르며 서서히 힘을 가한다. 그리고 침투하여 (광고상의 미용에 있어서 핵심 등장인물들인) 〈모공들〉을 따라 계속 미끄러져 들어간다. 따라서 모든 화장품 광고는, 과거에는 적대관계에 있었으나 이제는 상호보완적인 것으로 공표된 액체들의 기적적인 결합을 준비한다. 실체들의 신화학이 가지고 있는 모든 긍정적인 가치들을 능숙하게 존중함으로써, 화장품 광고는 지방질이 물의 전달 수단이며, 수성(水性)의 크림과 번질거림이 없는 부드러움이 존재한다는 행복한 신념을 부과하는 데 성공을 한다.

따라서 새로 나온 대부분의 크림은 특히 **액체상태의, 유동적인 초침투성의 크림**이다. 무척 오랫동안 화장품의 개념 자체와 동일시되었던 지방질의 개념은 가려지거나 복잡해지며 액체성으로 수정된다. 그리고 때로는 사라지기까지 하며 유동성의 **로션**(lotion)과 정신적인 **토닉**(tonique)으로 바뀌어진다. 그런데 이 토닉은 피부의 번들거림을 없애는 것이 중요할 경우 당당하게 **아스트린젠트**(astringent)라고 불리며, 반대로 우리 앞에 그 소화 현상들이 가차 없이 폭로되는 이 게걸스런 깊은 곳들에 기름지게 영양을 공급하는 것이 중요할 때에는 다소곳이 **스페셜**(spécial)이라고 불려진다. 인간 신체 내면을 이렇게 대중적으로 공개하는 것은 또한 화장품 광고의 일반적인 한 특성이다. 〈부패가 (치아와 피부, 혈액과 숨결에서) 추방된다〉. 프랑스는 청결에 대한 심한 허기증을 느끼고 있는 것이다.

푸자드의 몇 마디 말

프티부르주아 계급이 이 세상에서 가장 존중하는 것은 내재성(內在性)이다. 그리하여 단순한 회귀 메커니즘에 의해 그 자체 내에 자신의 종말을 갖고 있는 모든 현상, 다시 말하자면 문자 그대로 **그 대가가 지불되는** 모든 현상은 그들에게 기분 좋은 것이다. 언어행위는 그 문체 속에, 그 구문 자체 속에, 이러한 반격의 모럴을 퍼뜨리는 임무를 띠고 있다. 예를 들어 푸자드[1]가 에드가 포르[2]에게 『당신이 결렬의 책임을 지고 그 결과를 감당하도록 하시오』라고 말했을 때, 이 세계의 무한(無限)은 추방되었으며, 모든 것이 짧지만 빈틈없이 완전한 하나의 질서, 즉 지불(支拂)의 질서 속으로 귀결된다. 위 문장의 내용 자체를 넘어서서 그 구문의 균형, 그리고 어떤 것도 그것과 동등한 결과 없이는 수행되지 않게 만드는 법칙, 즉 그 속에서 인간의 모든 행위는 엄격하게 반박되며 회수되는 법칙의 단언, 간단히 말해 모든 수학적 방정식은 프티부르주아를 안심시키며, 그에게 그의 거래에 따르는 세계를 하나 만들어 준다.

이러한 동태복수(talion)의 수사학은 그 고유한 문체들을 갖는데, 그것들은 모두 동등의 문체들이다. 모든 모욕은 위협을 통해 추방되

---

1) 1920년-현재. 프랑스의 서적상·출판인·정치가. 1950년대에 프랑스에서 우익 저항운동을 지도했다. 농민과 영세 상인들의 지지를 얻었으며, 무거운 세금에 항의하는 〈상인 및 장인수호연맹 UDCA〉(1953)은 많은 지지를 얻었다.

2) 1908-88년. 프랑스 법률가·정치가. 1952년의 6주간과 1955-56년 총리 역임.

어야 할 뿐만 아니라 모든 행위도 예방되어야 한다. 〈속지 않는다〉는 오만함은, 좌절시키는 것이 바로 무효로 하는 것이 되는 하나의 계산적 질서에 대한 의례적인 존중 이외의 아무것도 아니다(〈내게 마르슬렝 알베르의 속임수를 쓴다 해도 내게는 통하지 않을 것이라고 그들은 당신에게 말했을 것이다〉). 그러므로 세계를 하나의 단순한 등식으로 축소시키는 것, 그리고 인간행위들 사이의 양적 관계들에 대한 준수는 이론의 여지없는 상태들이다. 역습에 의해서든 좌절시키는 것에 의해서든 값을 치르게 하는 것, 반박하게 하는 것, 사건으로 하여금 그 역(逆)을 만들어 내게 하는 것, 이 모든 것은 세계를 그 자체로 닫으며 하나의 행복감을 낳는다. 따라서 이러한 정신적 계산을 자랑하는 것은 당연하다. 프티부르주아가 내세우는 자랑은 질적 가치들을 피하는 데 있으며, 변형의 진행과정들과 동등의 평형론을 대립시키는 데 있다(눈에는 눈, 원인에 따른 결과, 상품에 대한 돈, 돈에는 돈 등).

푸자드는 이러한 동어반복 체계의 최대의 적은 바로 변증법이라는 사실을 분명히 의식하고 있는데, 게다가 그는 이 변증법을 궤변법과 다소 혼동하고 있다. 변증법을 이길 수 있는 것은 오직 인간행동들에 대한 계산과 산정으로 끊임없이 되돌아가는 것, 푸자드가 어원학과 일치하는 이성(Raison)이라 부른 것[3]으로 끊임없이 되돌아가는 것을 통해서이다(〈리볼리 거리는 의회보다 더 힘이 셀 것인가? 변증법은 이성보다 더 가치가 있을 것인가?〉). 사실상 변증법은 사람들이 온갖 주의를 다해 그의 등식들 위로 닫아놓은 이 세계를 열 위험이 있다. 변증법이 하나의 변형기술이라는 점에서 그 변증법은 특성을 수적으로 나타내는 구조에 반대한다. 그리고 변증법은 프티부르주아의 한계 너

---

3) 이성(raison)은 어원학적으로 라틴어의 〈계산하다〉라는 뜻의 단어 ratio에서 유래하였다.

머로의 도주, 즉 처음에는 맹렬히 비난받은 다음 순진한 환상이라고 선포된 도주이다. (당시 부르주아적이었던) 오래 된 낭만적 테마를 한 번 더 격하시키면서 푸자드는 지성의 모든 기법들을 무(無)로 돌리며, 프티부르주아 계급의 이성에다 셀 수 있는 현실 너머에 있다는 바로 그들의 입장 때문에 신용을 잃은 대학인과 지식인들의 궤변과 몽상들을 대립시킨다(〈프랑스는 학위 소지자들, 즉 공학도·경제학도·철학도 및 현실세계와의 모든 접촉을 잃은 다른 몽상가들을 과잉생산해 냄에 따른 타격을 받게 되었다〉).

우리는 이제 프티부르주아의 현실이 무엇인지 알게 된다. 그것은 겉으로 보이는 것이 아니다. 그것은 계산되는 것이다. 그런데 이 현실, 즉 어떤 사회라도 규정지을 수 있었던 가장 좁은 이 현실도 어쨌든 그 자체의 철학을 갖고 있다. 그것은 푸자드가 말하는 〈양식〉(bon sens), 곧 〈서민들〉의 그 대단한 양식인 것이다. 프티부르주아 계급, 적어도 푸자드의 계급(식료품과 푸줏간)은 마치 영광스런 신체상의 부속기관식으로, 독특한 지각기관식으로 양식을 자기 것으로 소유한다. 그런데 그 기관은 흥미롭기도 하다. 왜냐하면 그 속에서 명료하게 보기 위해서는 무엇보다 분별을 잃어야 하며, 외양에서 벗어나기를 거부해야 하며, 〈현실〉의 제안들을 현금으로 간주해야 하며, 반격 대신 설명을 대체할 위험이 있는 모든 것을 무(無)로 선포해야 하기 때문이다. 이 기관의 역할은 보이는 것과 있는 그대로의 것 사이의 단순한 등식들을 제시하는 것이다. 그리고 교대가 없는, 중간 과정이 없는, 진행이 없는 세계를 보장하는 것이다. 양식은 프티부르주아식의 방정식을 지키는 개와 같다. 그것은 모든 변증법적 출구를 막고 동질성의 세계를 규정짓는데, 그 속에서 사람들은 자기 집처럼 편안하며 〈몽상〉(사물들에 대한 셀 수 없는 시각을 의미한다)의 혼란과 도피들로부터 안전하다. 인간의 행동들은 순수한 동태복수이며 오직 그것이어야만 하기 때문에, 양식이란 이상적 세계를 반격이라는 직접적 메커니즘들로 축소시키는 정신의 이러한 선택적 반응이다.

이렇듯 푸자드의 언어 활동은 다시 한번 프티부르주아의 모든 신화학이 이타성의 거부, 차이의 부정, 동일성에의 행복과 유사성에 대한 열광을 내포한다는 사실을 보여 준다. 일반적으로 세계를 방정식으로 환원시키는 것은, 인간 현상들의 〈동질성〉이 곧장 하나의 〈본성〉을, 따라서 하나의 〈보편성〉을 세우게 되는 영토확장주의적인 단계를 준비한다. 푸자드는 아직 **양식**을 인류의 일반 철학으로 규정짓지는 못하고 있다. 왜냐하면 양식은 아직 그가 보기에 하나의 계급적 덕목으로 보이기 때문이다. 그러나 사실상 그것은 하나의 보편적 강장제처럼 주어진 것이다. 그리고 그것이 바로 푸자드주의에서 불길한 것이다. 즉, 그가 단번에 신화학적인 진실을 얻기를 열망했으며, 문화를 하나의 질병으로 제기했다는 것이다. 이는 바로 파시즘 특유의 증후이다.

아다모프와 언어활동

방금 살펴본 바 대로 푸자드식의 양식은 겉으로 보이는 것과 있는 그대로의 것 사이에 단순한 등가를 세우는 데 있다. 그런데 외양이 너무 엉뚱할 때는 바로 그 동일한 상식이 등식의 구조에서 벗어나지 않은 채 그 외양을 축소시키는 방법을 쓰게 된다. 그 방법, 그것이 바로 상징주의(symbolisme)이다. 어떤 공연 작품이 근거가 없어 보일 때마다 양식은 상징이라는 무장 기병을 제공하도록 하는데, 상징이란 그 추상적 성향에도 불구하고, 보이는 것과 보이지 않는 것을 (이것은 저것과 맞먹는다라는) 양적인 등식의 형태로 결합시킨다는 점에서 프티부르주아의 하늘에서 인정을 받은 것이다. 그리하여 계산은 이루어지고 이 세계는 여전히 건재하게 된다.

아다모프[1]가 슬롯 머신, 즉 무대 도구로는 불륜의 침대밖에 모르는 부르주아 연극에, 엉뚱한 도구인 슬롯 머신에 관한 희곡 작품을 쓴 것에 대해, 언론은 서둘러 이 예사롭지 않은 것을 상징으로 축소시킴으로써 그것을 추방하기에 급급했다. **그것이 무엇인가를 의미하는 것**인 이상 그것은 덜 위험스런 것이었다. 《핑퐁》에 대한 비평이 (《파리 마치》·《프랑스 수아르》지 등) 주요 신문의 독자들을 향해 씌어질수록 그것은 그 작품의 상징적 성격을 더 강조했다. 『안심하십시오. 그건 단지 상징일 뿐입니다. 슬롯 머신은 단지 〈사회적 체계의 복잡성〉을

---

1) 1908-70년. 프랑스 극작가. 《인간과 아이》(1967)·《핑퐁》(1954) 등의 작품이 있다.

의미하는 것입니다』라는 것이다. 엉뚱한 이 연극 도구는 그것이 무엇인가에 상당하기 때문에 마성(魔性)에서 벗어나게 되었다.

그런데 《핑퐁》의 전기 당구대는 아무것도 상징하지 않는다. 그것은 아무것도 표현하지 않고, 그것은 생산을 한다. 그것은 문자 그대로의 하나의 사물로, 그것의 기능은 그 객관성 자체에 의해 상황들을 낳는 것이다. 그러나 여기에서도 우리의 비평은 깊이에 대한 갈증 때문에 속임수에 걸려들게 된다. 이러한 상황들은 심리학적인 것이 아니라 본질적으로 **언어 활동에 따른 상황들**이다. 바로 이것이 줄거리와 행동·인물·갈등, 그리고 고전 연극의 또 다른 요소들의 낡은 창고와는 별도로 마침내 인정되어야 할 하나의 극적 현실인 것이다. 《핑퐁》은 훌륭하게 무대에 올려진 언어 활동에 따른 상황들의 망이다.

언어 활동에 따른 상황이란 무엇인가? 그것은 하나의 파롤의 상황 설정으로, 이는 **언뜻 보아서는** 심리학적인 관계들을, 그러나 과거 언어 활동의 타협 속에서 마비되었던 것만큼 그렇게 거짓은 아닌 관계들을 낳기에 적절하다. 그리고 결국 심리학을 말살시키는 것이 바로 이 마비이다. 한 계급이나 한 성격의 언어 활동을 모방하는 것, 그것은 아직 어느 정도의 거리를 이용한다는 것이며, 일종의 **진정성**(authenticité; 심리학에서 사랑받는 덕목)을 소유자로서 향유한다는 것이다. 그러나 이 차용된 언어가 일반화되고, 언제나 풍자의 약간 밖에 위치하며, 또 희곡 작품의 표면 전체를 다양한 압력으로 덮어씌우는, 그러나 어떤 외침과 지어낸 어떤 말이 밖으로 나갈 수 있는 균열이 전혀 없는 경우, 인간관계는 그 외양적 활력에도 불구하고 유리처럼 되며, 일종의 언어상의 굴절에 의해 끊임없이 어긋난다. 그리하여 그들의 〈진정성〉의 문제는 아름다운 (그리고 거짓된) 꿈처럼 사라지고 만다.

《핑퐁》은 유리 속에 든 한 덩어리의 언어로 완전히 구성되어 있는

데, 이는 말하자면 영국인들에게 겨울 동안 봄의 신선함을 맛보게 해 주는 **냉동 야채**와 유사하다. 이 언어, 즉 브라운 운동(Brownian motion)[2]의 단편들처럼 희망의—— 또는 절망의—— 힘을 갖고 던져진 소소하고 진부한 논리들과 부분적이고 자명한 이치들, 겨우 식별할 수 있는 상투적인 유형들로 짜여진 이 언어는, 사실 예를 들어 앙리 모니에[3]가 복원시킨 수다스러운 은어가 그럴 수 있었던 것 같은 그런 통조림화된 언어가 아니다. 그것은 오히려 하나의 지연 언어(langage-retard), 즉 주인공의 사회생활에서 숙명적으로 형성된, 그런데 차후의 상황, 즉 그 속에서 그 언어의 약한 동결, 그리고 **배워 얻은** 약간의 천박한 허풍들이 엄청난 결과를 갖게 되는 그런 차후의 상황에서, 진짜이지만 약간 지나치게 신선하거나 지나치게 푸른 상태로 녹는 하나의 지연 언어일 것이다. 《핑퐁》의 등장인물들은 미슐레의 로베스피에르와 약간 비슷하다. 즉, 그들은 그들이 말하는 것을 생각하는 것이다! 자신의 언어에 따라 인간이 만들어지는, 특히 놀랍고도 극단적인 오해의 형상인 이 언어가 완전히 그 자신의 것도 아닐 때 생기는, 인간의 이 비극적인 조형성을 강조하는 의미심장한 말이다.

이것은 아마 《핑퐁》의 외적 모호성을 설명해 줄 것이다. 즉, 한편으로는 언어 활동의 덧없음이 그 속에서 명백하다는 사실이며, 다른 한편으로는 이 덧없음이 여전히 창조적이라는 사실인데, 왜냐하면 하나의 일생을 통해 그들을 죽음에까지 이끌 수도 있는 시간적 두께를

---

2) 1827년 영국의 식물학자 브라운이 발견한, 물속에서 떠돌아다니는 꽃가루의 불규칙한 운동이다. 그후 이같은 현상은 액체나 또는 기체 중의 다른 미립자에 관해서도 확인되었는데, 미립자에 액체나 기체의 분자가 각 방향으로부터 무질서하게 충돌함으로써 일어난다.
3) 1805-77년. 프랑스 작가이자 희화가. 어리석고 거드름을 피우는 부르주아의 유형인 조제프 프뤼돔(Joseph Prudhomme)을 창조.

지닌 완벽하게 살아 있는 존재들을 만들어 내기 때문이다. 이는 바로 아다모프에게 있어서 언어 활동에 따른 상황들이 상징과 풍자에 대해 완벽하게 저항한다는 의미이다. 그리하여 언어 활동에 기생하는 것은 바로 삶이 되며, 그것이 바로 《핑퐁》이 주장하는 것이다.

따라서 아다모프의 슬롯 머신은 하나의 열쇠가 아니며, 다눈치오[4]의 죽은 종달새, 또는 메테를링크[5]의 궁전문이 아니다. 그것은 언어 활동을 낳는 하나의 사물이다. 하나의 촉매 요소처럼 그것은 끊임없이 배우들에게 파롤의 미끼를 던지며, 언어 활동의 증식 속에서 연기자들을 존재하게 한다. 게다가 《핑퐁》의 상투적인 문구들은 모두 동일한 기억의 두께와 동일한 입체감을 갖는 것이 아니다. 그것은 그것을 말하는 자에게 달려 있다. 문장들을 만드는 허풍쟁이 쉬터는 풍자적인 습득물들을 늘어놓으며, 솔직하게 웃게 만드는 모방적인 언어를 즉시 제시한다(〈말들, 모두 함정이야!〉). 아네트의 언어 활동의 마비(〈딴 데 가 봐요, 로저씨!〉)는 더 가벼우며 더 가련하기도 하다.

《핑퐁》의 각 등장인물들은 이렇듯 자신의 언어 습관의 골에 빠지게 되어 있는 것 같다. 그러나 각각의 골은 각기 다르게 파여 있어서 이 압력의 차이점들이 바로 사람들이 연극에서 상황들, 다시 말해 가능성과 선택들이라 불리는 것을 만들어 내는 것이다. 《핑퐁》의 언어 활동이 삶의 연극, 다시 말해 그 자체가 연극으로 주어진 하나의 삶에서 나온 완전히 습득된 것이라는 점에서, 《핑퐁》은 이차적인 연극(théâtre au second degré)에 속한다. 그것은 자연주의와는 정반대

---

4) 1863-1938년. 이탈리아의 시인·작가. 세기말 탐미파의 대표자로 관능주의나 영웅주의를 기조로 하였다.
5) 1862-1949년. 벨기에의 상징파 시인·극작가. 간결하고 쉬운 말로 인생의 신비와 나날의 숙명적인 비극을 노래하였다.

이기도 한 것으로, 언제나 의미 없는 것을 확대시키고자 한다. 반대로 여기에서 삶, 그리고 언어 활동의 거창한 구경거리는 (마치 아이스크림이 굳는다고 말하는 것처럼) 무대 위에서 **굳어진다**. 이러한 동결 방식, 그것은 모든 신화적 파롤의 방식 자체이다. 《핑퐁》의 언어 활동처럼 신화란 역시 그 자체의 이중화에 의해 동결된 파롤이다. 그러나 연극의 경우이므로 이 두번째 언어 활동의 기준은 다르다. 신화적 파롤은 사회 속으로, 일반 역사 속으로 빠져든다. 반면 아다모프에 의해 실험적으로 재구성된 언어 활동은 그 진부함에도 불구하고 하나의 일차적인 개별적 언어 표현만을 이중화할 수 있다.

나는 프랑스의 연극 문학에 있어서, 그 역시 어느 정도 언어 활동에 따른 상황들의 자유로운 증식 위에서 자신의 연극을 구축했다고 말할 수 있을 작가로는 단 한 사람, 마리보밖에 없다고 본다. 반대로 이러한 언어 상황의 극작법과 가장 대립되는 연극, 그것은 역설적이게도 바로 언어로 된 연극으로, 지로두[6]를 일례로 들 수 있는데, 그의 언어 활동은 **성**실하며, 다시 말해 지로두 그 자신 속으로 **빠져든다**. 아다모프의 언어 활동은 그 뿌리를 허공에 두고 있다. 그리하여 외적인 모든 것이 연극에 이득이 된다는 사실을 우리는 알고 있다.

---

6) 1882-1944년. 프랑스 외교관·극작가. 《앙피트리옹 38》·《트로이 전쟁은 일어나지 않으리》 등의 작품이 있다.

아인슈타인의 뇌

아인슈타인[1]의 뇌는 신화적인 대상이다. 그런데 역설적이게도 가장 뛰어난 지성은 최대로 개량된 기계의 이미지를 형성하며, 너무 강한 인간은 로봇의 세계로 들어가 심리학과는 멀어진다. 미래공상소설에서 초인간들은 언제나 무엇인가 사물화된 것을 가지고 있다는 사실을 우리는 알고 있다. 아인슈타인 역시 마찬가지이다. 사람들은 그를 표현할 때 일반적으로, 진정으로 진귀한 선별된 기관인 그의 뇌를 가지고 이야기한다. 아마도 수학적인 그의 전문화 때문에 이 초인은 여기에서 모든 마술적 성격을 잃게 된다. 그에게는 어떤 확산력도 없으며, 기계적인 것 이외의 어떤 신비도 없다. 그는 우수하고 뛰어난, 하지만 실제적이며 생리적인 하나의 조직체이다. 신화학적으로 아인슈타인은 물질이며, 그의 힘이 저절로 정신성과 연결되는 것은 아니다. 그에게는 독자적인 도덕의 도움이, 학자의 〈양심〉의 호소가 필요하다 (**양심 없는 과학**이라고 사람들은 이야기했다).

아인슈타인은 자신의 뇌를, 그것이 마치 마침내 분해할 수 있게 된 별난 기계인 것처럼 두 병원이 서로 가지려고 다툰 그 뇌를 기증함으로써 이런 전설에 그 자신이 약간 기여했다. 그를 보여 주고 있는 그림에서 그는 머리에 전기줄을 온통 감은 채 침대에 누워 있다. 사

---

1) 1879-1955년. 독일 태생의 미국 물리학자. 1905년 특수 상대성 이론·광량자 이론·브라운 운동의 이론을 발표. 제1차 세계대전중에 일반 상대성 이론을 발표, 강한 중력장에서는 빛의 진로가 굽는다는 것을 예언. 1921년 노벨 물리학상 수상.

람들은 그의 뇌파를 기록하고 있는데, 그에게 〈상대성을 생각하라〉고 주문한다(그러나 사실 〈무엇인가를 생각한다〉는 것이 정확하게 무슨 의미일까?). 이는 분명 〈상대성〉이 까다로운 문제인 만큼 뇌파의 진동이 더 심할 것이라는 점을 우리에게 이해시키려 하고 있다. 이렇게 생각 자체가 하나의 에너지를 내는 물질인 것처럼, 뇌의 실체를 힘으로 변형시키는 복잡한 (거의 전기적인) 기구로 측정할 수 있는 산물처럼 제시되고 있다. 아인슈타인의 신화학은 아인슈타인을 마술적인 측면이 거의 제거된 한 천재로 만들기 때문에, 사람들은 그의 생각에 대해 마치 기계적으로 소시지를 만드는 것, 그리고 곡식을 찧는 것이나 광석을 빻는 것과 비슷한 기능적인 작업처럼 이야기한다. 그는 마치 제분기가 밀가루를 만들어 내듯이 끊임없이 생각을 만들어 냈다는 것이며, 죽음이란 그에게 있어서 무엇보다 국부적인 기능의 정지였다는 것이다. 즉, 〈가장 뛰어난 뇌가 생각하기를 멈추었다〉는 것이다.

이 천재적인 기계가 생산한다고 여겨졌던 것은 바로 방정식이었다. 아인슈타인의 신화학에 의해 이 세상은 더없이 기쁘게도 공식(公式)화된 지식이라는 이미지를 되찾게 되었다. 역설적으로, 인간의 천재성이 뇌라는 형태로 물질화될수록 그의 발명품은 마술적인 조건과 연결되며, 단 몇 글자 속에 모든 것이 들어 있다는 식의 옛 비의적인 학문의 이미지를 다시 띠게 되었다. 즉, 이 세상에 대한 유일한 비밀이 있고, 그 비밀은 단 한마디 말 속에 있다. 그리고 우주란 인류가 그 비밀번호를 찾고 있는 하나의 금고인데, 아인슈타인이 그 번호를 거의 찾았다. 이것이 바로 아인슈타인의 신화이다. 그런데 그 속에는 그노시스트적인 모든 주제들이 들어 있다. 즉, 자연의 일체성, 이 세계를 근본적으로 환원시킬 수 있다는 이상적인 가능성, 결정적인 말의 시작이 갖는 힘, 하나의 비밀과 말씀을 찾아나선 조상들의 투쟁,

그리고 수많은 시도에도 불구하고 꼼짝 않다가 갑자기 열리는 자물쇠처럼 총체적 지식은 오직 한순간에 드러날 수밖에 없다는 생각 등이다. 역사적인 방정식 $E = mc^2$는 그 예기치 못한 단순성으로 인하여 마치 수세기 전부터 사람들이 열려고 애쓴 문을 너무나 신기할 정도로 쉽게 여는 열쇠, 단 하나의 금속으로 된 밋밋한 일자형 열쇠라는 순이론적인 개념을 거의 그대로 보여 주고 있다. 일련의 이미지들은 이 점을 잘 설명하고 있다. 그래서 **사진으로 나온** 아인슈타인은 그 복잡성이 명백하게 보이는 수학적 기호로 가득 찬 칠판 옆에 서 있다. 그러나 **그림으로 그려진**, 다시 말해 전설 속에 들어간 아인슈타인은 이 세계의 마술적 공식을 아무런 준비도 없이 빈 칠판에 막 쓰고 난 후 아직 손에 분필을 들고 있는 모습이다. 신화학은 이렇듯 각 임무의 본질을 존중한다. 즉, 이른바 연구는 기계 장치를 동원하며, 사이버네틱스(cybernetics)의 복잡성 이외의 다른 기괴한 것은 없는 아주 물질적인 조직체를 그 본거지로 갖는다는 것이다. 그리고 반대로 발견은 마술적인 본질을 가지며, 마치 제1물질처럼, 그리고 연금술사들의 화금석(化金石), 버클리의 타르 수(水), 셸링의 산소 같은 기본적 물질처럼 단순하다.

그러나 세계는 계속되고 있으며, 수많은 연구가 이어지고 또한 신의 몫이 남아 있어야 하기에, 아인슈타인의 약간의 실패는 필요하다. 아인슈타인은 〈세계의 비밀이 들어 있는 방정식〉을 증명하지 못한 채 죽었다고 한다. 요컨대 이 세계는 저항했던 것이다. 그 비밀은 잠깐 드러났다가 다시 감추어졌으며 숫자는 불완전하다. 그렇게 아인슈타인은 신화를, 즉 행복감을 주는 안정을 가져오기만 하면 모순들을 아랑곳하지 않는 신화를 완전히 충족시켰다. 마술가인 동시에 기계요, 영원한 연구자이자 충족되지 못한 발견자, 또 최선과 동시에 최악

을 불러일으키는 자, 뇌이자 양심인 이 아인슈타인은 가장 모순되는
몽상을 완수하고 있으며, 자연에 대한 인간의 무한한 힘과 인간이 아
직은 저버릴 수 없는 성스러움에 대한 〈숙명〉을 화해시키고 있다.

제트 인간

　제트 인간(homme-jet)이란 제트 비행기의 조종사이다. 《파리 마치》지는 제트 인간이 새로운 비행 종족에 속하며, 영웅보다는 로봇에 더 가깝다고 명시했다. 그러나 제트 인간에는 파르지팔적인 여러 가지 잔재가 남아 있으며, 이는 잠시 뒤에 살펴보기로 한다. 그러나 **제트맨**(jet-man)의 신화학에서 우선 인상적인 것은 속도의 제거이다. 이 전설 속의 그 어떤 것도 속도에 대해서는 실질적으로 암시하지 않는다. 여기에서 하나의 패러독스 속으로 들어가야 하는데, 모든 사람들은 이 패러독스를 잘 받아들이며 현대성의 한 증거로 소비하기까지 한다. 그 패러독스, 그것은 너무나 빠른 속도는 정지상태로 변한다는 사실이다. 과거 영웅적 조종사는 생생하게 느껴지는 속도, 그리고 맹렬한 속도로 주파된 공간, 도취시키는 움직임의 신화학에 의해 특징지어졌다. 그런데 **제트맨**, 그는 기상천외한 자신의 임무가 바로 움직임을 **초월하는 것**, 속도보다 더 빨리 가는 것에 있는 것처럼 제자리에 있는 듯한 전신 감각에 의해 규정지어질 것이다(수평으로 시속 2천 킬로미터이면 어떤 속도감도 없다). 신화학은 여기에서 외부 접촉에 대한 모든 비유를 버리고 순전히 전신 감각에 접근한다. 움직임은 이제 더 이상 점과 면들에 대한 시각적인 지각이 아니다. 그것은 수축과 몽롱함, 공포와 의식불명으로 된 일종의 수직적 혼란이 되었다. 그것은 더 이상 미끄러짐이 아니라 내적 황폐이며, 끔찍한 혼란이며, 육체적 의식에 대한 부동의 위기이다.

이 정도까지 비행사의 신화가 휴머니즘을 완전히 잃는 것은 당연하다. 고전적 속력의 영웅은 움직임이 그에게 있어서 오직 용기만을 요구하는 하나의 일화적인 성과였다는 점에서 〈정직한 사람〉으로 남아 있을 수 있었다. 그때 사람들은 전문가가 아니라 날렵한 아마추어로서 전속력으로 빨리 달렸으며, 〈도취〉를 추구했다. 그리고 움직임에 대한 감각을 날카롭게 하고 움직임의 철학을 주는 것을 가능하게 한 선조들의 도덕주의를 가지고 움직임에 이르렀다. 속력이 비행사를 일련의 인간적 역할에 결합시켰던 것은 그 속도가 하나의 **모험**이었다는 점에서이다.

제트맨, 그는 더 이상 모험도 운명도 알지 못하며, 오직 하나의 조건만을 알고 있는 것 같다. 게다가 이 조건도 언뜻 보기에는 인간적이라기보다는 인류학적이다. 신화적으로 제트 인간은 그의 용기에 의해서보다 그의 몸무게, 그의 식이요법, 그의 습성(절제 · 粗食 · 금욕)에 의해 규정된다. 그의 인종적 특성은 그의 형태론에서 읽혀진다. 팽창 가능한 나일론으로 된 중력 배제 비행복, 매끈한 헬멧은 제트 인간을 하나의 새로운 피부 속으로 들여보내는데, 그 속에서는 〈그의 어머니조차 그를 알아볼 수 없을 것이다〉. 여기에서 진정한 인종적 전환이 문제인데, 이는 공상과학소설이 이미 광범위하게 이런 종(種)의 전이를 퍼뜨렸기 때문에 더욱더 그럴 듯하다. 마치 프로펠러 인류(humanité-hélice)라는 옛 피조물들과 제트 인류(humanité-réaction)라는 신피조물들 사이에 갑작스러운 전환이 있었던 것처럼 모든 것이 이루어진다.

사실상, 그리고 이 새로운 신화학의 과학적인 장치에도 불구하고 성스러움의 단순한 이동이 있었다. 성도전(聖徒傳: 프로펠러 비행의 성인과 순교자들)의 시대에 이어 수도자의 시대가 도래한 것이다. 그리하여 처음에 단순한 식이요법의 처방으로 통하던 것이 곧 성직자의 의미작용을 띠고 나타난다. 금욕과 절제·쾌락과는 거리가 먼 극기·공동생활·제복 등의 모든 것이 제트 인간의 신화학 속에서 육체의 조형성과 집단적인 (게다가 조심스럽게 불명확한) 목적을 위한 그 육체의 복종을 드러내는 데 가세를 하며, 바로 이 복종이 비인간적 조건의 매혹적인 특성에 희생물로 제공되는 것이다. 사회는 제트인간 속에서 오래 된 접신론의 계약, 즉 인간적 〈행복〉이라는 화폐를 지불하고 반신성(半神性)을 구입함으로써 언제나 고행을 통해 세력을 보상했던 그 계약을 되찾게 된다. 제트맨의 상황은 무척이나 소명의 양상을 띠고 있기 때문에, 그 상황 자체가 수도 지원자를 시험하는 데 쓰이는 선결되어야 하는 고행과 비전을 전수시키는 방식의 대가가 된다(高度室 통과 및 조종사를 가속도에 익숙하도록 훈련시키는 원심가속기 통과 등). 머리가 희끗희끗하고 익명의, 그리고 무표정한 교관마저도 필수적인 비의 전수자를 완벽하게 나타내 준다. 인내력의 경우 우리는 모든 입문에서처럼 그 인내력이 육체적 차원의 것이 아님을 알게 된다. 선결되어야 할 시험들을 통과하는 것은 사실상 영적인 선물의 결실로, 다른 이들이 신에게 소명받듯이 이들은 제트의 재능을 타고난다.

만약 전통적 영웅, 즉 그의 모든 가치가 자신의 인간성을 포기하지 않고 비행을 하는 것이었던 전통적 영웅(작가 생 텍쥐페리[1]와 양복차림의 린드버그[2])이 문제된다면 이 모든 것은 평범한 일일 것이다. 그러나 제트 인간의 신화학적 특성, 그것은 성스러운 역할 그 자체를

---

1) 1900-44년. 1920년대 항공계 초창기의 비행사로, 이러한 체험에서 발견한 진실을 기록한 작가. 《남방 우편》·《인간의 대지》·《야간 비행》 등의 작품이 있다.
2) 1902-74년. 미국의 조종사. 1927년 최초로 대서양 횡단 무착륙 단독비행에 성공. 1931년에는 북태평양 횡단 비행에 성공.

저버리지 않고서도 그 역할이 갖는 낭만적이고도 개인주의적인 요소들은 전혀 갖지 않는 것이다. 그의 명칭에 의해 순전한 수동성(**내던져진**(jeté) 물체[3])보다 더 무기력하고 더 주체가 박탈당한 것이 무엇이겠는가?)과 동일시된 그는 어쨌든, 자신의 금욕으로부터 자신의 특성들을 얻고, 또 인간적 존재와 화성인들 사이에 일종의 인류학적인 타협을 완수할, 하늘에서 온 한 가공의 인종의 신화를 통해 의식(儀式)을 되찾는다. 오늘날까지 인간들은 반(半)사물들로 가득 찬 하늘밖에 생각할 수 없는 것처럼 제트 인간은 하나의 사물화된 영웅이다.

---

3) 제트 인간(homme-jet) 혹은 바르트가 영어로 제트맨(jet-man)이라고 부르는 이 새로운 인류는 표현 그대로 던지다(jeter)라는 동사에서 유래한 수동적인 의미의 던져진 인간에 다름 아니다.

라신은 라신이다

취향, 그것은 취향이다.

《부바르와 페퀴셰》

프티부르주아 계급이 동어반복적인 추론을 유달리 선호한다는 사실은 이미 지적한 바 있다(한푼은 한푼이다 등). 예술의 분야에서 흔히 쓰이는 다음과 같은 좋은 예가 있다. 코메디프랑세즈의 한 여류 예술가는 자신의 새 연극을 소개하기에 앞서 『〈아탈리〉는 라신의 작품이다』라고 상기시켜 주었다.

우선 그 문장 안에는 (라신에 대해 논평한 〈문법학자·논객·주석자·종교가·작가, 그리고 예술가〉에게 발하는) 작은 선전포고가 들어 있음에 유의해야만 한다. 사실 동어반복은 언제나 공격적이다. 동어반복은 지성과 그 대상간의 성급한 단절을, 즉 생각하지 않겠다는 식의 오만한 위협을 의미한다. 우리의 동어반복자들은 개를 묶은 끈을 갑자기 끌어당기는 주인과 같다. 즉, 생각의 여지를 많이 남겨두어서는 안 된다. 세계가 의심스럽고 쓸데없는 알리바이로 가득 차기 때문이다. 그러므로 자신의 판단력을 구속하여 측정 가능한 현실의 거리로 끈을 줄여야만 한다. 그런데도 사람들이 라신에 대하여 생각하기 시작했다면 그것은 크나큰 위협이다. 동어반복자는 자신의 주위에서 자라나 자신을 질식시킬 수도 있는 모든 것을 단호하게 잘라낸다.

우리가 여기에서 자주 만났던, 곧 반지성주의(anti-intellectualisme)

라는 이러한 친숙한 적(敵)의 언어가 우리 예술가의 선언 속에서 발견된다. 상투적 언사는 뻔하다. 즉, 과다한 지성은 유해하며 철학은 쓸데없는 횡설수설이다. 감정·직감·순진무구함·단순성의 여지를 남겨두어야만 한다. 예술은 과도한 지성으로 인해 죽는다. 지성은 예술가의 장점이 아니다. 실력 있는 창조자는 경험론자이며, 예술 작품은 체계를 초월하는 것이다. 요컨대 두뇌의 힘이란 창조력이 빈약하다는 등이다. 지성에 맞선 전쟁은 항상 **양식**의 이름으로 이루어지며, 결국 문제는 이미 언급한 바 있는 푸자드식의 〈이해〉의 유형을 라신에게 적용한다는 사실이다. 푸자드의 〈양식〉으로 드러난 유일한 현실인 프랑스의 세제(稅制) 앞에서 프랑스의 일반 경제가 한낱 꿈에 불과하듯이, 문학과 사상의 역사, 더군다나 간단히 역사는 조세제도만큼이나 〈구체적인〉 아주 단순한 라신 같은 사람 앞에서는 지적인 환상에 불과하다.

반지성주의로부터 우리의 동어반복자들은 또한 순진함의 도움을 취한다. 이것은 완전무결한 단순함으로 무장함으로써 진정한 라신을 더 잘 볼 수 있다고 주장하는 것이다. 우리는 오래 된 이 비교(秘敎)의 테마를 알고 있다. 동정녀·어린아이 같은 단순하고 순수한 사람들은 탁월한 통찰력을 지니고 있다. 라신의 경우 이렇게 〈단순함〉에 기원하는 것은 알리바이의 이중의 힘을 가진다. 한편으로 지적인 해석의 자만심에 반대하고, 다른 한편으로는 논쟁의 여지가 없는 것이지만, 라신을 미학적으로 검토(그 유명한 라신적 순수함)할 것을 요구한다. 이러한 미학적 검토는 그것에 접근하는 모든 이들에게 〈규율〉(반복구: **예술은 구속에서 태어난다**……)을 강요한다.

끝으로 우리 여배우의 동어반복에는 비평적 재발견의 신화라고 부를 수 있는 것이 있다. 우리의 본질주의적 비평가들은 과거 천재들의 〈진실〉을 되찾는 데 시간을 보낸다. 그들에게 있어 문학이란 잃어버린 물건들의 거대한 상점이어서 그곳으로 낚시를 하러 간다. 거기에서 무엇이 발견되는지는 아무도 알지 못한다. 동어반복적인 방법의 큰 이점은 바로 그것이 무엇인지 말하지 않아도 된다는 점이다. 게다가 더 이상 나아간다면 우리의 동어반복자들은 곤혹스러울 것이다. 그저 라신, 영도의 라신(degrééro de Racine)이란 존재하지 않는다. 형용사가 붙어 있는 라신들만이 있을 뿐이다. 가령 순수시 같은 라신, 대하 같은 라신(몽테를랑),[1] 성서 같은 라신(베라 코렌의 라신), 정열의 라신, 있는 그대로의 인간을 그린 라신 등이다. 간단히 말해서 라신은 항상 라신이 아닌 다른 무엇인 까닭에, 라신의 동어반복은 매우 공허하게 된다. 우리는 적어도 정의를 내리는 데 있어서 그와 같은 공허함이 그 정의를 자랑스럽게 휘두르는 이들에게 가져다 주는 것이 무엇인가를 알고 있다. 즉, 일종의 약간의 윤리적 구원, 진실에 대한 다소 실증적인 모든 탐구가 필연적으로 포함하게 되는 어떤 위험도 떠맡지 않은 채, 라신의 진실을 위해서 투쟁했다는 만족감이 그것이다. 동어반복은 관념을 갖지 않도록 해주지만, 동시에 득의양양하게 이러한 허용을 엄격한 도덕률로 만든다. 여기에서 동어반복의 성공이 기인한다. 나태함이 엄격함의 등급으로 승급된다. 라신, 그것은 라신이다. 공허함의 경탄할 만한 안정보장이다.

---

1) 몽테를랑은 라신이 과대평가되고 있다고 생각한다. 그의 작품 중 극히 일부분만을 독창적인 것으로 인정하면서, 라신을 껍질을 힘들게 벗겨내어 겨우 맛있는 살 몇 점을 얻을 수 있는 대하에 비유하고 있다. 『흔히 설명하듯이, 라신이 프랑스의 가장 위대한 서정 시인이라고 하는 것은 부당하다. 모든 프랑스 시 중에서 그의 시 27편이 독창적인 것이라고 말하는 것은 부당하지 않다. 그리고 내가 보기에, 프랑스 시에 포함되는 좀더 매혹적인 시는, 10편이나 12편의 작품들 중 27의 시에 불과할 뿐이며, 그것은 극히 소수다. 그러나 슬프게도 라신은 그러하다. 라신은 대하다. 그 껍질을 여기저기 힘들게, 끝없이 벗겨내야만 맛있는 작은 살점을 찾아낼 수 있다』(Cahier Renaud Barault, No 8. Julliard 1955, pp.5-6. 《Racine Langouste》).

벨디브에 온 빌리 그레이엄

수많은 선교사들이 우리에게 〈원주민들〉의 종교적 풍속을 전해 주었지만, 단 한 명의 파푸아 마술사도 벨디브[1]에 와서 복음화 운동이라는 이름 아래 그레이엄 박사[2]가 주재하는 예식을 이제는 그들 차례로 우리에게 이야기해 주지 못한 것이 무척 애석하다. 그러나 그 예식에는 상당한 인류학적 소재가 있으며, 게다가 그 소재는 〈미개한〉 종교의식에서 나온 것 같다. 왜냐하면 모든 종교행위의 커다란 세 단계인 **기다림**(Attente)과 **암시**(Suggestion), 그리고 **입문 의식**(Initiation)이 거기에서 즉각적인 양상으로 나타나기 때문이다.

빌리 그레이엄은 남을 기다리게 만든다. 찬송과 기도, 말단 목사들이나 혹은 미국 흥행사들에게 할당된 수많은 쓸데없는 짧은 연설 등 한바탕의 무대(토론토에서 온 피아니스트 스미스, 일리노이 주 시카고에서 온 〈멋지게 복음을 노래하는 미국 라디오의 예술가인〉 성악가 베버리라는 식의 단원에 대한 흥겨운 소개)가 펼쳐지고, 그레이엄 박사의 등장이 계속 공고되나 그는 전혀 나타나지 않는다. 한참 후 그가 마침내 나타난다. 그러나 그것은 호기심을 더욱 지연시키기 위해서이다. 왜냐하면 그의 첫 설교는 좋은 것이 아니기 때문이다. 그는 단지 **메시지**의 도래를 준비할 뿐이다. 그리고 다른 막간극이 계속 기다림

---

1) Vélodrome d'Hiver의 약자로, 파리의 동계 자전거 경기장.
2) 1918년-현재. 미국의 복음전도자. 세계 각지의 전도에서 유명해졌다.

을 연장시키고 홀에 열기를 가하며, 이 메시지에다 예언적인 중요성을 미리 고정시킨다. 그런데 이 메시지는 구경거리의 가장 훌륭한 전통에 따라 조바심나게 하는 것으로 시작하여 마침내 더욱 쉽게 존재하게 되는 것이다.

우리는 예식의 이 첫단계 속에서 모스가 연구한 바 있는 **기다림**이라는 이 거대한 사회학적 원동력을 보게 되는데, 우리는 이미 파리의 위대한 로베르의 최면술 장면에서 그 원동력의 매우 현대적인 일례를 본 적이 있다. 거기서도 마술사의 출현은 가능한 한 뒤로 미루어졌다. 그리고 매번 위장된 동작을 반복함으로써 관객에게 불안한 호기심을 불러일으켰는데, 그 호기심에 의해 관객들은 마술사가 의도하는 것을 실제로 볼 완전한 마음의 준비가 되는 것이다. 이 경우에도 첫순간부터 빌리 그레이엄은 진정한 예언자처럼, 그를 통해 하나님의 성령이 바로 그날 저녁 지상에 내려오도록 사람들이 간청하는 그러한 예언자처럼 소개된다. 그날 설교를 할 사람은 성령을 받은 자이고, 관객은 신들림의 장면에 초대된 것이다. 관객은 빌리 그레이엄의 말들을 문자 그대로 신의 말씀으로 받아들이도록 미리 요구받는다.

만약 신이 진정으로 그레이엄 박사의 입을 통해 말한다면, 신은 무척 명청하다는 사실을 시인해야 한다. 왜냐하면 메시지는 놀랄 정도로 진부하고 유치하기 때문이다. 어쨌든 확실히 신은 더 이상 토마스 아퀴나스파가 아니다. 그는 논리를 무척 혐오한다. 메시지는 어떤 종류의 연관성도 없는 불연속적인 단언들, 그 속에 (신은 신이다라는 식의) 동어반복적인 것 이외의 다른 내용은 없는 그런 단언들을 퍼부어대는 것으로 이루어져 있다. 성모 마리아회의 가장 낮은 수도사, 그리고 가장 학구적인 목사도 그레이엄 박사 옆에서는 퇴폐적인 지식인 모습을 하게 된다. 예식(찬송가·기도·설교·축복)에 대한 위그노적 장식에 의해 속임수에 빠진, 그리고 신교도적 예배에 고유한 인간의 마음을 진정시키는 신 앞에서의 겸손한 감정에 의해 둔감해진 기자들은, 그레이엄 박사와 그리고 자신들에 걸맞는 그의 단원에게 찬사를 보냈다. 사람들은 극단적인 아메리카주의와 아가씨들, 재즈, 홍겹고 현대적인 메타포들(어쨌든 그런 것이 두세 개는 있었다)을 기대하고 있었던 것이다. 빌리 그레이엄은 분명 자신의 집회에서 이상야릇한 모든 것을 제거했을 것이지만 프랑스 신교도들은 그것을 다시 발견할 수 있었을 것이다. 그래도 역시 빌리 그레이엄의 방식은 고대 문화에서 내려온 가톨릭적이거나 신교도적인 설교의 전통, 그리고 설득하려는 욕구의 전통인 설교의 전통 전체를 깨뜨린다. 서양의 그리스도교주의는 언제나 그 표현에 있어서 아리스토텔레스 사상의 일반적인 틀에 따랐다. 그것은 신앙의 비합리적인 부분을 믿게 하는 문제에 있어서도 이성으로 다룰 것을 수락하였다. 수세기에 걸친 휴머니즘과 단절하면서(비록 그 형태들은 내용이 없어지고 굳어질 수 있었다 해도, 주관적 타인에 대한 관심은 그리스도교적 교육에 있어서 부재한 적이 거의 없었다) 그레이엄 박사는 우리에게 마술적인 변형 방식을 가져다 준다. 그는 설득 대신 암시로 대체한다. 말솜씨의 압력, 성서 텍스트 해석에 있어서 모든 합리적인 내용의 일률적인 제거, 논리적 연관들의 끊임없는 단절, 어구의 반복, 감언이설가의 만능 깡통따개처럼 성서를 든 손을 치켜올리며 주장하는 호언 장담, 그리고 특히 열정의 부재, 타인에 대한 명백한 멸시, 이 모든 조작들은 뮤직홀의 최면상태라는 고전적 소재의 일부를 이룬다. 반복하건대 빌리 그레이엄과 위대한 로베르 사이에는 어떤 차이점도 없다.

위대한 로베르가 그의 관중들의 〈치료〉를 마칠 때, 무대 위 그의 주위로 최면상태에 빠진 선택받은 자들을 구별하여 올라오게 하여,

몇몇 특권을 부여받은 자들에게 볼만한 몽롱한 최면상태를 과시하는 임무를 맡기는 특수한 선발로 끝마치는 것과 마찬가지로, 빌리 그레이엄도 부름받은 자들에 대한 구체적인 분리로 그의 메시지를 마무리한다. 그날 저녁 벨디브에서 슈퍼 디솔루션(Super Dissolution)과 코냑 폴리냑(Cognac Polignac)의 선전 광고들 사이에서, 마술적인 메시지의 작용 아래 그리스도를 받아들였던 새로운 신도들은 옆방으로 인도되며, 그들이 영국인들일 경우 더욱더 비밀스런 지하예배당으로 인도된다. 거기서 무슨 일이 일어나는지는 별로 중요하지 않다. 개종자 명단에의 등록, 새로운 설교들, 〈조언자들〉과의 영적인 만남들, 또는 헌금 등 이 새로운 삽화는 입문 의식에 대한 형식적 대용물이다.

이 모든 것은 우리 프랑스인들에게 직접적으로 관계된다. 우선 빌리 그레이엄의 〈성공〉은 이 집회 관중의 상당수를 구성하는 것 같은 계층인 프랑스 프티부르주아 계급의 정신적 허약성을 드러내고 있다. 비논리적이고 최면적인 사상 형태들에 이 관중이 좌우되는 그 조형성은 이 사회적 집단 속에 우리가 보통 모험 상황이라고 부를 수 있을 것이 존재한다는 사실을 암시한다. 일부의 프랑스 프티부르주아 계급은 그들의 계급 의식의 공격적인 형태인 그 대단한 〈양식〉에 의해 더 이상 보호받지도 못한다. 그러나 그것이 전부는 아니다. 빌리 그레이엄과 그의 단원은 이 운동의 목적, 즉 프랑스를 〈깨우는 것〉을 여러 번에 걸쳐, 그리고 무게를 주어 강조했다(『우리는 하나님이 미국에서 큰일을 하시는 것을 보았습니다. 파리에서의 각성은 전세계에 엄청난 영향을 끼칠 것입니다.』 『우리의 바람은 전세계에 반향을 불러일으킬 무엇인가가 파리에서 일어나는 것입니다.』). 확실히 이러한 관점은 아이젠하워[3]가 프랑스인들의 무신론에 대해 표명한 그의 선언의 관점과 동일하다. 프랑스는 자신의 합리주의와 신에 대한 무관심, 프랑스 지식인들의 무종교(미국과 바티칸에 공통되는 주제로, 게다가 훨씬 더 과대평가된 주제)에 의해 세상의 표적이 되고 있다. 바로 이 악몽으로부터 프랑스를 깨워야 한다는 것이다. 파리의 〈개종〉은 분명 세계적인 본보기, 즉 무신론의 소굴 자체에서 무신론이 종교에 의해 퇴치되었다는 세계적 본보기의 가치를 지니게 될 것이다.

하지만 사실상 정치적 주제가 문제된다는 것은 주지의 사실이다. 프랑스의 무신론이 미국의 관심을 끄는 것은 오직 그것이 미국에게는 공산주의의 전초 단계로 보이기 때문이다. 무신론에서 프랑스를 〈깨우는 것〉, 그것은 곧 공산주의적 열광에서 프랑스를 깨운다는 것이다. 빌리 그레이엄의 운동은 하나의 매카시[4]적 일화일 뿐이다.

---

3) 1890-1969년. 미국 제34대 대통령(1953-61).

4) 1908-57년. 미국의 정치가. 공화당원으로, 제2차 세계대전 후 수년 동안에 걸쳐 상원의 정부활동특별조사위원장으로서 공산주의자 숙청에 전념하여 소위 매카시 선풍을 일으켰다. 제2차 세계대전 후 동서의 냉전이 격화되자 미국 자본의 풍요한 시장이었던 중국을 혁명으로 잃게 되어, 미국의 자본주의 체제를 유지·강화하기 위한 공세였다고 한다.

뒤프리예 재판

(알려진 동기 없이 자신의 아버지와 어머니를 살해한) 제라르 뒤프리예의 재판은 우리의 사법부가 갇혀 있는 조잡한 모순들을 잘 보여준다. 그것은 역사가 불균형적으로 진보한다는 사실에서 기인한다. 인간의 관념은 1백50년 이래 많이 변했고, 새로운 심리학적 탐색의 과학이 등장했다. 그러나 역사의 이러한 부분적 향상은 아직 형법상의 변호 체계에는 아무런 변화도 유도하지 않았다. 왜냐하면 사법부는 국가의 직접적인 발현이고, 우리의 국가는 형법이 공포된 이래로 집행자를 바꾸지 않았기 때문이다.

따라서 범죄는 언제나 고전 심리학의 규범에 따른 사법부에 의해 **성립되게** 된다. 사건은 오직 선조적인 합리성의 요소로서만 존재하고 **유용해야** 하며, 그렇지 않을 경우 사건은 그 본질을 잃어 알아볼 수가 없게 된다. 제라르 뒤프리예의 행동을 명명할 수 있기 위해서는 그에게서 어떤 근원을 찾아내야만 했다. 따라서 재판의 전과정은 아무리 사소한 것이라 할지라도 하나의 원인을 찾는 데에 골몰했다. 역설적으로 변호인측은 이 범죄에 대해 어떤 규정도 내릴 수 없는, 그 범죄를 바로 **이름 없는 범죄**로 만드는 그런 일종의 절대적 상태를 내세우는 것밖에 할 일이 없었다.

검찰 당국은 동기를 —— 곧 이어 여러 증언들에 의해 부인되긴 했으나 —— 하나 찾아냈다. 즉, 제라르 뒤프리예의 부모가 그의 결혼에 반대했을 것이며, 바로 그것 때문에 그가 부모를 살해했을 것이라는 사실이다. 따라서 여기에서 우리는 사법부가 범죄의 인과관계라고 여기는 것의 일례를 보게 된다. 즉, 살인범은 부모가 때때로 거추장스럽다. 그래서 장애물을 제거하기 위해서 그들을 살해한 것이다. 그리고 그가 분노에 사로잡혀 그들을 죽인다 해도, 이 분노는 직접적으로 무엇인가에 사용되기 때문에 여전히 합리적인 상태가 되는 것이다(이는 심리학적 사실들이 사법부의 관점에서 볼 때 아직 정신분석에 속하는 보상의 것이 아니라, 여전히 경제에 속하는 공리적인 것임을 의미한다).

따라서 범죄가 이름을 갖기 위해서는 행동이 추상적으로 유효하기만 하면 된다. 검찰 당국은 제라르 뒤프리예의 부모가 그의 결혼을 승인하기를 거부한 사실을 거의 정신착란의 상태, 즉 분노의 원동력으로서만 인정했다. (조금 전만 해도 범죄의 기초가 되었던 바로 그 동일한 합리성 앞에서) 합리적으로 그 범죄자가 자신의 행위로부터 어떤 이득도 기대할 수 없다는 사실은 별로 중요하지 않다(부모의 반대보다 그들의 살해로 인해 결혼은 더욱더 확실히 파탄에 이르렀다. 왜냐하면 제라르 뒤프리예는 자신의 범죄를 감추기 위해 아무것도 하지 않았기 때문이다). 여기에서 사람들은 불완전한 인과관계로 만족한다. 중요한 것은 뒤프리예의 분노가 그 결과에 있어서가 아니라 그 근원에 있어서 동기 부여가 되었다는 사실이다. 사람들은 범죄자에게 그의 범죄의 실질적인 결과가 아니라 추상적인 유효성을 생각해 내기에 충분히 논리적인 정신상태를 전제하고 있다. 달리 말하자면 정신착란을 범죄라고 이름 붙일 수 있도록 **합당한** 근원이 그 정신착란자에게 있기만 하면 충분한 것이다. 나는 도미니시 재판에 관해 이미 형법상의 논거의 특징을 지적한 바 있다. 그것은 〈심리학적〉 성격을 띠고 있으며, 그 사실로 인해 〈문학적〉이기도 하다.

정신과 의사들, 그들은 설명할 수 없는 범죄가 그 설명할 수 없음으로 인해 범죄가 되지 않는다고는 인정하지 않았다. 그리고 그들은 피고에 전적인 책임을 지움으로써, 언뜻 보기에 전통적인 형법상의 변호에 반대하고 있는 것처럼 보인다. 그들에게 있어서 인과관계의 부재는 살인을 범죄로 명명하는 것을 전혀 가로막지 않는다. 여기에서 우리는 역설적으로 자기 자신에 대한 절대적 통제의 개념을 옹호하며, 범죄자에게 이성의 한계를 넘어서까지 그의 죄의식을 갖게 하는 것은 바로 정신과 의사라는 결론에 이르게 된다. 사법부(검찰 당국)는 원인 위에 범죄를 세우며, 그렇게 하여 정신착란의 가능한 부분을 남겨놓는다. 그러나 정신병학, 적어도 공식적인 정신병학은 광기의 정의를 가능한 한 뒤로 후퇴시키고자 하는 것 같으며, 결정에 어떤 가치도 부여하지 않으며, 자유의지라는 오래 된 신학적 범주를 되찾는다. 그리하여 뒤프리예 재판에서 정신병학은 교회의 역할을, 즉 정신병학이 피고들을, 자신의 그 어떤 〈범주들〉에도 포함시킬 수 없음으로 인해 구제할 수 없는 그런 피고들을 속세인들(사법부)에게 넘기는 교회의 역할을 담당한다. 정신병학은 그것을 위해 순전히 명목뿐인 하나의 독립적 범주, 즉 변태라는 범주를 만들어 내기까지 한다. 그리하여 부르주아 시대에 태어난, 따라서 신이나 군주의 독단에 대한 반작용에 의해 이 세계를 합리화하고자 들고 일어난, 그리고 자신이 담당할 수 있었던 진보적인 역할을 여전히 시대착오적인 자취의 상태로 보여 주는 사법부와 마주하여, 공식적인 정신병학은 당사자가 책임져야 하는 변태, 즉 그것을 단죄하는 것이 모든 해명의 노력과는 무관해야 하는 변태라는 무척 오래 된 개념을 다시 갱신시킨다. 합법적 정신병학은 자체의 영역을 확장하고자 하는 것이 아니라, 소심하긴 하지만 더 합리적인 사법부가 오직 포기하기만을 바랄 뿐인 그 정신착란자들을 사형집행인에게 보내고 있다.

이러한 것들이 뒤프리예 재판이 갖고 있는 사법부와 변호 사이, 정신병학과 사법부 사이, 그리고 변호와 정신병학 사이의 모순 가운데 몇몇이다. 다른 모순들은 이들 각 권력들 내부에 있다. 사법부는 이미 살펴보았듯이 목적과 원인을 비합리적으로 분리함으로써, 한 범죄를 그 흉측함에 비례하여 도리어 용서하기에 이른다. 합법적 정신병학은 날이 갈수록 심리학이 인간의 더 큰 부분을 한층 더 담당하고 있는 바로 그때에 기꺼이 그 자체의 대상을 포기하고 살인자를 사형집행자에게 보내 버린다. 그리고 변호 자체는 각 범죄자를 정신착란자로 회수할 수 있을 진보된 **정신병학**과, 마법이 가장 세력을 발휘하던 시절에서처럼 뒤프리예를 감쌀 수 있었을 마술적 〈힘〉의 가설 사이에서 주저하고 있다(모리스 가르송 변호사의 변호).

충격사진

주느비에브 세로는 브레히트에 관한 그녀의 책에서 과테말라 공산
주의자들의 처형 장면을 담은 《파리 마치》지의 사진을 상기시키면서,
이 사진은 그 자체로 끔찍한 것이 아니라 우리가 자유로운 상태로
그 사진을 바라보는 것으로부터 공포가 기인하는 것이라고 정확하게
지적했다. 오르세 미술관에서 전시된 충격사진전은 그 사진들 중 극
소수만이 우리들에게 충격을 주는 데 성공했다는 점에서 주느비에브
세로의 지적을 역설적으로 뒷받침했다. 즉, 사진작가가 우리들로 하
여금 공포를 느끼게 하기 위해서는 우리들에게 공포를 **의미화**하는
것으로는 충분하지 않다는 것이다.

우리에게 충격을 주기 위해서 여기에 모아놓은 대부분의 사진들은,
바로 사진작가가 자신의 주제를 형성하는 데 있어 너무 친절하게 우
리들을 대신하고 있기 때문에 우리에게 아무런 효과도 내지 못하고
있다. 다시 말해서, 그 사진작가는 대비나 접근의 방법으로 사실에다
공포의 의도적인 언어를 덧붙임으로써, 그가 우리에게 제기하는 공포
를 거의 항상 **과잉 구축**했다. 예를 들면 어떤 작가는 한무리의 병사
들과 죽은 자들의 머리로 뒤덮인 전쟁터를 나란히 놓는다. 다른 작가
는 해골을 바라보고 있는 한 젊은 전사를 우리에게 제시하고 있다.
또 다른 작가는 한무리의 양떼와 마주쳐 지나가는 순간에 일렬종대
의 처형당할 자와 포로들을 포착하고 있다. 그런데 지나치게 기교적
인 이런 사진들 중 그 어떤 것도 우리 마음에 와 닿지 않는다. 그 사

진들을 대면하고 있는 우리는 매번 우리들 자신의 판단을 박탈당하기 때문이다. 즉, 누군가 우리를 대신해서 전율했고, 우리를 대신해서 숙고했으며, 우리를 대신해서 판단했다. 사진작가는 우리에게 지적 동의를 할 단순한 권리만을 남겨놓았을 뿐이다. 즉, 우리들은 테크닉상의 관심에 의해서만 이 이미지들에 연결된다. 예술가 자신에 의해서 과잉 지시되어 있는 사진들은 우리를 위한 어떤 이야기도 가지고 있지 않으며, 그래서 우리는 그것을 만든 사람에 의해 이미 완전히 소화된 이 인공 자양분에서 우리들 자신의 해석을 더 이상 **창출**할 수가 없다.

또 다른 사진작가들은 우리에게 충격을 줄 수 없으므로 우리를 놀라게 하고 싶어했지만 원칙상의 오류는 동일하다. 예를 들어 그들은 훌륭한 기술적인 기교를 써서 어떤 움직임에서 가장 드문 순간, 그것의 극점, 곧 어느 축구선수의 활공, 어느 여자 선수의 도약, 혹은 귀신 들린 집에서 영매의 힘으로 물건들을 공중에 띄우는 장면을 포착하려고 했다. 그러나 이 경우에도 역시 그 장면이 직접적이고 전혀 대비적인 요소들로 이루어져 있지는 않지만, 지나치게 구축적인 채로 남아 있다. 유일한 순간 포착은 거기에서 근거가 없고 지나치게 의도적이며, 거추장스러운 언어의 의도로부터 나온 것처럼 보인다. 그러므로 이 훌륭한 이미지들은 우리에게 어떤 영향도 끼치지 못한다. 우리가 그 이미지들에 대해 느끼는 흥미는 순간적인 독해 시간을 넘지 못한다. 즉, 그것은 반향을 일으키지도 않고 동요를 일으키지도 못해서, 그 사진을 받아들이려는 우리의 노력은 순수한 기호 위에서 너무나도 빨리 다시 닫혀 버린다. 장면의 완전한 해독성, 그 장면의 **편집**은 우리로 하여금 그 이미지를 충격적으로 깊이 받아들이지 않도록 해준다. 순전한 언어의 상태로 환원된 사진은 우리를 혼란케 하지 않는다.

화가들 또한 움직임의 절정·정점이라는 이 동일한 문제를 해결해야 했는데, 그들은 이런 문제 해결에 훨씬 더 성공적이었다. 예를 들면 순간적인 장면들(뒷발로 일어서는 말, 전쟁터에서 팔을 내뻗는 나폴레옹 등)을 재생해야 했던 제정시대의 화가들은 불안정함을 증폭시킨 기호를 움직임에 남겨놓았다. 이는 **누멘**(numen)[1]이라 불릴 수 있는 것으로 하나의 포즈, 하지만 시간 속에 자리잡게 할 수 없는 어떤 포즈의 과장된 동결상태이다. 예술이 시작되는 곳은 바로 이렇게 포착할 수 없는 것을 과장하여 고정시키는 데 있다——후에 영화에서는 이를 **촬영 효과**(photogénie)라 부르게 된다. 과도하게 앞발을 들고 서 있는 말들, 불가능한 몸짓 속에서 고정된 이 황제가 보여 주는 가벼운 충격, 역시 수사학이라 불릴 수 있는 표현의 이러한 고집스러움은, 기호를 읽는 데 있어 이미지의 독자를 지적인 놀라움보다는 시각적인 놀라움 속으로 이끄는——왜냐하면 바로 그런 표현은 독자를 즉각 장면의 의미작용에 연결하는 것이 아니라 그 장면의 표면에, 즉 그것의 시각적인 저항에 매달리게 하기 때문에——일종의 혼동을 일으키는 변수를 덧붙인다.

우리에게 제시된 대부분의 충격사진들은 가짜이다. 왜냐하면 그 사진들은 있는 그대로의 사실과 과장된 사실 사이에서 중간적인 상태를 선택했기 때문이다. 사진이기에는 지나치게 의도적이고, 그림이기에는 지나치게 정확한 그 사진들에는 충격적인 외양과 예술의 진실

---

1) 라틴어 〈누멘〉은 신성한 것의 표명, 신비의 감정을 지칭하는 것으로, 거기에는 매혹·두려움 등의 혼합된 감정을 만들어 내는 무의식적 정신력이 혼합되어 있다. 모든 결정에서 벗어난 모든 과거, 미래를 벗어난 나타나지 않은 하나의 현실로, 그 내재성과 그 초월성 속에서 공간도 시간도 알지 못하는 누멘은 인간의 절대적인 현실을 나타낸다.

둘 다 모두 부족하다. 사람들은 이 기호들에 적어도 어떤 두께층으로 인한 지연과 모호성을 부여하려고 하지 않은 채 그 사진들을 순수한 기호로 만들고자 했다. 그러므로 논리적으로, 전시된 충격적인 사진들(전시의 원칙은 매우 칭찬할 만하다)은 바로 전문 에이전시의 사진들로서, 거기에서는 포착된 사실이 그 사실의 고집스러움과 문자 그대로의 상태 속에서, 그리고 그 우둔한 본질의 자명함 자체 속에서 나타난다. 과테말라의 총살자들, 아두안 말키의 약혼녀의 고통, 암살당한 시리아인, 경찰관이 들어올린 곤봉, 이러한 이미지들은 언뜻 보기에 기이하고 거의 평온하며, 그것들의 전설에는 훨씬 못 미치게 나타나기 때문에 놀라게 한다. 즉, 그 이미지들에는 구상화가들이 (당연히 그림의 문제였으므로) 거기에 덧붙이기를 잊지 않았을 **누멘**이 눈에 띄게 줄어들고 박탈되어 있다. 노래와 설명을 동시에 빼앗긴 이 이미지들의 **자연스러움**은 관람자로 하여금 강한 의문을 갖도록 강요하고, 사진작가의 조물주적인 현존에 의해 방해받지 않고 자기 자신이 만들어 가는 판단의 길로 들어서게 한다. 그러므로 여기에서는 주제가 있는 그림의 경우에서처럼 감정의 세척이 문제가 되는 것이 아니라 브레히트에 의해 요청된 비판적 카타르시스가 문제된다. 여기에서 서사시와 비극의 두 범주가 다시 발견된다. 문자 그대로의 사진은 공포 그 자체가 아니라 공포의 스캔들로 이끈다.

신진극단의 두 가지 신화

최근의 신진극단 경연대회를 통해 판단해 보면, 신진 연극은 예전의 신화를 열광적으로 답습하고 있다(이것이 곧 신진 연극과 과거 연극을 구별하는 것이 무엇인지 더 이상 알지 못하게 만드는 것이다). 예를 들면, 알다시피 부르주아 연극에서는 자신이 맡은 등장인물 속에 〈몰입된〉 배우는 진짜 격렬한 정열에 타오르는 것처럼 보여야 한다. 어떤 대가를 치르고서라도 〈끓어올라야〉 한다. 즉, 태우면서 동시에 자신을 분출시켜야 한다. 거기에서부터 이러한 연소(燃燒)의 습기 있는 형태들이 나오게 된다. (상을 받은) 새로운 연극 작품 속에서 두 명의 남성 상대역들은 눈물·땀·침과 같은 모든 종류의 액체로 자신을 분출시켰다. 우리는 무시무시한 생리적 작용을, 내부 조직의 흉측한 뒤틀림을 목격하고 있다는 느낌을 받았다. 그것은 마치 정열이 극작가의 가혹한 손에 의해 쥐어짜인 커다란 젖은 스펀지인 것 같았다. 우리는 이 내장의 격동이 가지는 의도를 잘 알고 있다. 그 의도란 〈심리학〉을 양(量)적인 현상으로 만들고, 웃음이나 고통이 간단하게 측정할 수 있는 형태를 취하도록 강요함으로써, 정열 역시 교환의 수(數)적인 체계 속에 삽입된 하나의 거래 대상이 되고, 다른 것들처럼 하나의 상품이 되게 하는 것이다. 예를 들면 나는 극장에 돈을 내고, 그 대신 매우 가시적인, 거의 계산할 수 있는 정열을 요구한다. 그래서 배우가 충분한 역량을 보여 주고, 그가 내 앞에서 속임수 없이 자신의 육체를 수고롭게 할 줄 안다면, 그가 하는 수고를 내가 의심할 수 없다면, 그때 나는 그 배우가 훌륭하다고 공표할 것이고, 나의 기쁨, 즉 투자한 돈을 슬쩍 훔쳐가지 않고 진정한 눈물과 땀의 형태로 1백 배로 내게 되돌려 주는 재능에 내 돈을 투자했다는 기쁨을 그에게 보여 줄 것이다. 연소가 갖는 가장 큰 이점은 경제적인 차원에 속한다는 것이다. 즉, 관객으로서의 나의 돈은 마침내 확인할 수 있는 이윤을 갖는 것이다.

물론 배우의 연소는 정신주의적인 정당화로 장식된다. 배우는 연극이라는 악마에게 몸을 바쳐 희생하고, 그가 맡은 등장인물이 그를 내부로부터 잠식하도록 내버려 둔다. 그의 아량, 육체를 예술에 바치는 헌납, 그의 육체적 노고는 동정을 살 만하고 경탄을 받을 만하다. 사람들은 그의 이러한 근육노동을 참작한다. 그래서 배우가 맨 마지막에 자신의 모든 체액을 다 비워 버려 기진맥진하여 인사하러 나올 때, 우리는 단식 기록 보유자나 혹은 역도 기록 보유자처럼 그에게 박수를 보낸다. 우리는 은근히 그에게 원기를 회복하고, 그의 내적 물질을 다시 만들고, 우리가 그에게 돈을 주고 산 정열을 측정하는 데 사용했던 이 모든 물을 교체하러 가라고 제안한다. 나는 어떤 부르주아 관중도 그렇게 명백한 〈희생〉에 반대한다고 생각하지 않는다. 그래서 무대 위에서 울 줄 아는, 혹은 땀을 흘릴 줄 아는 배우가 확실히 성공한다고 믿는다. 왜냐하면 그의 노동의 명백함이 그 이상 나아가 판단하는 것을 멈추게 하기 때문이다.

부르주아 연극의 유산 속에 있는 또 다른 불행한 몫은 새로운 고안물에 대한 신화이다. 노련한 연출자들은 그 고안물로 자신들의 명성을 얻는다. 《주막집의 안주인》(카를로 골도니의 1753년 작품)을 상연한 어떤 신진극단은 매막마다 천장에서 가구들이 내려오도록 한다. 분명히 이것은 예기치 못한 일이고, 모든 사람이 이 창작물에 탄성을 지른다. 불행한 점은, 어떠한 대가를 지불하고서라도 새로운 것을 원하는 궁지에 몰린 상상력에 의해 명백하게 사주받은 이 창작물이 완전히 무용하다는 것이다. 오늘날 무대 배경을 설치하는 모든 인위적인 방법들을 다 써버렸기 때문에, 모더니즘과 아방가르드를 통해 몇몇 일꾼이 관객들이 보는 앞에서 세 개의 의자와 한 개의 안락의자를 배치하러 오는——극도의 대담성——이러한 무대 장치를 바꾸는 방법을 우리는 이미 충분히 보아왔기 때문에, 사람들은 자유로운 마지막 공간인 천장에 도움을 청했다. 이 방법은 근거 없는 것이고, 순수하지만 별로 중요하지 않은 형식주의에 속한다. 즉, 부르주아 관객들 눈에는 연출이란 새로운 것을 고안하는 기술일 뿐으로, 몇몇 〈기획자들〉은 이러한 요구들에 무척이나 영합한다. 다시 말하면 그들은 새로운 것을 고안해 내는 데에 만족한다. 여기에서 다시 우리의 연극은 교환의 엄격한 법칙 위에 놓인다. 연출자의 활약이 가시적이어야 하고, 그의 각 활약이 그의 표가 산출하는 이윤을 조절할 수 있어야 하는 것이 바로 필요 충분조건이다. 이렇게 해서 가장 임기응변식의 예술, 그리고 무엇보다도 일련의 단편적인——따라서 셀 수 있는——형식적인 성공들로 나타나는 예술이 나온다.

배우의 연소작용처럼, 새로운 〈고안물〉은 사심 없는 그 자체의 정당화를 지니고 있다. 즉, 사람들은 그 고안물에 〈스타일〉이라는 보증을 부여하려고 노력한다. 천장으로부터 가구들이 내려오게 하는 것은, 전통적으로 코메디아델라르테[1]의 속성으로 여겨지는 강한 무례한

---

1) 이탈리아의 독창적인 연극 형태로, 오늘날까지 전 유럽에 영향을 미치고 있다. 가면의 사용과 같은 즉흥적인 부분에 토대를 두고, 춤과 묘기에 가까운 놀이 형태로 특징지어지는 이 연극 형태는 인간의 악과 웃음거리를 구현하는 인습적인 다양한 인물들을 창조하였다.

분위기에 어울리는 거침없는 조작으로 나타날 것이다. 물론 스타일은 거의 언제나 극의 심오한 동기들을 교묘히 피하려는 데 사용되는 알리바이이다. 골도니[2]의 희곡에 순전히 〈이탈리아적인〉 스타일을 부여하는 것(익살, 무언 광대극, 강렬한 색채, 半가면, 부자연스러운 자세와 민첩함의 수사학)은 손쉽게 작품의 사회적이거나 역사적인 내용에서 벗어나는 것이다. 즉, 다시 말해서 시민관계들의 격렬한 전복을 미연에 방지하는 것이며, 한마디로 말해서 기만하는 것이다.

우리들의 부르주아 연극에 끼치는 〈스타일〉의 피해는 아무리 말해도 충분하지 않을 것이다. 스타일은 모든 것을 용납하고, 모든 것을 면제해 주며, 특히 역사적인 성찰을 면제해 준다. 스타일은 관객을 순수한 형식주의의 예속 속에 가두어 놓는다. 그러므로 〈스타일〉의 혁명들이란 형식적인 것일 뿐이다. 전위적인 연출자는 (더 이상 극 작품의 실제 내용은 다시 다루지 않은 채) 하나의 스타일을 다른 스타일로 감히 대체하는 사람이고, 《오레스테스》에서의 바로[3]처럼 비극적인 아카데미즘을 흑인 축제로 전환시키는 사람이다. 하지만 어쨌든 한 스타일을 다른 스타일로 대체한다는 것은 어떤 것에도 도움이 되지 못한다. 반투족 작가 아이스킬로스[4]는 부르주아 작가 아이스킬로스만큼이나 거짓된 것이다. 연극 예술에서 스타일은 도피의 기법이다.

---

2) 1707-93년. 이탈리아 희곡작가. 재래의 즉흥극인 코메디아델라르테로부터 사실적인 성격극에 이르기까지 2백여 편의 작품을 남겼다.

3) 1910-94년. 프랑스 배우이자 연출가. 아방가르드 감독으로서 그는 당시에 잘 알려져 있지 않던 작가들(이오네스코·베케트·주네)의 작품들을 무대에 올리고 영화에서도 성공하였다. 재치 있고 개성 있는 무대예술가로 활동하였다.

4) B.C. 525-456년. 고대 그리스 비극 시인. 그리스 비극의 시조로 알려진 그는 원래 서정적인 합창으로 되었던 그리스 극에 대사와 행동을 끌어들이고, 따라서 표현 효과를 갖게 하는 연출을 가능하게 하였다.

서사시로서의 프랑스 자전거 일주 경기

프랑스 자전거 일주 경기(Le Tour de France)에 대한 고유명사 연구가 하나 있는데, 그 연구 한 가지만으로도 일주 경기가 하나의 대서사시라고 우리에게 이야기된다. 경주자들의 이름은 대부분 매우 오래 된 민족시대, 즉 소수의 대표적인 음소들을 통해 종족이 거명되었던 시대로부터 유래하는 것 같다(예를 들면, 프랑크족 브랑카르·프랑시앵인 보베·켈트족 로빅·이베리아인 뤼즈·가스코뉴인 다리가드가 있다). 이후로 이러한 이름들은 끊임없이 다시 나타나서, 대단히 위험한 시련 속에서도 고정점들을 형성하고 있다. 그 고정점의 임무는 인간이 마치 무엇보다도 사건들을 지배하는 하나의 이름인 것처럼, 일화적이고 파란만장한 지속시간을 커다란 특징을 지닌 안정된 본질들에 연결하는 것이다. 브랑카르·제미니아니·로레디·앙토냉 롤랑, 이러한 성들은 용맹성·충성·배반, 혹은 극기의 대수학적인 기호들로서 읽혀진다. 경주자의 이름이 자양분이 되는 동시에 생략이라는 점에서, 바로 이 이름이 결국 묘사가 필요 없는 세상을 읽게 해줌으로써 진정한 시적 언어의 주된 형상을 이룬다. 게다가 경주자 이름의 음성적 실질(substance sonore) 속에서 경주자의 장점들이 서서히 굳어지는 이런 응결작용은 마침내 모든 형용어를 흡수하게 된다. 경주자들은 그들 영광의 초기에 몇몇 부가 형용사를 부여받는다. 나중에는 그것이 쓸모 없게 된다. 사람들은 우아한 콜레토 혹은 바타비아인 반 동장이라고 말하지만, 루이종 보베의 경우에는 더 이상 아무

말도 하지 않는다.

실제로 이름의 축소에 의해서 서사적인 차원 속으로 들어가게 된다. 보베는 루이종이 되고, 로레디는 넬로가 되며, **선량**한 동시에 **용감**하기 때문에 정상에 오른 영웅인 라파엘 제미니아니는 때로는 랄프로, 때로는 젬으로 불린다. 이러한 이름들은 약간은 애정이 넘치며 약간은 천한 가벼운 이름들이다. 이 이름들은 동일한 한 음절 아래 초인간적인 가치와 완전히 인간적인 내면성을 보여 준다. 그리고 로마 시인들이 시저나 메센의 내면성에 다가가는 것과 약간 유사하게 신문기자는 이러한 내면성으로 친밀하게 다가간다. 자전거 경주자의 애칭 속에는 민중을 자기 신들을 엿보는 자로 만드는 특권·맹종·경탄이 혼합되어 있다.

축소된 이름은 정말로 대중적이 되어 경주자의 내면성을 영웅들의 무대 전면에 놓도록 해준다. 왜냐하면 진정한 서사적 장소는 전투가 아니라 진지, 곧 전사가 자신의 의도를 만드는 공공연한 출발점이기 때문인데, 바로 이 출발점으로부터 전사는 욕설과 도전과 속내 이야기를 던진다. 프랑스 자전거 일주 경기는 이러한 거짓된 사생활의 영광을 철저하게 경험하는데, 그 사생활 속에서는 모욕과 포옹이 인간관계의 과장된 형태들이다. 브르타뉴에서 추격전중에 관대한 보베는 공개적으로 로레디에게 손을 내밀었고, 로레디 역시 공개적으로 그의 손을 거절했다. 이러한 호머식의 불화는, 위대한 사람들은 군중들 너머에서 서로서로 통한다는 찬사를 반대급부로서 갖는다. 보베는 코블레에게 『나는 너를 애석하게 생각한다』라고 말하고, 이 말은 그 말 하나만으로도 서사적인 세계를 그린다. 이 세계에서는 그에게 부여되는 존경에 비례해서만 적수가 성립된다. 왜냐하면 일주 경기에는 사람과 사람을, 말하자면 육체적으로 연결시키는 신분상태인 봉건적 종속성의 수많은 잔재들이 있기 때문이다. 일주 경기에서 사람들은 서로 많이 포옹한다. 프랑스 팀의 코치 마르셀 비도는 승리한 뒤에 젬을 포옹하고, 앙토냉 롤랑은 같은 사람인 제미니아니의 움푹 패인 뺨에 열렬하게 입맞춘다. 여기에서 얼싸안는 행동은 영웅적 세계의 완성과 종결 앞에서 느끼는 놀라운 행복감의 표현이다. 이런 우애 있는 행복에다 같은 팀의 구성원들 사이에서 작용하는 부화뇌동의 모든 감정들을 연결시키지 않도록 조심해야 한다. 이러한 감정들은 훨씬 더 혼란스럽다. 사실 공적인 관계들의 완성은 위대한 사람들 사이에서만 가능하다. 〈소인배들〉이 등장하자마자 서사시는 소설로 전락하고 만다.

일주 경기의 지리(地理)도 역시 시련의 서사적인 필요성에 전적으로 종속되어 있다. 자연적 요소들과 지형은 의인화된다. 왜냐하면 인간이 힘을 겨루어야 하는 상대가 바로 그것들이고, 모든 서사시에서처럼 싸움에서는 동일한 역량들이 대치되는 것이 중요하기 때문이다. 그러므로 인간은 자연화되고 자연은 인간화된다. 능선들은 악의에 차있어 까다롭거나 치명적인 〈백분율〉로 환원되고, 일주 경기에서 각각이 소설 한 장의 단위를 갖는(사실상 비극의 지속시간에서처럼 유일한 갈등의 변증법적인 진전이 문제되는 것이 아니라, 절대적인 위기들이 첨가되는 서사적인 지속시간이 문제된다) 도정(道程)들은 무엇보다도 육체를 지닌 인물들, 즉 서사적 자연형태학과 정신의 결합에 의해 개별화된 연속적인 적(敵)들이다. 도정은 텁수룩하고, 끈끈하고, 불타고, 뾰족하게 솟아 있는 등, 이 모든 형용사들은 성질을 부여하는 실존적 차원에 속하는 형용사들이다. 이러한 형용사들은 경주자가 이러저러한 자연적인 어려움을 상대로 싸우는 것이 아니라 진정한 실존적 주제, 즉 경주자가 단 한 번의 움직임으로도 그의 지각과 판단을 끌어넣는 실체적인 주제를 상대로 싸우고 있음을 지적하려는 것이다.

경주자는 자연 속에서, 자신이 그와 더불어 영양섭취와 종속관계의 교환을 유지하는 살아 있는 환경을 발견한다. (르 아브르에서 디에프까지의) 해안의 도정은 〈요오드를 함유하고〉 있을 것이고, 경주에 에너지와 색깔을 가져다 줄 것이다. 포장도로로 이루어진 (북쪽의) 다른 도정은 불투명하고, 모가 난 양식을 구성할 것이다. 따라서 그 도정은 문자 그대로 〈삼키기가 힘들〉 것이다. 선사시대의 편암질로 되어 있는 (브리앙송에서 모나코까지의) 또 다른 도정은 경주자를 끈끈하게 잡아당길 것이다. 모든 도정은 동화(同化)의 문제를 제기하고, 순전히 시(詩)적인 움직임에 의해 그들의 심오한 실체로 환원된다. 그래서 각각의 도정 앞에서 경주자는 대상으로서의 자연(Nature-objet)뿐만 아니라 실체로서의 자연(Nature-substance)과 싸우는 총체적인 인간으로 어렴풋이 스스로를 정의하려고 노력한다. 그러므로 중요한 것은 실체에 접근하는 움직임들이다. 경주자는 항상 달리는 상태로가 아니라 가라앉는 상태로 표현되어진다. 그는 잠수하고, 가로지르고, 비상하고, 들러붙는다(에스트렐 산악지대의 경기, 몬테카를로에로의 가공할 만한 진입에서 보여 준 것과 같이). 불안 속에서, 종말과 같은 힘든 상황에서 자주 그를 규정하는 것은 그가 땅과 맺는 관계이다.

가장 심한 의인화를 겪는 도정은 방투 산의 도정이다. 알프스 산맥이나 피레네 산맥의 큰 협곡들은, 그것이 아무리 험하다 하더라도 어쨌든 통행로로 남아 있어서 건너가야 할 대상들로 느껴진다. 협곡은 구멍이므로 인간에 접근하는 것이 쉽지 않다. 방투, 그 산에는 산의 충만함이 있다. 그 산은 제물을 바쳐야 하는 악(惡)의 신이다. 진정한 몰로크,[1] 자전거 경주자들의 폭군인 그 산은 약한 자들을 용서하지 않고, 고통이라는 부당한 대가를 지불하도록 한다. 생김새로 보면 방투 산은 무시무시하다. (《에키프》지가 말했듯이 마른 피지가 과다해서) 대머리가 된 것 같은 그 산은 건조함의 정기 그 자체이다. 그 산의 절대적인 풍토는(그 산은 지리적인 공간이라기보다는 훨씬 더 어떤 풍토적인 본질이다) 그곳을 저주받은 땅으로, 영웅에게는 시련의 장소로 만든다. 곧 자전거 경주자가 자신의 구원의 진실을 정의할 높은 수준의 지옥과 같은 곳이다. 경주자는 혹은 (**포이보스**[2]**의 친구**인 골의 경우처럼) 신의 도움으로, 혹은 (**자전거의 사탄**인 보베의 경우에서처럼) 훨씬 더 지독한 악마인 악의 신에 대항한 순수한 프로메테우스 정신으로 용을 격퇴시킬 것이다.

그러므로 일주 경기는 진정한 호머식 지리를 사용한다. 《오디세이아》[3]에서처럼 여기에서도 경주는 시련의 대여행임과 동시에 지상의 경계들에 대한 완전한 탐험이다. 율리시스는 여러 번 지상의 문들에 이르렀었다. 일주 경기 역시 여러 가지 점에서 비인간적인 세계를 스쳐 지나간다. 말하자면 방투 산에서 우리는 이미 지구를 떠나 미지의 별들과 접하게 된다. 그러므로 지리적으로 일주 경기는 인간의 공간들에 대한 백과사전적인 조사이다. 그래서 만일 역사에 대한 비시 정부[4]의 도식을 다시 취해 본다면, 일주 경기는 인간이 자연을 강하게 인간화시킴으로써 자연을 더 쉽게 공격하여 자연으로부터 더 잘 벗어나려는 이 모호한 순간을 재현할 것이다.

---

1) 성서에서 언급된 신성으로, 어린아이를 제물로 바쳐 모시는 셈족의 신이다.
2) 태양신으로서의 아폴론의 별칭.
3) 트로이를 함락한 후 자신의 조국인 이타카로 되돌아오는 율리시스의 모험을 노래한 전24권으로 된 호머의 서사시.
4) 1940-44년까지 페탱 원수를 수반으로 한 친독 정부.

물론 경주자가 이 인간화된 자연세계로 들어갈 수 있는 것은 준(準)현실적인 방법들을 통해서만 성취될 수 있다. 일주 경기는 일반적으로 정신들의 에너지론을 실천한다. 경주자가 인간화된 대지와 맞서 대결하기 위해서 사용하는 힘은 두 가지 양상을 취할 수 있다. 하나는 **좋은 컨디션**(la forme)으로, 이는 약동보다 그 이상의 상태로서, 질 좋은 근육들과 날카로운 지성, 그리고 기개가 있는 의지 사이에서 특권을 부여받은 균형상태이고, 또 하나는 **점프**(le jump)로서, 신들로부터 총애받는 어떤 경주자들을 급격히 사로잡아 그들로 하여금 초인간적인 공훈을 완수하도록 하는 진정으로 전기(電氣)가 유입되는 것 같은 상태이다. **점프**는 인간이 신이 돕는 한도 내에서 성공한다는 초자연적인 질서를 전제하고 있다. 브랑카르의 어머니가 자신의 아들을 위해서 샤르트르 성당의 성모 마리아에게 구하러 갔던 것이 바로 **점프**이다. 그리고 은총의 놀라운 수혜자인 샤를리 골이 바로 점프의 전문가이다. 그는 신들과 간헐적인 교류를 하면서 신의 전기를 받는다. 때로 신들은 그에게 머물러 그는 관중들을 경탄케 하고, 때로 신들이 그를 저버리면 **점프**는 고갈되어 버린다. 샤를리는 더 이상 어떤 훌륭한 일도 할 수 없게 된다.

점프의 추악한 패러디가 있는데 그것은 흥분제 투여이다. 경주자에게 흥분제를 주는 것은 신을 모방하기를 바라는 것만큼 큰 죄인 신성모독이다. 그것은 신에게서 신의 불꽃의 특권을 훔치는 것이다. 게다가 그때 신은 복수할 줄 안다. 가엾은 말레작이 경험했듯이 도발적인 흥분제가 (불을 훔친 자들에 대한 징벌인) 광기의 문들로 이끌었던 것이다. 반대로 냉정하고 합리적인 보베는 **점프**를 거의 경험하지 않는다. 자신의 임무를 스스로 해내는 것은 바로 강한 정신이다. **좋은 컨디션**의 전문가인 보베는 초자연적인 어떤 것에도 의지하지 않고 훌륭하게 인간주의적인 승인, 즉 의지 덕택에 높이 평가된 순전히 지상적인 자질에서 자신의 승리를 끌어내는 완전히 인간적인 영웅이다. 골이 독단성·신성·경이·선택·신들과의 공모를 구현하고 있는 반면, 보베는 정의와 인간적인 것을 구현하면서 신들을 부인하고 인간 혼자만의 정신을 보여 준다. 골은 대천사(archange)이고 보베는 프로메테우스이다. 곧 근사하게 보베를 한 사람의 인간에 불과하도록 단죄한 바로 그 신들 위로 돌이 굴러가게 하는 데 성공하게 될 시시포스인 셈이다.

　일주 경기의 역학은 분명히 하나의 전투처럼 나타난다. 그러나 일주 경기에서의 대결은 매우 독특해서, 이 전투는 말하자면 그 충격에 의해서가 아니라 그 전투의 배경 혹은 그 진행에 의해서만 극적인 것이 된다. 물론 일주 경기는 대규모의 장비와 포수들의 수에 의해 결정되는 현대적인 군대에 비교할 수 있다. 그 경기에는 사람이 죽는 사건도 있었으며, (이탈리아 스카드라의 감독인 빈다 卿의 경주자들에 의해 프랑스가 포위라도 된 듯이) 거국적인 흥분상태를 불러일으킨 적도 있다. 그리고 영웅은 위고[5]의 나폴레옹에게 친숙한 신성한 고요와 비슷한 시저 같은 상황 속에서 시련을 맞서 싸운다(〈젬은 몬테카를로에로의 위험한 하강을 통찰력을 가지고 감행한다〉). 그래도 투쟁행위 자체는 파악하기 어렵고, 어떤 지속시간 속에 자리잡도록 하지도 않는다. 사실 일주 경기의 역학 속에는 네 가지 움직임만이 있다. 선두에 나서기·추격하기·앞지르기·뒤처지기 등이 그것이다. **선두에 나서기**는 가장 힘들지만 가장 쓸모 없는 일이기도 하다. 선두에 나서는 것은 항상 자신을 희생하는 것이다. 그것은 어떤 결과를 보장한다

---

5) 1802-85년. 프랑스 시인·소설가·극작가.

기보다는 훨씬 더 어떤 기개를 내보이기 위한 순수한 영웅주의이다. 일주 경기에서 용맹성은 직접적으로 대가를 지불하지 않고 보통 집단적인 전략으로 환원된다. **추격하기**는 반대로 명예는 신경 쓰지 않는 출세주의에 속하는 것으로, 항상 약간 비겁하고 약간 배신적이다. 과도하게 도발적으로 추격하는 것은 정말로 (〈바퀴 찰거머리들〉에게는 수치스러운) 악(惡)에 속한다. **앞지르기**는 자발적인 고독을 보여주기 위한 시(詩)적인 삽화인데, 이 고독은 거의 항상 따라잡히므로 종국에는 별로 효과적이지 못하지만, 그 고독을 지탱하는 일종의 쓸데없는 명예에 비례해서 영광스러운 고독이다(스페인 사람 알로마의 고독한 도주, 즉 떨어져 나옴, 숭고함, 몽테를랑에서의 영웅의 카스티야주의). **뒤처지기**는 포기를 예시한다. 그것은 항상 끔찍하고 군대의 궤주처럼 슬프게 한다. 방투 산에서 몇몇 **뒤처짐**들은 〈히로시마적〉인 성격을 띠었다. 이 네 가지 움직임들은 분명히 극적으로 되어, **위기**(crise)라는 과장된 어휘 속으로 유입된다. (《퀴블레의 파란 많은 페달》이라는 제목의) 소설의 한 장에서처럼, 도정에 자신의 이름을 남기는 것은 자주 이미지가 풍부한 움직임들 중의 하나이다. 여기에서 언어의 역할은 대단히 크다. 지속되는 시간 속에서 끊임없이 와해되기 때문에 붙잡을 수 없는 사건에다, 그것을 견고하게 하도록 해주는 서사적인 과장을 주는 것이 바로 언어인 것이다.

일주 경기는 모호한 윤리를 지니고 있다. 기사도적인 지상 명령은 순전히 성공하려는 정신의 강렬한 환기와 끊임없이 뒤섞인다. 그것은 헌신에 대한 찬양과 경험주의의 필요성들 사이에서 선택할 줄 모르는, 혹은 선택하고 싶어하지 않는 윤리이다. 자기 팀의 성공을 위한 한 경주자의 **희생**은, 그 자신에 의해서건 혹은 (코치와 같은) 전문가에 의해서 강요되었건, 항상 찬양받지만 역시 항상 논쟁거리가 되기도 한다. 희생은 위대하고 고귀하며, 희생 자체가 그것의 위대한 정당화인 단체운동 경기에서 윤리적인 충만함을 보여 준다. 그러나 또한 희생은 일주 경기의 완벽한 전설에 필요한 또 다른 가치, 즉 현실주의에 상반된다. 일주 경기에서 사람들은 **감상에 빠지지 않는다**는 것은 구경거리의 흥미를 돋우는 법칙이다. 여기에서 기사도 정신은 운명을 조작할 수 있다는 위험으로 느껴지기 때문이다. 일주 경기는 투쟁의 거칠고 적나라한 우연에 미리 영향을 줄 수 있을 모든 것을 조심해야 한다. **경기는 만들어지는 것이 아니고** 일주 경기는 개인들의 기개가 대립하는 것이어서, 개인의 윤리, 삶을 위한 외로운 투쟁의 윤리가 필요하다. 신문기자들의 골칫거리이자 주된 관심사는 일주 경기에 불확실한 미래를 마련하는 것이다. 1955년 일주 경기 동안 내내 사람들은 보베가 확실히 우승할 거라는 일반적인 믿음에 반대했다. 그런데 일주 경기는 역시 하나의 스포츠이므로 집단 윤리를 요청한다. 진정 결코 해결될 수 없는 이러한 모순 때문에 전설은 항상 희생에 이의를 달고 설명하도록 강요되고, 그리고 매번 희생을 뒷받침하는 고결한 윤리를 새로이 기억하도록 강요된다. 희생을 꾸준히 정당화해야 하는 것은 그 희생이 하나의 감정적인 가치로 느껴지기 때문이다.

여기에서 코치는 중요한 역할을 한다. 그는 목적과 수단들, 양심과 실용주의 사이를 연결짓는 일을 담당한다. 그는 양쪽으로 갈라진 악의 현실과 그 필요성을 결합하는 변증법적 요소이다. 마르셀 비도는 같은 팀에 있는 한 선수를 다른 선수를 위해 희생하게 해야 하는 이러한 코르네유식 상황들의 전문가이다. 때로 이러한 상황은(보베 형제의 경우 장이 루이종을 위해 했듯이) 한 사람을 다른 자기 형제를 위해 희생시켜야 할 때 더욱 비극적이 된다. 사실 비도는 지적 차원의 필요성의 실제적인 이미지로서만 존재한다. 이러한 이유로 비도는 본래 열정적인 세계에서 독립적인 인격화를 필요로 한다. 그 작업은 잘 구분이 되어 있다. 열 명의 경주자들 각각의 몫을 위해서는 하나의 단순한 머리가 필요하다. 게다가 여기에서 지성은 기능적이기 때문에, 그 머리의 역할은 전혀 특권적인 것이 아니며, 지성은 시합의 전략적인 성격을 대중에게 제시하는 임무만을 가질 뿐이다. 따라서 마르셀 비도는 **명상하는** 역할을 지닌 세심한 분석자의 인물로 전락한다.

때로 경주자가 자기 스스로 지적인 임무를 떠맡는 경우가 있는데, 바로 루이종 보베의 경우가 그것으로, 이것이 그의 〈역할〉의 독창성을 이룬다. 일반적으로 경주자들의 전략적인 능력은 미약해서, 조잡한 몇몇 속임수의 기술(퀴블레는 상대를 속이기 위해서 연극을 한다)을 넘지 못한다. 보베의 경우에는 기이하게도 이렇게 역할들이 분리되지 않은 상태가 코피나 코블레의 인기보다 훨씬 더 수상쩍은 모호한 인기를 낳는다. 보베는 지나치게 생각한다. 그는 **승리자**이지 **선수**는 아니다.

희생이라는 순수한 윤리와 성공이라는 엄격한 법칙 사이에서의 지성의 이러한 심사숙고는, 봉건적이거나 비극적인 매우 오래 된 윤리학의 유적과, 완전한 경쟁의 세계에 특유한 새로운 요청들로 이루어진 유토피아적인 동시에 현실주의적인 복합적 정신 영역을 나타내고 있다. 일주 경기의 본질적인 의미작용은 이러한 모호성에 있다. 즉, 이상주의적 알리바이와 현실주의적 알리바이라는 이 두 가지 알리바이의 교묘한 혼합에 의해서, 전설은 명예로운 동시에 자극적인 하나의 베일로 우리의 위대한 서사시의 경제적 결정론들을 완벽하게 감출 수 있게 된다.

그러나 희생의 모호성이 어떠하든간에, 희생은 전설이 그것을 끊임없이 심리적인 순수한 경향으로 되돌아가게 하는 한, 종국에는 명료함의 질서를 다시 되찾는다. 자유가 갖는 불편함으로부터 일주 경기를 구하는 것은 일주 경기가 본래 **성격의 본질들의 세계**라는 사실이다. 나는 경주자의 이름이 영원한 가치의 안정된 수탁자가 되도록 하는 데 매우 효과적인 유명론 덕에, 어떻게 이러한 본질들이 제기되었는지를 이미 지적한 바 있다(콜레토는 우아함을, 제미니아니는 규칙성을, 로레디는 배신을 나타낸다). **일주 경기는 확실한 본질들의 불확실한 투쟁이다.** 자연·풍습·문학·규칙들은 연이어 이 본질들을 서로에 관련시킨다. 원자들처럼 그 본질들은 서로 스치고, 서로 충돌하고, 서로 반발한다. 그리고 바로 이러한 유희로부터 서사시가 태어난다. 나는 조금 뒤에 확실한 의미가 있는 가치를 획득한 최소한의 경주자들의 성격용어집을 제공하겠다. 이 유형학은 안정되어 있고, 우리는 본질들을 다루므로 이러한 유형학은 신뢰해도 좋다. 여기에서 전통적인 회극에서처럼, 특히 코메디아델라르테에서처럼, 하지만 전혀 다른 구성조직(회극적 지속시간은 갈등의 연극의 지속시간이지만, 일주 경기의 지속시간은 소설적 이야기의 지속시간이다)에 따라, 스펙터클은 인간관계들의 균열로부터 태어난다고 말할 수 있다. 본질들은 가능한 모든 모습들에 따라 서로 맞부딪치는 것이다.

나는 일주 경기가 우리가 이제까지 만났던 것 중에서 가장 총체적인, 따라서 애매한 신화의 좋은 예라고 생각한다. 일주 경기는 표현의 신화인 동시에 현실주의적이면서 유토피아적인 투사의 신화이다. 일주 경기는 단 하나의 우화를 통해서 프랑스인들을 표현하고 드러낸다. 그 우화에서 전통적인 속임수들은(본질들의 심리학, 투쟁의 윤리, 자연의 물질과 힘의 마력, 초인과 소인배의 서열관계) 인간, 인간들 그리고 자연 사이의 관계들에 대한 완벽하게 명료한 스펙터클에 의해 집요하게 조화를 이루려고 하는 어떤 세계의 유토피아적인 이미지에, 긍정적인 여러 형태의 이해관계가 뒤섞인다. 일주 경기에서 오염된 것은 바로 토대, 경제적인 동인들, 이데올로기적 알리바이를 발생시키는 시련의 궁극적인 이득이다. 그래도 여전히 서투르고 속기 쉬운 사람일지라도, 그가 불순한 우화들을 통해서 어쨌든 그 나름대로 그와 공동체와 우주 사이의 안전한 합치를 예견하는, 그런 역사의 불안정한 이 순간을 서사시가 표현하는 한, 일주 경기는 여전히 매력 있는 국가적인 하나의 사건이 된다.

1955년 경주자들의 용어집

보베(장) 루이종의 분신으로, 또한 그의 음화(négatif)이기도 하다. 그는 일주 경기의 큰 희생자이다. 그는 〈동생으로서〉 그 자신을 형에게 송두리째 희생해야 했다. 끊임없이 사기가 저하된 이 경주자는 심각한 열등감으로 고통받는다. 왜냐하면 그는 생각하기 때문이다. 그의 정평 있는 지적인 자질은(그는 영어 교사이고 큰 안경을 쓰고 있다) 그를 파괴적인 명철함 속으로 끌어들인다. 그는 자신의 고통을 분석하고, 자기 성찰 속에서 형의 것보다 우수한 근육조직의 이점을 상실한다. 그는 **복잡한** 사람이며, 그러므로 불운한 사람이다.

보베(루이종) 보베는 프로메테우스적인 영웅이다. 그는 투사의 훌륭한 기질, 생체구조에 대한 날카로운 감각을 지니고 있다. 그는 계산하는 사람이고, 현실적으로 **우승하는** 것을 목표로 삼고 있다. 그의 불행은 지적인 면이다(그는 동생보다 못한 知力을 지닌다. 그는 겨우 고등학교만 마쳤을 뿐이다). 그는 불안을 느끼고 자존심이 상처받는 경험을 한다. 그래서 그는 침울한 사람이다. 1955년 그는 힘겨운 고독에 직면해야 했었다. 코블레도 코피도 없이, 드러난 경쟁자 없이 그들의 유령들과 싸워야 했던 강하고 고독한 그에게는, 위험이 도처에서 튀어나올 수 있기 때문에 모든 것이 위협이었다(『혼자서 유력한 후보가 되는 것이 너무 힘들어, 나에게는 코피나 코블레 같은 선수들이 필요한 것 같다』) 보베주의는 분석적이고 계산적인 내면성으로 에너지가 배가되는 경주자의 매우 특별한 유형을 확립하게 되었다.

브랑카르 떠오르는 젊은 세대를 상징한다. 그의 선배들에게 불안감을 줄 줄 알았다. 끊임없이 원기를 회복하는 공격적인 기질의 훌륭한 자전거 선수.

콜레토 일주 경기의 가장 우아한 경주자.

코피 완벽한 영웅. 자전거 위에서 그는 모든 미덕을 가지고 있다. 가공할 만한 유령.

다리가드 배은망덕하지만 쓸모 있는 케르베로스[6] 프랑스 대의명분의 열렬한 신봉자. 이러한 이유로 바퀴 찰거머리인 것을 용서받은 인정사정 없는 간수 같은 인물.

드 그루 고독한 자전거 선수. 바타비아의 말 없는 사람.

골 산의 새로운 대천사, 태평한 젊은이, 날씬한 천사, 가냘프면서 건방진 풋나기 소년, 재능 있는 청년. 그는 일주 경기의 랭보이다. 어느 순간에 골에게 신이 내린다. 그때 그의 초자연적인 재능은 신비한 위협이 되어 그의 경쟁자들을 압도한다. 골에게 부여된 신적인 현존

---

6) 그리스 신화 속에서 지옥문을 지키는 머리가 셋 달린 개. 사나운 문지기, 인정사정 없는 간수를 의미한다.

은 가벼움이다. (신비롭게도 노력이 부재한다는 면에서 공통점을 갖는) 은총·비상·활공에 의해서 골은 새나 비행기의 특징을 띤다(그는 우아하게 알프스의 정상에 내려앉고, 그의 페달은 프로펠러처럼 돌아간다). 그러나 때로 신은 그를 저버리고, 그때 그의 시선은 〈기이하게도 공허하게〉 된다. 공기 혹은 물을 제압할 능력을 지닌 모든 신화적 존재처럼 골은 지상에서는 우둔하고 무력하게 된다. 천부적인 신적 재능이 그를 난처하게 한다(『나는 산에서 하는 방식과 다르게는 경주할 줄 모른다. 단지 항상 오를 뿐이다. 나는 내리막길에서는 서툴다. 혹은 아마도 너무 가벼운 것 같다』).

제미니아니(랄프 혹은 젬이라고 불려진다) 약간 둔해 보일 정도로 성실한 모터의 규칙성을 가지고 달린다. 정직하지만 정열이 없는 산악인. 불우하지만 호감을 주는 수다쟁이.

아상포르데(멋진 아상 혹은 해적 아상이라고 불린다) 호전적이고 거만한 경주자(『나로 말할 것 같으면 양다리 각각에 보베 형제를 하나씩 가지고 있다』). 싸울 줄만 알고 결코 위장할 줄 모르는 열렬한 전사이다.

코블레 서슴지 않고 자신의 노력을 계산에 넣지 않을 정도로 모든 것을 할 수 있었던 매력적인 자전거 선수. 그는 보베와는 반대이다. 보베에게 있어 그는 부재할 때조차도 코피처럼 가공할 그림자로 남아 있다.

퀴블레(페르디 혹은 아드지윌의 독수리라고 불린다) 모나고, 어설프고, 괴팍하고, 변덕스러운 퀴블레는 일시적인 흥분의 주제에 참여한다. 그의 점프는 때로 (흥분제를 먹지 않았을까 하는) 인위성의 의심을 받는다. (사람들이 그를 볼 때만 기침하고 다리를 저는) 비극적이면서 희극적인 독일계 스위스인으로서 퀴블레는 발자크의 튜튼 가 사람들과 세귀르 백작부인의 이방인들처럼 서투른 프랑스어를 쓸 권리와 의무를 갖는다(『불운한 페르디. 젬은 항상 페르디 뒤에 있어. 페르디는 떠날 수 없어』).

로레디 55년 일주 경기의 배신자이고 가증한 인물이다. 이러한 상황은 그로 하여금 공공연하게 가학적이 되게 하였다. 그는 보베의 바퀴 뒤를 바짝 쫓는 무자비한 찰거머리가 됨으로써 보베를 고통스럽게 하기를 원했다. 결국 포기할 수밖에 없었는데, 이는 처벌이었나? 어쨌든 경고이었음은 분명하다.

몰리네리 최후에 남은 1킬로미터의 사람.

롤랑(앙토냉) 부드럽고, 의연하고, 사교적인 인물. 악에는 엄격하고 자기 기록에서는 정정당당한 자전거 선수. 보베 사단의 일원. 코르네유식의 갈등, 즉 그를 제물로 바쳐야 하나? 부당하지만 필요하므로 희생자 유형.

기드블루(파란색 여행 안내책)

기드블루[1]에는 피토레스크의 형태로 된 풍경만이 있다. 기복이 있는 모든 것은 피토레스크적이다. 여기에서 산의 부르주아적 격상이 다시 발견된다. (19세기로 거슬러 올라가는) 이 오래 된 알프스 산맥에 대한 신화는 지드가 적절하게 스위스 청교도주의에 결합시켰던 것으로, 항상 본연주의와 청교도주의와의 절충적인 혼합체로 작용했다(맑은 공기에 의한 재생, 산의 정상과 애국심으로서의 등반 앞에서 느끼는 도덕적인 관념들 등이 그러한 예이다). **기드블루**에 의해 미적 존재로 승격된 수많은 광경들에서 평원은 아주 드물게 발견되고(평원이 비옥하다고 이야기될 수 있을 경우에만 선택되어진다), 고원은 전혀 찾아볼 수 없다. 단지 산·협곡·협로·급류만이, 물론 그것들이 노력과 고독의 정신을 지지하는 것같이 보이는 한에서 여행의 신전에 이를 수 있다. 이렇듯 **기드블루**의 여행은 노동에 대한 경제적인 조정, 즉 교화적인 행진의 손쉬운 대용품으로 드러난다. **기드블루**의 신화학이 지난 세기부터, 곧 부르주아 계급이 고생을 사서 한다는 데서, 그리고 그 고생의 불편함을 겪지 않고 그것의 이미지와 덕성만을 간직한다는 데서 아주 신선한 일종의 행복감을 맛보았던, 이 역사적 시기

---

1) 아셰트 출판사에서 발행한 여행 책자로 다음과 같은 종류가 있다. 기드루즈(Guide rouge): 호텔과 레스토랑 중심의 여행 안내책자. 기드블루(Guide bleu): 자동차 여행용, 관광 명소를 소개하는 여행 안내책자. 기드베르(Guide vert): 지역별 고적 중심의 여행 안내책자.

에서부터 시작되었다는 것은 이미 확인된 사실이다. 그러므로 매우 논리적이면서도 매우 어리석게도, 여행이 갖는 행복과는 아주 반대로, 풍경의 무상성, 풍경의 풍부함이나 인간미의 결핍, 풍경의 수직성이 결국 풍경이 갖는 이점을 설명해 준다. 극단적인 경우에, 그 **기드**는 냉정하게 다음과 같이 쓸 수 있을 것이다.『길은 매우 피토레스크적이 된다』(터널). 여기에서 터널은 산의 충분한 기호가 되었으므로, 사람들이 더 이상 아무것도 보지 못한다는 것은 별로 중요하지 않다. 그것은 잔고에 대해서 더 이상 걱정하지 않아도 될 정도로 충분한 신용가치와 같다.

산의 기복이 다른 모든 종류의 수평선을 없앨 정도로 미화된 것처럼, 그 나라의 인간들은 오로지 그 나라의 기념물들을 위해 사라진다. **기드블루**의 경우, 인간들은 〈유형〉(types)으로만 존재한다. 예를 들어 스페인에서 바스크족은 모험심이 많은 선원이고, 르방탱인은 명랑한 정원사, 카탈루냐인은 노련한 장사꾼, 칸타브리인은 감상적인 산악인이다. 여기에서 인간에 대한 모든 부르주아 신화학의 바탕에 있는 이런 본질의 바이러스가 다시 발견된다(바로 이런 이유로 우리는 그 신화학을 매우 자주 만나게 된다). 이렇게 스페인 민족은 장대한 고전 발레로 매우 절제된 일종의 코메디아델라르테로 환원되는데, 있음직하지 않은 그 유형학은 여러 신분·계층·직업의 실제 광경을 은폐하는 데 사용된다. 사회적으로 **기드블루**에 있어, 인간들은 그들이 〈뒤섞여〉 삼등석을 가득 채우고 있는 기차 속에서만 존재한다. 그 나머지의 다른 경우에 인간들은 도입부에 지나지 않는다. 그들은 그 나라의 본질을 속이기 위한 우아한 소설적 배경, 즉 그 나라의 기념물 수집품을 구성한다.

정신적인 분출의 장소인 원시적인 협로를 제외하고는 **기드블루**에 나타난 스페인은 하나의 공간으로만 나타나는데, 이 공간은 이름 붙일 수 없는 몇몇 공백을 통해 일련의 성당들, 성기실, 제단 뒤의 장식벽들, 십자가, 성체기들, (항상 팔각형인) 탑들, (가족과 노동이) 조각된 군상들, 로마식 현관문, 교회의 본당들과 십자가에 못박힌 실물 크기의 그리스도상 등으로 빽빽이 직조된다. 알다시피 이러한 모든 기념물들은 종교적이다. 왜냐하면 부르주아 관점으로는 그리스도교와 가톨릭의 역사가 아닌 예술의 역사를 상상한다는 것이 거의 불가능하기 때문이다. 그리스도교는 관광의 첫번째 납품업자이고, 사람들은 성당들을 구경하기 위해서만 여행한다. 스페인의 경우에 이런 그리스도교 제국주의는 우스꽝스러운 것이다. 왜냐하면 거기에서 가톨릭교는 어리석게도 회교 문명이 앞서 세워 놓은 성공적 결과들을 파손한 야만적인 세력으로 자주 나타나기 때문이다. 거대한 제단이 끊임없이 가로막는 멋지게 즐비한 원주들을 가지고 있는 코르도바의 회교사원, 혹은 (프랑코식의) 웅장한 성모상의 도발적인 돌출로 인해 변질된 어떤 경관 등, 이런 것은 프랑스 부르주아로 하여금 그의 생애에 적어도 한 번은 그리스도교 역사의 이면도 있다는 것을 엿보게 할 것이다.

일반적으로 **기드블루**는 설명과 현상학을 동시에 거부하는 모든 분석적인 묘사의 공허함을 보여 준다. 그 책은 현대 여행자가 **지속되고 있는** 실제 풍경을 지나치면서 스스로에게 제기할 수 있는 그 어떤 문제들에도 사실상 대답하지 못한다. 기념물들을 선택하는 것은 땅의 현실과 동시에 인간들의 현실을 제거하여 현재의, 다시 말하면 역사적인 그 어떤 것도 설명하지 못한다. 그러므로 기념물 그 자체는 해독할 수 없는 것이 되어, 따라서 어리석은 것이 된다. 이렇게 구경거리는 끊임없이 무효화되고 있으며, 기드는 모든 속임수에 공통되는 조작에 의해 그것이 표방하는 것과는 정반대인 맹목의 도구가 된다.

지리(地理)를 사람이 살지 않는 기념물적인 세상의 묘사로 환원시키면서, **기드블루**는 일부 부르주아 계급에게는 구식이 된 한 신화론을 나타내고 있다. 여행이 더 이상 〈문화적〉인 접근이 아니라 인간적인 접근방식이 되었다는(혹은 다시 되었다는) 것은 이론의 여지가 없다. 왜냐하면 오늘날 여행의 중요한 목적은 또다시(아마도 18세기에서처럼) 일상적인 형태 속에서의 풍습이고, 그리고 오늘날 가장 세속적이라 하더라도 진정한 의문의 범주를 이루는 것은 인문지리·도시 계획·사회학·경제학이기 때문이다. **기드블루**는 부분적으로 시대에 뒤진 부르주아 신화학, 즉 (종교적인) 예술을 문화의 근본적인 가치로 상정하지만, 예술적 〈자산〉과 그 〈보물들〉을 상품들의 안심시키는 축적(박물관의 설립)으로만 고려하는 신화학으로 머물러 있다. 이러한 행태는 이중적 요구를 나타낸다. 즉, 가능한 한 〈도망가는〉 문화적 알리바이를 이용하지만, 사람들은 매순간 이루 말로 표현할 수 없는 것을 계수화할 수 있도록, 수로 셀 수 있고 점유할 수 있는 체계의 올가미 속에 이 알리바이를 붙잡아 매놓는 것이다. 당연히 이 여행의 신화는 부르주아 계층의 내부에서조차 완전히 시대착오적이 된다. 그래서 나는 만일 사람들이 새로운 여행 안내책자의 제작을, 예를 들어 **엑스프레스**지의 여성 편집자들이나 혹은 《**파리 마치**》지의 남성 편집자들에게 맡긴다면 여전히 이론의 여지는 있겠지만, 아주 다른 나라들이 나타나는 것을 목격할 것이라고 생각한다. 앙크틸이나 라루스의 스페인에 이어 시그프리드의 스페인이 나오고, 그 다음 푸라스티에의 스페인[2])이 뒤따를 것이다. 이미 미슐랭의 여행 안내책에서 호텔의 목

---

2) 프랑스 자전거 일주 경기의 우승자인 앙크틸, 사전 편집자인 라루스, 그리고 지리학자인 시그프리드와 경제학자인 푸라스티에 등 각자의 관점에 따라 다른 스페인이 묘사될 것이다.

욕탕 수와 포크 수가 〈예술적 볼거리〉의 수와 어떻게 경쟁하고 있는 지를 보라. 부르주아 신화들은 그것들 역시 차이를 나타내는 그들의 지질학을 가지고 있다.

사실 스페인의 경우 묘사의 무분별하고 반동적인 성격은 **기드**에 잠 재된 프랑코주의에 가장 부합하는 것이다. 엄격한 의미에서의 역사적 인 이야기(게다가 알다시피 역사는 선량한 부르주아가 아니므로, 이런 이야기는 드물고 빈약하다) 외에, 즉 공화주의자들은 항상 (게르니카를 제외한) 교회들을 약탈하고 있는 〈극단주의자들〉이지만, 선량한 〈국민 들〉은 〈노련한 전략적인 술책들〉과 〈영웅적인 저항들〉만으로 〈해방시 키는〉 데 주력한다는 이러한 역사적 이야기 외에, 나는 국가의 **번영** 이라는 훌륭한 알리바이 신화(mythe-alibi)가 피어나는 것을 지적할 것이다. 물론 〈통계적〉이고 〈전체적〉인 혹은 더 정확하게 〈상업적〉인 번영이 문제된다. **기드**는 이 훌륭한 번영이 어떻게 분배되는지를 우리 들에게 분명하게 말해 주지 않는다. 물론 계층적으로 그렇다는 것이 다. 〈국민의 진지하고 참을성 있는 노력은 계층과 질서라는 확고한 원 칙들의 충실한 적용을 통해 쇄신되기 위해, 그의 정치 체제의 개혁에 까지 나아갔다〉는 것을 우리에게 분명히 말하기를 원하기 때문이다.

훤히 아는 여자

오늘날 저널리즘은 완전히 기술주의에 속하고, 우리의 주간지는 예수회의 전성기 때처럼 양심(Conscience)과 상담(Conseil)의 진정한 재판관의 본거지이다. 현대 정신, 즉 과학에 의해 해방되는 것이 아니라 보증받는, 그리고 그것을 위해 보편적인 현인의 의견보다 전문가의 의견을 요구하는 그런 현대 정신이 문제된다. (구체적인 것으로부터 출발해야 하므로) 인간 신체의 각 기관은 교황인 동시에 최고의 학자인 기술자를 가지고 있다. 구강을 위해서는 콜게이트의 치과 의사를, 코피가 날 경우에는 〈의사 선생님, 대답해 주세요〉의 의사를, 피부를 위해서는 **럭스** 비누의 기술자들을, 영혼을 위해서는 도미니쿠스 수도회의 신부를, 그리고 마음을 위해서는 여성잡지의 여성 기자를 갖는다.

마음은 여성적 기관이다. 그러므로 마음을 다루는 것은 생리적인 영역에서의 부인과 의사의 능력만큼이나 특별한 능력을 정신적인 영역에서 요구한다. 따라서 여성 상담원은 정신적 심장학에 관한 그녀의 총체적인 지식 덕분에 그 직책을 담당한다. 그런데 거기에서는 또한 성격적인 천부적 재능이 필요하다. 이러한 재능은 알다시피 (예를 들어 그의 미국 동료들에 비해서) 프랑스 전문가의 명예로운 특징이다. 상당한 연륜을 내포하는 매우 오랜 경험과 영원히 젊은 마음의 결합이 여기에서 과학에 대한 권리를 규정한다. 이렇게 애정 상담원은 매력 있는 프랑스의 한 유형, (학대에까지도 이를 수 있는) 건전한 솔직함과 임기응변의 강한 생동감, 현명하지만 거만한 지혜를 지닌 **자선을 베푸는 무뚝뚝한 사람**의 유형에 이른다. 그런데 그런 유형의 사람이 갖는 현실적이면서도 겸손하게 감춰져 있는 과학은 항상 부르주아의 윤리적 송사의 해결사인 **양식**에 의해 승화된다.

상담란이 여성 상담자들에 대해서 우리에게 넘겨 주고자 하는 것에서, 그녀들의 모든 신분은 조심스럽게 제거된다. 외과 의사의 공정한 메스 아래에서 환자의 사회적 출신이 고려의 대상에서 너그럽게 제외되듯이, 여성 상담원의 시선 아래서 상담을 요청한 여성은 순수한 심장기관으로 환원된다. 단지 그녀의 여성이라는 특징만이 그녀를 규정한다. 여기에서 사회적 신분은 순수한 여성적 본질을 돌보는 데 방해가 될 수도 있을 무용하고 불필요한 현실로 취급된다. (지금 이야기되고 있듯이) 용어의 기호논리학적 의미에서 상담의 〈주체〉를 형성하는 외부 종족인 남성들만이 사회적일 권리를 갖는다(남성들은 돈을 **벌기 때문에** 이러한 권리가 필요하다). 그러므로 남성들에게 어떤 영역을 정할 수 있다. 즉, 일반적으로 그것은 성공한 실업가의 영역일 것이다.

애정 상담란의 인류는 본질적으로 법률상의 유형학을 재생산한다. 이러한 인간들은 체험에 대한 약간 현실적인 모든 탐구나 모든 낭만주의와는 동떨어져서, 본질들의 안정된 질서, 민법의 질서를 아주 가까이 따른다. 여성세계는 다른 사회적 신분에 속하는 세 가지 계층으로 나누어진다. 처녀·기혼녀·독신녀(결혼하지 않은 여자, 혹은 과부, 혹은 정부, 하지만 어쨌든 지금은 경험이 있는 독신)이다. 맞은편에는 여기에 속하지 않는 인간들, 저항하고 혹은 협박하는 인간들이 있다. 우선 부권을 소유하는 부모가 있다. 다음으로 남자·남편 혹은 수컷이 있는데, 그 역시 여성을 예속시키는 신성한 권리를 보유한다. 마음의 세계는 그 소설적 장치에도 불구하고 즉흥적이지 않은 것이 분명하다. 왜냐하면 그 세계는 항상 굳어진 법률적인 관계들을 어떻든간에 재생산하기 때문이다. 상담란의 인류는 그가 가장 비통한, 혹은 가장 순진한 목소리로 **나**를 이야기할 때조차도 소수의 정해진 명명된 구성원들, 즉 가족구조의 구성원들 자체의 부가물로서만 **선험적으로** 존재한다. 상담란은 가정의 끝이 없는 분쟁을 드러내어 해방하는 임무를 스스로 떠맡은 것처럼 보이는 바로 그 순간에 **가정**을 상정한다.

이 본질의 세계 속에서 여성 자신은 때로는 부모에 의해, 더 자주는 남성에 의해 위협받는다는 본질을 지닌다. 이 두 경우에 법적인 결혼은 위기의 해결, 즉 구원이다. 남자가 부정하거나 혹은(게다가 모호한 위협인) 바람둥이이거나 혹은 반항적인 사람이거나간에, 소유의 사회적 계약으로서의 결혼이 바로 만병통치약이다. 그러나 목적의 확고부동함 자체는 유예나 실패의 경우(본래 이 순간이 상담란이 개입하는 때이다) 비현실적인 보상행동을 강요한다. 남성의 폭력이나 아내를 버리는 행위에 대항하기 위해서 받는 상담란의 예방접종은 모두 희생의 형태로 실패를 신성화하든지(침묵하고, 생각하지 않고, 선량해지고, 희망하는 것), 순수한 자유로서 **나중에** 실패를 요청하든지간에 (이성을 지키고, 노동하고, 남성들을 조롱하고, 여성들끼리 서로 돕는 것) 실패를 승화시키는 데 목적을 두고 있다.

이렇게 겉으로 드러난 그 모순이 어떠하건, 상담란의 도덕은 여성을 위해서 기생적인 조건 외에 어떠한 조건도 상정하지 않는다. 오로지 결혼만이 여성을 법적으로 명명하면서 그녀를 실존하게 하는 것이다. 우리는 여기에서 다시 남성의 외적인 시선 아래에 닫혀진 자유로 한정된 규방의 구조 자체를 발견하게 된다. 애정 상담란은 여성을 어느 때보다도 더 견고하게 특별한 동물과(科)로, 즉 자신의 내면의 움직임을 영위하지만 그 강도가 미약해서 항상 후견인(남성)의 확고 부동함으로 되돌아오게 되는 기생충 같은 집단으로 세운다. 떠들썩한 여성 독립의 기치 아래에서도 여전히 남아 있는 이 기생주의는 당연히 현실세계로의 모든 개방에 대해 완전히 무능하게 만든다. 그 한계가 솔직하게 드러나게 될 자신의 능력을 핑계삼아, 여성 상담원은 여성 애정 문제의 본래의 기능들을 넘어서는 것같이 보일 문제들에 대해서는 언급하기를 항상 거부한다. 솔직함은 인종차별주의나 종교의 문턱에서 조심스럽게 멈춰 선다. 사실 여기에서 솔직함은 매우 정확한 용도로 예방접종을 이룬다. 그것의 역할은 예속이라는 고루한 도덕을 주입시키도록 돕는 것이다. 사람들은 여성 상담원에게 여성 해방의 모든 잠재력을 고정시킨다. 그 상담원 안에서 여성들은 대리로 자유롭다. 충고의 표면상의 자유는 행동의 실제 자유를 면제해 준다. 사람들은 사회를 구성하는 도그마 위에서 더 확실하게 완강히 버티기 위해서 도덕에 대해 약간 느슨해지는 것 같다.

장식용 요리

(진정한 신화적 寶庫인) 《엘르》지는 상에 차려진 요리를 찍은 아름다운 컬러 사진을 거의 매주 싣는다. 체리가 박힌 노르스름한 어린 자고새, 장미빛을 띤 닭 냉육, 붉은 갑각으로 둘러싸인 원형 모양의 다진 가재살, 설탕에 절인 과일로 장식한 크림을 얹은 사과 푸딩, 다양한 색깔의 제노바 과자들 등이다.

이 요리에서 지배적으로 많이 사용되는 종류는 소스 끼얹기이다. 표면에 설탕을 입히고 표면을 둥글게 하고, 소스나 크림·당의, 그리고 젤리의 매끈한 침전물 아래 음식의 내용물을 감추려고 애쓴 모습이 명백히 보인다. 분명히 이것은 시각적인 영역에 속하는 끼얹기의 목적 자체에서 기인하는 것이다. 그리고 《엘르》지의 요리는 뛰어난 감각인 순전히 시각적인 요리이다. 사실상 이렇게 요리를 끊임없이 매끈하게 뒤덮는 데에는 뛰어나 보이려는 욕구가 있다. 《엘르》지는 적어도 전설적으로 멋을 부리는 잡지이다. 왜냐하면 그의 역할은 (설문조사가 입증한) 그의 독자, 즉 수많은 대중적 독자에게 멋스러움의 꿈 자체를 제시하는 것이기 때문이다. 바로 거기에서부터 항상 음식물의 처음 성질, 즉 고기의 야만성 혹은 갑각류의 거친 성격을 약화시키거나 혹은 변장시키기까지 하는, 표면을 덮고 보이지 않게 하는 요리가 나오는 것이다. 시골 요리(맛 좋은 가정용 스튜)는 미각이 마비된 도시인의 전원적 환상으로서 예외적으로만 인정받을 뿐이다.

그러나 특히 끼얹기는 품위 있는 요리의 중요한 단계들 중 하나인 장식의 단계를 준비하고 뒷받침한다. 《엘르》지의 매끈하게 뒤덮기는 도가 지나친 자질구레한 장식에 토대가 된다. 가장자리를 잘 자른 버섯들, 체리로 점찍기, 가공된 레몬을 가진 주제들, 송로버섯의 껍질, 은빛 사탕, 절인 과일들의 아라베스크 등이 그렇다. 밑에 깔린 소스의 표면(음식물 자체가 불확실한 지층에 불과하기 때문에 나는 이를 침전물이라고 불렀다)은 로코코식의 요리 전체가 읽혀지는 페이지이고 싶어한다(특히 선호되는 색깔은 장미빛이다).

장식은 두 개의 상반되는 방법으로 행해지는데 우리는 잠시 후 그 변증법적 해결을 보게 될 것이다. 한편으로는 일종의 광적인 바로크 양식 덕분에 본질을 벗어난다(예를 들어 레몬 속에 새우를 꽂는다거나, 닭고기를 장미빛으로 익힌다거나, 자몽을 따뜻하게 내놓는다거나 하는 것이 그 예이다). 다른 한편으로는 괴상한 기교로 본질을 재구성하려고 한다(성탄절 장작 모양의 케이크 위에 설탕과 달걀 흰자위로 껍질을 만들어 싼 버섯과 호랑가시나무 잎을 놓는다거나, 가재의 몸통을 가려 위장한 베샤멜 소스 주위에 가재 머리를 다시 갖다놓는 것이 그 예가 된다). 게다가 이같은 움직임은 프티부르주아의 싸구려 장신구들의 제조에서도 발견된다(말안장 모양의 재떨이, 담배 형태의 라이터, 토끼 몸통 모양의 항아리).

이는 프티부르주아의 모든 예술에서처럼, 여기에서도 억누를 수 없는 진실주의에의 성향이 가정잡지의 항구적인 요청들 중의 하나, 즉 《엑스프레스》지에서 우리가 자랑스럽게 아이디어가 있다고 부르는 요청에 의해서 상반── 혹은 보완── 되기 때문이다. 《엘르》지의 요리는 마찬가지로 〈아이디어〉가 있는 요리이다. 단지 여기에서는 동화적 현실에 갇힌 창의력은 곁들인 요리에만 적용되어야 한다. 왜냐하면 잡지의 〈뛰어난〉 소명은 창의력이 음식물의 실제적인 문제에 접근하는 것을 금하기 때문이다(사실 실제적인 문제는 자고새 속에 체리를 꽂는 방도를 찾는 것이 아니라, 자고새를 발견하는 것, 즉 다시 말해서 자고새를 돈 주고 사는 것이다).

이러한 장식 요리는 사실상 완전히 신화적인 경제구조에 의해 지탱되고 있다. 게다가 《엘르》지의 사진들이 입증하듯이 공공연하게 꿈의 요리가 문제되고 있다. 그 사진들은 가까이 있기는 하지만 접근할 수 없는 대상처럼 요리를 높은 각도에서만 포착하고 있다. 그러므로 그 요리는 단 한 번의 시선으로도 완전히 소비될 수 있다. 그것은 말 그대로 전시용 요리이고, 이 잡지가 수입이 적은 층에서 많이 읽혀진다는 것을 기억한다면, 특히 전적으로 마술적인 요리이다. 게다가 이것은 다음과 같은 사실을 설명해 준다. 즉, 《엘르》지가 경제적인 요리를 내세우려 하지 않으려고 애쓰는 이유는 그 잡지가 진정으로 서민적인 독자를 대상으로 하고 있기 때문이다. 반대로 넉넉한 구매력을 가지고 있는 부르주아만을 독자로 갖고 있는 《엑스프레스》지를 보자. 그 잡지의 요리는 마술적이지 않고 현실적이다. 《엘르》지가 환상적인 자고새 요리법을 제공하는 반면, 《엑스프레스》지는 니스식 샐러드 요리법을 제공한다. 《엘르》지의 독자는 우화만을 요구할 권리를 갖는다면, 《엑스프레스》지의 독자에게는 만들 수 있을 것이라는 사실이 보장된 현실적인 요리들이 제안될 수 있다.

바토리 호의 해상 유람 여행

　이제는 러시아에서의 부르주아적인 여행이 가능해졌기 때문에 프랑스의 주요 언론은 공산주의 현실에 대한 몇몇 동일시의 신화를 만들기 시작했다. **바토리** 호에 승선한 《피가로》지의 세넵 기자와 마케뉴 기자는, 며칠 만에 러시아 같은 나라를 판단하는 것은 불가능하다는 새로운 알리바이의 글을 그들의 신문에 썼다. 마케뉴 기자는 성급한 결론을 경멸한다고 엄숙하게 선언하면서, 그의 많은 여행 동료들과 그들이 광적으로 일반화시키는 습관을 비웃는다.

　구소련에서의 실제 체류가 아무리 짧다 하더라도 그 체류보다 훨씬 그럴 듯하지 않은 험담들에 의거하여 1년 내내 반소련주의를 만들어 대는 한 신문이, 그 특파원들이 멀리서 매우 쉽고 매우 단호하게 말해 왔던 것에 마침내 가까이 다가갈 수 있는 바로 그 순간에, 불가지론의 위기를 넘어서 고상하게 과학적 객관성의 요구들을 제창하는 것을 보는 것은 매우 재미있다. 이는 명분의 필요성 때문에 자크 영감[1]이 자신의 옷들을 구분했듯이, 기자는 자신의 임무들을 구분하기 때문이다. 당신은 누구에게 말을 하고 싶은가? 정보를 제공하고 판단하고, 한마디로 다 알고 있는 직업기자인 마케뉴 기자인가, 아니면 순수한 청렴함으로 자신이 본 것에 대해 전혀 결론을 내리지 않

---

1) 몰리에르의 희곡 《수전노》(1668)에 나오는 인물로, 모든 일을 스스로 맡아보는 하인을 말한다.

으려는 순진한 관광객으로서의 마케뉴 기자인가? 이 〈관광객〉이라는 신분은 여기에서 훌륭한 알리바이이다. 왜냐하면 관광객이라는 신분 덕택으로 우리는 이해하지 않고 바라볼 수 있고, 정치적 현실에 관심을 갖지 않고 여행할 수 있기 때문이다. 관광객은 본래 판단력이 없는 하위 부류의 인간에 속하는 사람으로, 그가 어떤 판단을 가지려고 할 경우에는 자신의 신분을 우스꽝스럽게도 넘어서는 것이다. 그래서 마케뉴 기자는 거리의 구경거리를 둘러싸고 몇몇 수치, 몇몇의 일반적인 사실들, 즉 미지의 나라를 알기 위해 가능한 깊은 기초 지식들을 모으려는 우스꽝스러운 포부를 가졌던 것처럼 보이는 자기의 여행 동료들을 비웃고 있다. 이는 여행 모독죄이며, 즉 몽매주의 모독죄로 《피가로》지에서는 용서되지 못하는 것이다.

그러므로 영원한 비판의 대상인 구소련에 대한 일반적인 주제는 관광객에게 허용된 유일한 현실인 거리의 계절적인 주제로 대체되었다. 거리는 갑자기 결론짓기를 바라지 않고도 평가할 수 있는 중립지대가 되었다. 그러나 우리는 어떤 평가들이 문제가 되는지를 짐작한다. 왜냐하면 이러한 정직한 신중함에도 불구하고 관광객 마케뉴 기자는 러시아의 야만적 성향을 상기시키기에 알맞은 몇몇 불쾌한 사건들을 직접적인 생활 속에서 지적하게 되기 때문이다. 러시아의 기관차들은 프랑스 기관차의 기적소리와는 달리 길게 소 울음소리를 내며, 역 플랫폼은 나무로 되어 있고, 호텔들은 관리가 허술하며, 객차에는 중국말로 된 표지들이 있고(황색 인종 진출의 위협에 대한 주제), 마지막으로 러시아에는 간이주점이 없고 배(梨) 주스만이 있을 뿐인데, 이 사실은 진정으로 후진적인 문명을 드러내는 것이라는 등의 예가 그렇다.

그러나 특히 거리의 신화는 부르주아의 정치적인 모든 속임수들 중 중요한 주제인 국민과 체제 사이의 대립을 발전시키게 한다. 러시아 국민이 구원된다면 그것은 프랑스식 자유의 반영으로서이다. 나이든 여인이 울기 시작할 때, 부두 노동자가(《피가로》지는 사회적이다) 파리에서 온 관광객들에게 꽃을 제공할 때, 문제가 되는 것은 환대의 감정이라기보다는 정치적인 향수의 표현이다. 여행중인 프랑스 부르주아 계급은 프랑스식 자유의 상징이고, 프랑스식 행복의 상징이다.

그러므로 러시아 국민이 자발적이고, 친절하고, 관대하다고 인정받을 수 있는 것은, 그 국민이 자본주의 문명의 태양에 의해 조명되었던 때뿐이었다. 따라서 과도한 친절을 드러내 보이는 것이 가장 좋다. 그 친절은 언제나 구소련 체제의 결함과 서구식 행복의 충만함을 의미하는 것이다. 여행사 관광 안내양이 자신에게 나일론 스타킹을 준 (파시(Passy)의) 의사에게 느끼는 〈말로 형용할 수 없는〉 감사는, 사실 공산 체제의 경제적 후진성과 서구 민주주의의 부러운 번영을 나타내고 있다. (내가 앞서 〈기드블루〉에 대해서 지적했듯이) 항상 사람들은 특권적인 사치와 서민의 생활 정도를 비교할 수 있는 항목들처럼 다루는 척한다. 사람들은 마치 모든 프랑스 여자들이 디오르나 발랑시아가의 옷을 입고 있는 것처럼, 파리식 옷차림이 갖는 모방할 수 없는 〈멋스러움〉을 프랑스 전체의 장점으로 평가한다. 그리고 사람들은 마치 포크나 축음기 앞에서 멈춰 선 원시 종족이기나 한 것처럼, 프랑스식 유행 앞에서 넋을 잃은 구소련의 젊은 여성들을 보여 준다. 일반적으로 구소련 여행은 특히 서구 문명의 부르주아 인기 순위 목록을 작성하는 데 사용된다. 즉, 파리풍의 옷, 소 울음소리를 내지 않고 기적소리를 내는 기관차들, 간이주점, 시대에 뒤진 배 주스, 그리고 특히 더할 나위 없는 프랑스의 특권인 훌륭한 디자이너들과 폴리 베르제르 극장이 혼합되어 있는 파리 등이다. **바토리** 호의 관광객을 통해서 러시아인들을 꿈꾸게 하는 것은 바로 이러한 접근할 수 없는 보물인 것 같다.

이러한 것 앞에서 체제는 모든 것을 기계들의 획일성 속에 유지시키는, 강압적인 질서를 나타내는 자신의 풍자화에 충실한 채로 남아 있을 수 있다. 침대차의 종업원이 그에게 스푼을 요구한 것에 대해, 마케뉴 기자는 사소한 스푼들의 목록을 정확하게 맞추려는 것만이 유일한 관심사인, 절차가 번거로운 거대한 관료주의가 존재한다고(항상 정치적 불가지론의 큰 흐름 속에서) 결론짓는다. 이는 프랑스인들의 무질서를 대단히 자랑스럽게 여기는 국가적 허영심을 새로이 뒷받침해 주는 것이다. 풍습과 표면적인 행동의 무질서는 질서에 대한 하나의 훌륭한 알리바이이다. 개인주의는 계층적인 압제와 질서를 무해한 자유로 예방접종하도록 해주는 부르주아 신화이다. **바토리** 호는 깜짝 놀란 러시아인들에게 매혹적인 자유의 광경, 즉 박물관을 관광하는 동안 수다를 떨고 지하철에서 〈농담을 하는〉 자유의 광경을 가져다 주었다.

〈개인주의〉가 단지 사치스러운 수출품이라는 것은 당연하다. 프랑스에서 다른 중요성을 가진 대상에 적용된 이 개인주의는 적어도 《피가로》지에서는 다른 이름을 갖는다. 어느 일요일, 재소집된 4백 명의 공군이 북아프리카로 떠나기를 거부했을 때, 《피가로》지는 더 이상 무정부 상태를 호감 주는 것으로, 개인주의를 부러운 것으로 말하지 않았다. 여기에서는 더 이상 박물관이나 지하철이 아니라 식민지의 커다란 이권이 문제되므로, 〈무질서〉는 갑자기 더 이상 골(Gaule)의 명예로운 미덕의 사실이 아니라, 몇 명의 〈선동자들〉의 인위적인 산물이었다. 무질서는 더 이상 매혹적인 것이 아니라 **형편없는** 것이었다. 방금 전 건방지고 장난기 있는 윙크의 경우에는 찬양받았던 프랑스인들의 **터무니없는 군기 문란**이 알제리의 거리에서는 수치스러운 반역행위가 되었다. 《피가로》지는 자유를 진열장 안에 넣어 장식으로 내세우지만 자기 집안에서는 질서를 구성요건으로 요구하는 자신의 부르조아적인 속성을 잘 알고 있다.

파업의 이용자

파업은 **파렴치한 짓**이라고 여기는 사람들이 여전히 있다. 다시 말해, 잘못이나 무질서 혹은 경범죄일 뿐만 아니라, 그들이 보기에는 자연을 혼란시키는 참을 수 없는 행위이며 윤리적인 죄악이라는 것이다. 최근의 한 파업에 대해 《피가로》지의 몇몇 독자들은 **용납될 수 없고 파렴치하며 언어도단**이라고 말했다. 이런 언어행위는 사실 왕정복고시대부터 시작된 것으로서, 그 시대의 깊이 뿌리 박힌 사고 방식을 표현한다. 바로 그 시기에, 세력을 잡은 지 얼마 되지 않은 부르주아 계급은 도덕과 자연이 서로 상대방을 보증하도록 이 개념들의 융합을 실시한다. 즉, 도덕을 자연화시켜야 하는 것이 두려워 자연을 도덕화시키고, 정치적 영역과 자연의 영역을 혼동하는 체한다. 그리고 나서 결국 그들이 책임지고 고수해야 하는 사회의 구조적 법칙들에 반대되는 모든 것을 부도덕하다고 비난한다. 오늘날의 《피가로》지 독자들과 마찬가지로 샤를 10세 당시의 도지사들에게도 파업은 우선 도덕화된 이성의 가르침에 대한 도전처럼 나타난다. 파업을 하는 것, 그것은 〈세상을 우습게 여기는 것이다〉. 즉, 시민의 적법성보다는 〈자연의〉 적법성을 더욱 어기는 일이며, 부르주아 사회의 철학적 토대인 도덕과 논리의 혼합체, 곧 **양식**에 해를 입히는 일이다.

왜냐하면 이 파렴치함은 하나의 모순에서 기인하기 때문이다. 즉, 파업은 바로 그 파업과 관계 없는 사람들을 불편하게 만들기 때문에 파렴치하다는 것이다. 괴로워하고 분개하는 것은 바로 이성이다. 푸자드의 강연에서 이미 우리에게 프티부르주아적 논리의 토대로 나타난, 직접적이고 기계적이며 산정할 수 있다고 말할 수 있을 인과관계, 바로 이 인과관계가 흔들린다. 결과는 이해할 수 없을 만큼 원인으로부터 멀리 벗어나 여러 갈래로 분산된다. 바로 이것이 참을 수 없고 충격적인 것이다. 프티부르주아적 꿈이라고 생각될 수도 있는 것들과는 반대로, 이 계층은 인과관계에 관한 독단적이며 한없이 민감한 개념을 지니고 있다. 즉, 그들 윤리의 토대는 전혀 마술적인 것이 아니라 합리적이다. 단지 원인과 결과의, 말하자면 숫자적 상관관계에 기반을 둔 선조적이고 편협한 합리성이 문제인 것이다. 이 합리성에 결핍되어 있는 것은, 유물론적 전통이 총체성이라는 이름하에 체계화한 바 있는, 사건들의 상호 연대성과 결정론들과는 거리가 먼 배열에 대한 상상력과 복잡한 기능들에 대한 개념이다.

결과를 제한하려면 역할의 분리가 필요하다. 〈인간들〉이 상호 의존적이라는 것은 쉽게 상상할 수 있을 것이다. 따라서 대립되는 것은 인간과 인간이 아니라 파업자와 사용자이다. (마케뉴 기자의 어휘에서 이미 본 바 있는, **시중 사람**이라 불리고 그 집단은 **민중**이라는 무구한 이름을 갖는) 사용자는 가공의 인물, 대수학적이라 할 수 있을 인물이다. 이 인물 덕분에 결과가 전염적으로 파급되는 것을 막고, 국한된 인과관계를 확고히 지킬 수 있게 되며, 결국 이 인과관계에 바탕을 두고 마음 편히 성실하게 논리를 전개할 수 있게 된다. 부르주아적 이성은 노동자의 일반 조건에서 하나의 특정 조항을 잘라내어 사회적인 순환을 끊고, 자신의 이익을 위해 바로 파업이 반박해야 할 임무가 있는 고독을 요구한다. 즉, 부르주아적 이성은 자신에게 노골적으로 관계되는 것에 반대하는 것이다. 따라서 사용자·시중 사람·납세자는 글자 그대로 **등장인물들**(personnages)이다. 즉, 대의명분의 필요성에 따라 표면적 역할이 맡겨진 연기자들이며, 그들의 임무는 부르주아 대혁명의 첫번째 이념적 원칙이었다고 알고 있는 사회 세포들의 본질주의적인 분리를 보호하는 것이다.

왜냐하면 사실상 여기에서 보수반동적 정신상태를 구성하는 하나의 특징이 발견되기 때문이다. 이 특징은 곧 집단을 개인으로, 개인을 본질로 분산시키는 것이다. 이것은 모든 부르주아 연극이 늙은이와 젊은이, 오쟁이 진 남편과 정부, 사제와 세속인을 갈등관계에 두면서 심리적 인간으로부터 만들어 내는 것인데, 《피가로》지의 독자들 역시 사회적 존재를 통해 그것을 만들어 낸다. 즉, 파업자와 사용자를 대립시키는 것은, 세계를 연극으로 세우고 총체적 인간으로부터 하나의 개별적 연기자를 추출하여, 부분이란 전체의 완벽한 축소일 뿐이라고 믿는 척하는 상징 체계의 거짓말 속에서 이 임의적인 연기자들을 대립시키는 것이다.

이것은 사회적 무질서를 가능한 한 형식화하려는 일반적인 속임수 기술의 성격을 띤다. 예를 들어 부르주아 계급은 파업시 누가 옳고 누가 그른지에 대해서는 상관하지 않는다고 말한다. 즉, 그들에게 상관이 있는 것만을 좀더 잘 분간하려고 결과들을 서로 분리시켰으면서도 대의명분에는 관심이 없다고 주장한다. 다시 말해 파업은 그 파렴치함을 더 잘 내보이려고 설명을 소홀히 하는 하나의 현상, 하나의 별개의 작은 사건으로 축소된다. 이와 마찬가지로 공공기관의 근로자와 공무원은 마치 봉급자로서의 그들 신분이 그들 역할의 외관 자체 속에서, 말하자면 호감을 얻고 고정되고 그리고 나서 승화되는 것처럼, 대중 근로자들과는 따로 떼어져 생각될 것이다. 이렇게 사회 조건을 타산적으로 축소시키는 것은 하나의 직접적 인과관계, 즉 부르주아 계급이 그 인과관계를 출발시키고 싶은 곳에서만 시작할 수 있는 직접적 인과관계라는 행복감을 주는 환상을 버리지 않고서도 현실을 피할 수 있게 해준다. 시민이 갑자기 사용자라는 단순한 개념으로 축소되어 버리는 것과 마찬가지로, 동원 가능한 프랑스 젊은이들이 어느날 아침 눈을 떠보니 군대의 단순한 본질로 증발되고 승화되어 버린다. 그리고 사람들은 이것을 보편 논리의 **자연스러운** 출발이라고 진정 믿는 척한다. 군대의 위상은 이처럼 새로운 인과관계의 무조건적인 근원이 되며, 그러므로 이제부터 이 인과관계를 벗어나려는 것은 기괴하게 여겨질 것이다. 따라서 이 군의 위상에 반대하는 것은 어떤 경우에도 (시민의 정치 의식인) 보편적이고 선험적인 인과관계의 결과일 수는 없으며, 단지 새로운 일련의 원인들이 시작된 이후에 생긴 사건들의 산물일 수 있다. 부르주아의 관점에서는, 어떤 군인이 출발하기를 거부한다면 마치 이 거부의 행위에는 어떤 다른 적당한 이유도 없는 것처럼, 주모자들의 행동이거나 취기에 의한 행동일 수밖에 없다. 한 위상에 대한 반대는 이 위상과 거리를 두는 의식 속에서만 노골적으로 그 뿌리와 양분을 찾을 수 있음이 명백하기 때문에, 부르주아의 이러한 신뢰는 기만적인 것만큼이나 어리석다.

본질주의의 어떤 새로운 폐해가 문제이다. 그러므로 파업이 본질과 부분의 거짓 앞에 전체의 생성과 진실을 세우는 것은 당연하다. 이 파업이 의미하는 것은, 인간은 총체적이며 인간의 모든 기능은 서로 연관되어 있으며, 사용자·납세자 혹은 군인의 역할은 사상(事象)의 전염에 대적하기에는 너무나 얄팍한 방패와도 같고, 또한 사회 속에서 모든 사람은 다른 사람과 관련되어 있다는 것이다. 부르주아 계층은 파업이 그들을 방해한다고 주장함으로써 사회적 기능들의 연관을 증명하고 있는데, 그것이 바로 파업이 보여 주려는 목표이다. 역설적인 것은 파업이 프티부르주아적 인간을 그 명백한 종속관계 아래로 밀어넣는 바로 그 순간에, 그가 자신의 고립의 **자연스러움**을 내세운 다는 것이다.

아프리카 문법

아프리카 공무의 공식적인 어휘는 우리가 흔히 짐작할 수 있는 것처럼 순전히 공리적(公理的)이다. 말하자면 의사소통의 어떤 가치도 없으며, 단지 위압적 가치만을 지닐 뿐이다. 따라서 그 어휘는 하나의 **기술체**(écriture), 즉 규범과 사실 사이에 우연한 일치를 만들고, 파렴치한 현실을 하나의 고매한 윤리로써 보장할 책임을 진 언어활동을 구성한다. 일반적으로 그것은 본질적으로 하나의 약호(code)로써 기능하는 언어활동으로, 다시 말하면 그 언어에서 단어들은 그들의 내용과 전혀 관계가 없거나 혹은 그 내용과 반대가 된다. 이것은 화장술이라 불릴 수 있는 기술체인데, 왜냐하면 그것은 언어의 소음, 혹은 언어의 충분기호를 가지고 사실들을 은폐하는 것에 목표를 두고 있기 때문이다. 나는 여기에서 어휘와 문법이 정치적으로 개입될 수 있는 방법을 간략하게 지적하려고 한다.

도당(무법자·반란자들 혹은 보통법으로 유죄 판결을 받은 자들의 도당) —— 이것은 바로 공리적 언어의 예이다. 여기에서 어휘의 의미평가절하는 정확하게 적대관계를 부인하는 데 쓰이며, 이러한 부인은 상대방이라는 개념을 소멸시키게 한다. 즉, 〈무법자들과는 협상할 여지가 없다〉는 의미를 낳는다. 이처럼 언어의 윤리화는 어휘의 임의적인 변경과 평화의 문제를 관련시킨다.

프랑스인들의 〈도당〉일 경우에는 〈도당〉을 **공동체**라는 이름하에 승화시킨다.

분열(가혹한·비통한 분열) —— 이 단어는 역사의 면책 개념을 인정하도록 돕는다. 여기에서 적대관계는 마치 갈등이 (고칠 수 있는) 악행이 아니라 본질적으로 악(惡)인 것처럼, 비극이라는 고귀한 의복 아래 감춰진다. 식민지화는 자취를 감추고 불행을 **인정**함으로써 더욱 확고히 정착되는 무기력한 비탄의 후광 속에 파묻힌다.

관용어 : 〈프랑스 공화국 정부는 모로코가 시련을 겪고 있는 가혹한 분열에 종지부를 찍기 위해 정부가 할 수 있는 모든 노력을 다하기로 결정했다〉(벤 아라파(Ben Arafa)에게 보내는 코티(Coty)의 편지).

〈……모로코 국민 스스로에 대항하여 비통하게 분열된 모로코 국민……〉(벤 아라파의 선언문).

명예를 손상시키다 —— 민족학에서, 적어도 클로드 레비 스트로스의 매우 훌륭한 가정에 따르면, **마나**(mana)란 (우리에게 있어서는 **거시기**나 **머시기**와 약간 흡사한) 일종의 대수학적 상징이라는 것을 알고 있다. 이 상징은 〈의미작용의 결정되지 않은 가치, 그 자체로는 의미가 비어 있는 가치, 그래서 어떤 의미라도 수용할 수 있으며 기표와 기의 사이의 틈을 메워 주는 것이 유일한 기능인 어떤 가치〉를 표현할 임무를 맡고 있다. **명예**, 이것은 정확히 우리의 **마나**이다. 그것은 고백할 수 없는 의미를 전부 모아놓은, 터부처럼 신성시하는 하나의 빈자리와도 같은 것이다. 그러므로 명예란 **거시기** 혹은 **머시기**의 고매한, 즉 마술적인 등가의 표현이다.

관용어 : 〈이 사람들이 프랑스에서 회교도인들의 대표자들로 간주될 수 있으리라고 생각하게 내버려 두는 것은 이들 회교도인들의 명예를 손상시키는 일일 것이다. 그것은 마찬가지로 프랑스의 명예를 손상시키는 일일 것이다〉(내무부 공식 성명).

운명 —— 부르주아 어휘가 운명이라는 단어를 가장 많이 사용하는 경우는, 역사가 스스로의 자유를 또 한번 증명하여 식민지 국민들이 그들 조건의 숙명성을 부정하기 시작하는 바로 그때이다. 명예와 마찬가지로 운명도 식민지화의 가장 불길한 결정론들을 우아하게 모아 두는 하나의 **마나**이다. 운명이란 부르주아 계층에게는 역사의 **거시기**이거나 **머시기**이다.

물론 운명은 **연결된** 형태로만 존재한다. 알제리를 프랑스에 굴복시킨 것은 군의 정복이 아니다. 그것은 두 나라의 운명을 하나로 맺게 한 신의 섭리에 의해 행해진 결합이다. 이 결합관계는 감추어질 수 없는 폭발과 함께 그것이 붕괴되는 바로 그 순간 파기될 수 없다고 선언된다.

관용어 : 〈우리로서는 그들의 운명이 우리의 운명과 연결된 민족들에게 자발적인 제휴를 통해 진정한 독립을 줄 생각이다〉(국제연합에서 피네(Pinay)).

신 —— 프랑스 정부의 승화된 형태.

관용어 : 〈……전능한 신이 최고 책임을 행하도록 우리를 지명했을 때……〉(벤 아라파의 선언).

〈……폐하께서는 항시 스스로 모범을 보여 주시는 최고의 위엄과 헌신으로……이처럼 천상의 신의 의지에 따르시기를 원하십니다〉(정부에 의해 해임당한 벤 아라파에게 보내는 코티의 편지).

전쟁 —— 목표는 사태를 부인하는 데 있다. 이것을 위해서는 두 가지 방법이 사용된다. (가장 흔한 방식으로) 가능한 한 그 사건에다 이름을 붙이지 않는 것이며, 혹은 (부르주아 언어의 거의 모든 속임수에 바탕이 되는 좀더 우회적인 방식으로) 사건에 그것의 반대 의미를 주는 것이다. 그 경우 **전쟁**은 **평화**의 의미로, **평화 회복**은 **전쟁**의 의미로 사용된다.

관용어 : 〈전쟁은 평화 회복의 조치들을 방해하지 않는다〉(몽사베르 장군). (공식적인) 평화가 다행히도 (실제) 전쟁을 방해하지는 않는다는 것으로 이해하라.

　　임무 —— 이것은 세번째 **마나**이다. 원하는 모든 것을 이 단어에 넣을 수 있다. 즉, 학교·전기·코카콜라·경찰 작전·수색·사형·포로 수용소·자유·문명 그리고 프랑스의 〈존재〉.

　　관용어 : 〈하지만 여러분은 프랑스가 아프리카에서 프랑스만이 완수할 수 있는 임무를 가지고 있음을 알고 있습니다〉(국제연합에서 피네).

　　정치 —— 정치는 제한된 분야를 배당받게 된다. 한편에는 프랑스가 있고, 그의 다른 편에는 정치가 있다. 북아프리카 사태는 그것이 프랑스와 관련되어 있을 때는 정치의 분야가 아니다. 사태가 심각해지면 국가를 위해 정치를 떠나는 척하자. 우익 사람들에게 있어서 정치란 곧 좌익이다. 즉, 그들이 바로 프랑스인 것이다.

　　관용어 : 〈프랑스 사회와 프랑스의 미덕을 보호하고 싶어하는 것, 그것은 정치를 하는 것이 아니다〉(트리콩 뒤누아 장군).

　　정치란 단어는 **양심**이란 단어와 반대되면서도 연결된 의미에서(**양심의 정치**) 완곡한 표현이 된다. 이때 정치란 정신적 현실의 실천적 의미, 한 그리스도교인이 아프리카의 〈평화를 회복하러〉 유유히 떠나도록 해주는 뉘앙스의 취향을 뜻한다.

　　관용어 : 〈……유사한 상황에 처하지 않을 자신이 있기 때문에 아프리카 주둔 군대에서 복무하기를 **우선** 거부하는 것(비인간적인 명령을 반박하는 것), 이런 추상적인 **톨스토이주의**는 양심의 정치와 혼동될 수 없다. 왜냐하면 그것은 전혀 정치가 아니기 때문이다〉(《지적인 삶》에 실린 도미니쿠스회의 사설).

　　민중 —— 이것은 부르주아 어휘가 각별히 좋아하는 단어이다. 이 단어는 너무 노골적이고 게다가 〈현실성이 결여된〉 단어로, **계급**이라는 말의 대응책으로 쓰인다. **민중**은 정치적으로 무의식적인 존재(사용자와 일반인 참조)의 수준에서만 부르주아 신전에 낄 권리가 있는, 중립적이고 수동적인 집단 속으로 개개인을 밀어넣음으로써, 다수의 그룹과 소수 집단을 비정치화시키는 책임을 맡는다. 이 단어는 일반적으로 복수형에 의해 고상해진다. 즉, **여러 회교도 민중들**, 이 말은 프랑스가 본질적으로 다양하고 다수인 것을 프랑스하에 **집합**시킴으로써, 본국의 단일성과 식민지의 복수 체제 사이에서 보이는 성숙도의 차이를 틀림없이 암시하고 있다.

경시적 평가를 내려야 할 때(전쟁은 때로 이런 치사한 짓을 강요한다), 사람들은 기꺼이 민중을 **분자들**(éléments)로 세분한다. 분자들은 일반적으로 광신적이거나 조종당한다(왜냐하면 물론 광신이나 무의식만이 식민지의 위상에서 벗어나고 싶어하도록 종용할 수 있기 때문이다).

관용어 : 몇몇 상황에서 반란자들과 합세할 수 있었던 민중의 분자들……(내무부의 공식 성명).

사회적 ── 사회적이라는 말은 언제나 **경제적**이라는 말과 한조를 이룬다. 이 쌍수는 한결같이 하나의 알리바이로 기능한다. 즉, 이 쌍수는 매번 억압적인 조작들을 알리거나 정당화하여, 이것이 그 조작들을 의미한다고 말할 수 있을 정도이다. **사회적인 것**, 이것은 본질적으로 학습의 장이다(프랑스의 개화 임무, 조금씩 완숙으로 인도되는 식민지 국민들의 교육). 반면 **경제적인 것**, 이것은 아프리카와 본국을 굳게 연결시키는, 언제나 **명확하고 상호적인 이익**이다. 이 진보주의적인 단어들은 일단 적당히 그 의미가 비워지면 멋진 굿거리장단처럼 탈 없이 기능할 수 있다.

관용어 : 〈사회·경제 분야, 사회적·경제적 정착〉.

여기에서 몇 가지 예를 든 모든 어휘들 중에서 명사가 우세한 것은, 물론 현실을 은폐하는 데 필요한 개념들을 막대하게 소비하기 때문이다. 이 언어의 훼손이 비록 일반적이고 해체의 마지막 지점에까지 진척되었다고는 하지만, 그것은 동사와 명사를 동일한 방식으로 침해하지는 않는다. 이 훼손은 동사를 파괴시키고 명사는 부풀린다. 여기서 도덕의 과잉 증가는 대상도 행위도 아닌 관념과 〈개념〉에 항상 근거를 두는데, 이 〈개념〉의 집합은 하나의 의사전달의 용도보다는 굳어진 약호의 필요성에 따른다. 공식 언어의 약호화와 그것의 실사화는 이처럼 짝을 이룬다. 왜냐하면 신화란 명명작용이 의미 전환의 첫번째 방법인 한 근본적으로 명사적이기 때문이다.

동사의 경우, 그것은 흥미로운 속임수 한 가지를 겪는다. 즉, 주동사일 경우에 그 동사는 신화의 존재나 성질만 제시하도록 되어 있는 단순한 계합사(copule)의 상태로 축소되어 있다(국제연합에서 피네의 연설 ; 착각에 의한 긴장 완화가 **있을 수 있다**……그것은 생각지도 못할 **일일 것이다**……무엇이 명목상의 독립일 것인가?…… 등). 동사는 신화가 부인될 위험이 적은 먼 곳에서, 미래나 가능성 혹은 의도의 측면에서만 단지 완전한 의미론적 위상에 가까스로 이르게 된다(모로코 정부가 **세워질 것이고**……개혁을 협상하도록 **촉구될 것이다**……자유연합을 **구성하려는 목적으로** 프랑스가 착수한 노력…… 등).

문장 속에서 실사는 자신들의 용어에 엄격함도 유머도 빠뜨리지 않는, 두 명의 뛰어난 문법학자인 다무레트와 피송이 **기지(旣知)의 토대**(assiette notoire)[1]라고 부른 것을 매우 일반적으로 요구한다. 이 **기지의 토대**란, 명사의 실질은 언제나 이미 알고 있는 것으로서 우리에게 제시된다는 것을 의미한다. 여기에서 우리는 신화 형성의 한가운데에 있다. 즉, 우리가 프랑스의 **임무**, 모로코 국민의 **분열**, 혹은 알제리의 **운명**을 논증적으로 부인할 수 없는 것은, 그것들이 문법적으로는 (일반적으로·정관사의 사용에 의해 그들에게 주어진 성격인) 공리(公理)로서 주어졌기 때문이다(프랑스의 임무; 하지만, 자, 강요하지 마세요. 잘 아시겠지만……). 주지의 사실은 자연화(naturalisation)의 첫번째 형태이다.

나는 이미 몇 가지 복수 형태(민중들)의 매우 흔한 과장법을 지적한 바 있다. 이 과장법은 의도에 따라 과대평가하거나 과소평가한다는 것을 덧붙여 말해야겠다. 즉 **민중들**, 이것은 평화적으로 정복된 군중의 행복감을 안착시킨다. 반면 **분자적인 민족주의들**이라고 말할 경우, 이 복수형은 민족주의의 개념(敵)을 소규모 단위들의 모임으로 축소시키면서, 그것을 가능한 한 더욱 격하시키는 데 목표를 둔다. 바로 이것이 아프리카 문제에 있어 아직은 미진한 전문가인 두 문법학자가 집단 복수형과 수 복수형을 나누면서 또 예견하였던 것이다. 즉, 첫번째 표현에서 복수형은 집단의 개념을 조장하고 있고, 두번째 표현에서는 분리의 개념을 암시한다. 이처럼 문법은 신화의 방향을 바꾼다. 즉, 복수 형태들은 문법에 의해 서로 다른 도덕적 임무를 맡게 된다.

형용사(혹은 부사)는 흔히 묘하게 애매모호한 역할을 한다. 이 역할은 한 가지 불안감, 즉 사용되는 실사들이 그들의 알려진 특성에도 불구하고 완전히는 감출 수 없는 훼손의 흔적을 지니고 있다는 생각에서 나타나는 것 같다. 그래서 이로부터 실사들의 힘을 북돋워 줄

---

1) 다무레트와 피숑의 공저 《불어문법론》(1911-1927; Ed. d'Artrey)에서 개진한 개념.

필요성이 생기게 된다. 독립은 **사실적이** 되고 염원은 **진정한 것이** 되며 운명들은 **뗄 수 없게** 연결된다. 여기에서 형용사는 명사의 명예를 그가 과거에 만든 실망들로부터 회복시키고, 이 명사를 순수하며 믿음이 가는 새로운 상태에서 제시하려는 데 목표를 둔다. 형용사는 마치 완전동사의 경우에서처럼 담론에 미래의 가치를 부여한다. 과거와 현재는 그 속에서는 사고(思考)가 증거를 필요로 하지 않는 커다란 개념들(임무·독립·우애·협력 등), 실사들의 문제이다. 행위와 술어는 반박의 여지가 없도록 종극목적, 약속 혹은 포기 등 비현실의 어떤 형태 뒤로 은신해야만 한다.

불행히도 원기를 회복시켜 주는 이 형용사들은 그것들을 사용할 때와 거의 마찬가지로 빠르게 쇠퇴한다. 따라서 신화의 과잉증가를 가장 확실히 지적해 주는 것은 결국 신화의 형용사적 활성화이다. **실제의·진실한·파기할 수 없는** 혹은 **만장일치의** 등의 형용사를 읽는 것으로도, 거기에서 충분히 수사학의 허점을 느낄 수 있다. 왜냐하면 결국 이 형용사들은 그들이 동반하는 명사의 실질을 어떤 양태적 형태하에서 발전시키기 때문에 본질적이라 불릴 수 있을 테지만, 이 형용사들은 사실상 어떤 것도 변화시킬 수 없기 때문이다. 즉, 독립이란 독립적인, 우애는 우애로운, 협력은 만장일치 이외의 어떤 것도 아니라는 것이다. 이 허약한 형용사들은 그들 노력의 무력함 때문에 언어의 막바지에 다다른 건강상태를 여기에서 보여 주게 된다. 공식적 수사학이 현실의 위장들을 쌓아올려야 소용없다. 단어들이 수사학에 저항하고, 수사학으로 하여금 신화 밑에 있는 거짓과 진실의 양자택일을 밝히도록 강요하는 순간이 있다. 즉, 독립은 있거나 혹은 없다. 허상(虛像)에 존재의 특성을 주려고 노력하는 모든 형용사적 설명들은 유죄를 인정하는 서명 그 자체이다.

양비론

일간 《엑스프레스》지의 초기 간행호 중 하나에서 비판적인 태도를 표명한 (작가 미상의) 글을 읽을 수 있었는데, 그 글은 균형 잡힌 수사학의 멋진 한 부분이었다. 그 요지는, 비평이란 〈사교계 놀음도, 시청의 업무도〉 되어서는 안 된다는 것이었다. 말하자면 비평은 보수반동적이어도 안 되고, 공산주의적이어도 안 되며, 무상적이어도, 또한 정치적이어도 안 된다는 것이다.

거기에서 문제가 되는 것은, 우리가 이미 여러 차례 대했던 이 계수광(計數狂)에 대부분 속하는 이중배제구조로, 나는 대략 이것을 프티부르주아적 특성이라 규정할 수 있다고 생각했다. 사람들은 자기 자신이 무게를 판단하는 저울대로서, 이상적이고 그래서 **공정**하기까지 한 정신성을 타고난, 평가할 수 없는 심판자로 나타나기 위해 천칭으로 방법들을 계산하고, 마음대로 천칭 접시 위에 그 방법들을 쌓아놓는다.

이런 회계 사무에 불가피한 결함은 사용된 어휘들의 도덕성으로 인해 만들어진다. 낡은 테러 방식에 따라(테러를 마음대로 피할 수는 없다) 사람들은 이름을 붙이는 동시에 판단하며, 그래서 사전 죄책감으로 가득 채워진 단어는 아주 당연히 천칭 접시 중 하나에서 무게를 달게 된다. 예를 들어 **문화**와 **이념**이 대립될 것이다. 문화는 사회의 선입견들 밖에 위치한 고매하며 보편적인 자산이다. 그래서 문화는 무게가 나가지 않는다. 한편 이념들은 당파색에 젖은 발명품이다.

따라서 천칭 위로 보내야 한다! 사람들은 (문화도 어쨌든 결국 하나의 이념이라는 것을 깨닫지 못한 채) 문화의 엄격한 시선 아래서 어느 편의 이념도 지지하지 않는다. 마치 한편에는 비열한 천칭 게임을 부추기는 역할을 맡은 무겁고 결함 있는 단어들(**이념, 교리, 투사** 등)이 있고, 다른 한편에는 가볍고, 순수하고, 비물질적이며, 신권(神權)으로 고매한, 그리고 천박한 수(數) 법칙에서 벗어날 정도로 숭고한 단어들(**모험, 열정, 위대함, 미덕, 명예** 등), 거짓말들의 서글픈 산출을 초월한 단어들이 있는 것처럼 모든 일이 진행된다. 두번째 단어 그룹은 첫번째 그룹을 교화할 임무가 있다. 범죄의 단어들이 있는가 하면 응징의 단어들도 있다. 물론 제3정당의 이 멋진 윤리는 복잡성이라는 이름으로 폭로하려 했던 이분법과 마찬가지로 단순화된 또 하나의 새로운 이분법에 이르고 만다. 사실 그렇다. 우리 세계가 교체될 수도 있다. 하지만 이것은 재판 없는 분열임을 명심하자. 판사들도 구제될 수 없기 때문이다. 여하튼 그들 또한 어느 편 주장에든 속해 있으니 말이다.

게다가 이 **양비론적 비평**이 어느 편에 위치하는지 알기 위해서는 어떤 다른 신화들이 이 비평에 영향을 미쳤는지를 살피는 것으로 충분하다. (〈모든 시대의 예술〉인) 영원한 〈문화〉에 호소하는 성향에 내재해 있는 초시간성 신화에 대해 부연하지 않더라도, 나는 **양비론** 원칙에서 부르주아 신화학의 흔한 미봉책 두 가지를 또한 발견한다. 첫째는 〈선험적 판단의 거부〉로 이해되는 어떤 자유의 개념에 있다. 그런데 문학적 판단은 언제나 그 판단이 속해 있는 색조(色調)에 의해 결정되며, 또한 체계의 부재 그 자체는—특히 비판적 태도의 표명에서는—완벽히 결정된 하나의 체계에서 생기는데, 이 경우 결정된 체계란 (우리의 익명의 작가가 문화라고 말할지 모르는) 부르주아적 이데올로기의 매우 평범한 변형이다. 인간이 근본 자유를 주장하는 바로 그때에 인간의 종속성은 별로 논란의 대상이 되지 못한다고 말할 수도 있다. 우리는 누구에게라도 체계적인 어떤 결정도 없는 순수한 비평을 할 테면 해보라고 부담 없이 말할 수 있다. 즉, **양비론**들 또한 반드시 그들이 내세우는 것은 아니지만 분명 하나의 체계에 속해 있다. 인간과 역사, 선과 악, 그리고 사회 등에 대한 어떤 사전 개념 없이 문학을 판단할 수는 없다. 〈아무런 놀라움도 주지 않는〉 천박한 체계들에 반대하며 **양비론**이 훈계를 위해 개의치 않고 사용한 〈모험〉이라는 단순한 단어에서도 유전과 숙명, 그리고 인습을 보지 않는가! 모든 자유는 언제나 하나의 기존의 일관성을 복귀시키는 일로 끝나는데, 이 일관성이란 하나의 선입관일 뿐이다. 그러므로 비평의 자유, 그것은 어느 편에 속하기를 거부하는 것이 아니라(이것은 불가능하다!), 그것을 공표하느냐 하지 않느냐 하는 것이다.

문제 기사의 두번째 부르주아적 증후는, 작가의 〈문체〉를 문학의 영원한 가치인 듯이 만족해서 언급한다는 것이다. 하지만 어떤 것도, **훌륭한 글쓰기**조차도 역사의 재검토에서 벗어날 수는 없다. 문체는 완전히 연대가 정해진 하나의 비평적 가치이다. 그래서 몇몇 중요한 작가들이 고전적인 신화학의 이 마지막 보루에 도전을 했던 그 시대에 〈문체〉의 이름으로 주장한다는 것은 그 자체로써 어떤 시대착오를 증명하는 것이다. 그렇다. 한번 더 〈문체〉로 되돌아오는 것은 모험이 아니다! 《엑스프레스》지는 이후의 한 간행호에서는 좀더 사려 깊게, (〈그것은 스탕달식으로 씌었다〉라는) 스탕달[1]에게 마술적으로 호

---

1) 1783-1842년. 프랑스 소설가. 대표작으로는 《적과 흑》·《파름의 수도원》 등이 있다. 그의 간결한 문체는 겉으로 보이는 견유주의 아래 감수성을 숨기는 서정적인 주인공들을 행동 속에서 살아 움직이게 만든다.

소하는 것에 반대하는 알랭 로브그리예[2]의 적절한 항변을 출판했다. (예를 들어, 아나톨 프랑스[3]에게서처럼) 하나의 문체와 인간성의 결합이 문학의 토대가 되기에는 아마도 더 이상 충분하지 않을 것이다. 인간적이지 못한 수많은 작품 속에서 명예가 실추된 〈문체〉가 결국 **미리** 의심해 보아야 할 대상이 된 것이 아닌가 하는 의구심조차 든다. 어쨌든 문체는 한정 승인부로만 작가의 신용에 맡겨져야 할 가치이다. 물론 이것은 문학이 어떤 형식적인 기교를 떠나 존재할 수 있다는 의미는 아니다. 하지만 그 **비평**들이 그 세계의 신적 초월성이 될 그런 양분된 세계의 신봉자인 **양비론적 비평**들에도 불구하고, **훌륭한 글쓰기**의 반대가 반드시 **서투른 글쓰기**는 아니다. 어쩌면 오늘날에는 그저 **글쓰기**일지도 모른다. 문학은 힘들고 입지가 좁고, 또 죽음을 면할 수 없는 상태가 되었다. 문학이 방어하는 것은 더 이상 자신의 명예가 아니라 자신의 목숨이다. 나는 새로운 **양비론적 비평**이 한계절 뒤늦게 오는 것이 아닌가 진정 걱정스럽다.

---

2) 1922년-현재. 프랑스의 작가이자 이론가. 누보 로망 계열 소설의 대표자로, 《지우개》·《질투》·《누보 로망을 위하여》 등의 작품이 있다.
3) 1844-1924년. 역사 혹은 풍속소설 작가. 《실베스트르 보나르의 범죄》·《붉은 백합》 등의 작품이 있다.

스트립쇼

스트립쇼——적어도 파리의 스트립쇼——는 하나의 모순 위에 세워져 있다. 즉, 여자를 알몸으로 만드는 순간에 그 여자를 무성화(無性化)시키기 때문이다. 그러므로 어떤 의미에서는 공포의 공연, 혹은 오히려 〈나를 무섭게 해봐요〉라는 허세 부린 공포의 공연이 문제라고 말할 수 있겠다. 왜냐하면 여기에서 에로티시즘이란, 그 의례적인 기호들을 알림으로써 성(性)의 개념과 성의 추방을 동시에 유발하기에 충분한 일종의 달콤한 공포일 뿐인 것 같기 때문이다.

옷을 벗는 데 소요되는 시간 동안에만 관중은 관음주의자가 된다. 그러나 모든 기만적인 공연에서처럼 여기에서도 무대 장치와 소도구, 그리고 상투적 몸짓이 처음의 자극적이던 의도를 방해하게 되고, 결국 무의미 속에 그 의도를 파묻어 버린다. 즉, 악(惡)을 더 잘 방해하고 몰아내기 위해 악을 **드러내는** 것이다. 프랑스의 스트립쇼는 앞에서 **아스트라** 작전이라고 불렸던 것, 즉 대중을 악으로 가볍게 접종하여 그 이후로는 그들을 영원히 면역된 도덕적 선에 빠뜨리는 속임수의 방식으로부터 유래된 듯하다. 공연의 상황 자체가 지적하는 약간의 에로티시즘은, 예방접종이나 터부가 병과 잘못을 고착시키고 억제하는 만큼 확실히 육신을 지워 버리는, 안심시키는 의식(儀式) 속으로 사실상 흡수·동화된다.

그러므로 사람들은 스트립쇼에서 여자가 벌거벗는 시늉을 함에 따라 그 여자의 몸 위에 배열된 일련의 덮개들을 전부 보게 될 것이다.

이국 취향은 이런 거리 두기들 중 첫번째 것이다. 왜냐하면 멀리 동화나 소설의 세계로 육체를 데려가는 굳어 버린 이국 취향이 항상 문제이기 때문이다. (중국적 성격의 필수 상징인) 아편 파이프를 지닌 중국 여자, 거대한 걸련용 파이프를 물고 있는 물결치는 듯한 몸의 요부, 곤돌라와 파니에 원피스[스커트를 퍼지게 하기 위해 살대를 넣은 페티코트로 받쳐진 원피스], 그리고 세레나데 가수가 있는 베니스풍의 무대 장치, 이 모든 것은 **출발부터** 여자를 하나의 변장한 대상으로 내세우는 데 목표를 둔다. 이때 스트립쇼의 목표는 더 이상 비밀스러운 깊은 곳을 환히 내보이는 것이 아니라, 바로크적이며 인공적인 의복을 벗김으로써, 나체를 마치 여자의 **자연스러운** 의복인 것처럼 의미하는 것이다. 이것은 결국 육체의 완벽하게 정숙한 상태를 되찾는 것이다.

예외 없이 여기에 동원된 뮤직홀의 고전적 소품들 또한 매번 육체를 드러내기는커녕, 잘 알려진 의식으로 둘러싸는 안락함 속으로 그 육체를 밀어넣는다. 모피·부채·장갑·깃털·망사 스타킹, 한마디로 장신구 진열대 전체는 살아 있는 육체로 하여금 신비한 무대 장식으로 사람을 둘러싸는 사치품의 범주로 끊임없이 되돌아가게 만든다. 여기에서는 깃털로 장식하거나 장갑을 낀 여자가 뮤직홀의 고정 구성요소처럼 전시된다. 이같은 의식적인 물건들을 벗어 버리는 일은 더 이상 새로이 벗는다는 느낌을 주지 않는다. 깃털·모피 그리고 장갑은 일단 그것을 벗었을 때에도 여전히 신비로운 효과로 여자에게 스며들어, 그녀에게 화려한 껍질로 둘러싼 추억 같은 것을 만들어 준다. 왜냐하면 스트립쇼 전체는 처음에 입고 나온 의복의 성격 그 자체로 공연되는 것이 명백한 규칙이기 때문이다. 만일 당초 의복이 중국 여자의 경우나 모피를 입은 여자의 경우에서처럼 그럴 듯하지 않다면, 뒤에 이어지는 나신 그 자체도 마치 그 괴상함 때문에 인간적 이용 가치가 제거된 채, 매끄러운 아름다운 물건처럼 비현실적이고 윤기나며 폐쇄된 채로 남는다. 이것은 다이아몬드나 조가비로 가려진 성기의 심오한 의미작용으로, 바로 이것이 스트립쇼의 목표이다. 이 최종의 삼각형은 그 순수하고 기하학적인 형태에 의해, 그리고 빛나며 단단한 그 재질에 의해 순수의 검(劍)처럼 성기를 가로막는다. 그리고 여기에서 보석(寶石)은 완전하지만 불필요한 물건의 반박할 수 없는 주제이기 때문에, 마침내 여자를 광물의 세계로 밀어넣는다.

일반적 편견과는 달리 스트립쇼 내내 동반되는 무용은 전혀 에로틱한 요소가 아니다. 어쩌면 반대일 수도 있다. 약한 리듬이 섞인 율동은 여기에서 부동(不動)에 대한 공포를 내쫓는다. 그 율동은 공연이 예술이라는 보장을 받도록 해줄 뿐만 아니라(뮤직홀의 춤은 언제나 〈예술적〉이다), 특히 가장 효과적인 마지막 장벽이 된다. 의례적인 몸짓으로 이루어진 춤은 수없이 관람되어 마치 움직임으로 만들어진 신체 장식과 같이 작용한다. 춤은 나신을 감추어 주고, 불필요하지만 중요한 움직임으로 공연을 덮어 버린다. 왜냐하면 여기에서 옷 벗기란 있음직하지 않은 먼 곳으로 인도된 기생적 작용의 대열로 밀려나기 때문이다. 이처럼 우리는 전문 스트립쇼 무희들이 끊임없이 그녀들에게 옷을 입히고, 공연에서 멀어지게 하며, 자기 기술에 대한 확신 속에 고상하게 은신하는 숙련공들의 냉정한 무관심을 그녀들에게 제공하는 놀라운 안락함에 파묻히는 것을 볼 수 있다. 그녀들의 기교가 마치 옷처럼 그녀들을 감싼다.

이 모든 것, 이런 성을 내쫓는 세심한 주술은 아마추어 스트립쇼의 〈대중 경연〉에서 반대의 추론을 통해 검증될 수 있다. 거기에서 〈초보자들〉은 마술적인 무대 장치의 도움을 받지 못하거나 아니면 아주 미미한 도움을 받으면서 몇백 명의 관중들 앞에서 옷을 벗게 된다. 이것은 말할 것도 없이 공연의 에로틱한 힘을 회복시킨다. 여기에서 처음에는 중국 여자와 스페인 여자들의 수가 훨씬 적다. 깃털 장식도 모피옷도 없으며(단정한 정장과 평범한 외투만이 있을 뿐이다), 독창적인 변장도 거의 없다. 어색한 발걸음과 부족한 무용 솜씨, 끊임없이 부동자세로 되어 버리는 소녀, 그리고 특히 (속치마·원피스, 그리고 브래지어가 벗겨지지 않는 등) 〈기술적인〉 곤혹이 생겨 옷을 벗는 몸짓에 예기치 않던 중요성을 부여한다. 이때 예술은 알리바이가 되지 못하고 물건도 은신처가 되지 못하며, 여자는 연약하고 소심한 상태 속에 갇혀 버리고 만다.

하지만 **물랭루주**에서는 아마도 전형적인 프랑스풍의 또 다른 종류의 주술이 나타나는데, 게다가 이 주술은 에로티시즘을 제거하기보다는 그것을 길들이려는 목적을 갖는다. 즉, 사회자는 스트립쇼에다 안심시켜 주는 프티부르주아적 위상을 부여하려고 애쓴다. 우선 스트립쇼는 하나의 **스포츠**이다. 스트립쇼 클럽이 있어서 건전한 대회를 조직하고, 우승자들은 관을 쓰고, (육체 교양강좌에의 가입 등) 모범적인 상과 (단지 로브그리예의 《변태 성욕자》일 수도 있는) 소설 한 권, 혹은 (나일론 스타킹 한 개, 5천 프랑 등의) 실용적인 상에 의해 보상된다. 그 다음으로 스트립쇼는 **경력**(초보자·半전문인·전문인 등), 즉 영예로운 전문화 훈련과 동일시된다(스트립쇼 무희들은 숙련공들이다). 그녀들에게 노동이라는 마술적인 알리바이를, 즉 **소명 의식**을 줄 수도 있다. 즉, 어떤 여자는 〈본 궤도에〉 올랐고, 〈장래성이 보이며〉, 혹은 반대로 스트립쇼의 힘든 길에 〈첫발을 내딛게 됐다〉고 말한다. 마지막으로 특히 경쟁자들은 사회적으로 자리잡고 있다. 어떤 여자는 판매원, 어떤 여자는 비서이다(스트립쇼 클럽에는 많은 비서들이 있다).

마치 프랑스인들이 (적어도 사람들의 말에 따르자면) 미국 대중들과는 달리, 그리고 그들의 사회적 지위의 억누를 수 없는 경향에 따라, 에로티시즘을 신비한 공연이라는 알리바이보다는 주간 스포츠라는 알리바이로 보장되는 가정적 소유물로만 생각할 수 있었듯이, 스트립쇼는 관객석으로 다시 돌아와 친숙해지고 중산층화된다. 바로 이렇게 해서 스트립쇼는 프랑스에서 거국적이 되었다.

신형 시트로앵

　자동차는 오늘날 거대한 고딕 성당들과 거의 등가를 이루는 것이라고 나는 생각한다. 이는 위대한 세기적 창조라는 의미에서인데, 그 창조물은 알려지지 않은 예술가들이 열정을 다해 고안해 냈고, 그것을 완벽하게 신비한 대상으로 생각하며 제 것으로 삼는 국민 전체가 그것을 사용하는 것이 아니라 그것의 이미지를 통해 소비하고 있기 때문이다.

　신형 시트로앵은 그것이 우선 최상의 **대상**으로 나타나는 만큼 분명 하늘에서 떨어진 것이다. 그 대상이 초자연의 최고 메신저라는 사실을 잊어서는 안 된다. 즉, 우리는 그 대상에서 완벽과 동시에 근원의 부재, 폐쇄와 광택, 생명에서 물질로의 변모(물질은 생명보다 훨씬 더 신비롭다)와 한마디로 경이의 영역에 속하는 **침묵**을 동시에 쉽사리 볼 수 있다. 〈데에스〉(여신)[1]는 18세기의 네오마니(새로움을 좇는 광기)와 공상과학의 네오마니를 조장했던, 외계(外界)로부터 온 물건 하나가 가졌을 모든 특성을 지니고 있다(적어도 대중은 첫눈에 그렇다고 의견을 일치한다). 데에스(여신)는 **무엇보다** 하나의 새로운 노틸러스이다.

　바로 이 때문에 사람들은 데에스(여신)의 본체보다는 그 부품들의

---

1) 신형 시트로앵의 이름은 데 에스 19(D.S. 19)로, 이는 불어의 〈여신〉이란 의미의 단어인 데에스(Déesse)와 발음이 유사하다는 점에 바르트는 초점을 맞추고 있다.

접합부에 더 많은 흥미를 갖는다. 매끈함은 언제나 완벽함의 속성이라는 것을 우리는 알고 있다. 왜냐하면 매끈함의 반대는 기계 조립의 기술적이고 인간적인 조작을 드러내 보이기 때문이다. 예수의 긴 윗도리는, 마치 공상과학의 비행선이 연결 부위가 없는 한 조각의 금속으로 되어 있듯이 솔기의 이음새가 없었다. 데 에스 19(D.S. 19)는 비록 그 전체적인 형태가 매우 둥글게 덮여 있긴 하지만 크림이 고르게 입혀진 과자처럼 매끄럽게 만들어졌다고 주장하지는 않는다. 그럼에도 데 에스 19 부품들의 열장이음은 대중을 가장 흥미롭게 한다. 그들은 유리창의 가장자리 연결 부분을 미친 듯이 만져보고, 뒷창문을 니켈로 된 가장자리와 연결시키는 넓은 고무테 안을 손으로 훑어본다. 마치 땜질된 요소들의 세계가 단지 그 신비스런 형태 덕분에 오래 지탱하는 병렬된 요소들의 세계로 변모되듯이, 데 에스에는 기계 조립의 새로운 현상학의 실마리가 보인다. 물론 이것은 좀더 용이한 자연의 개념으로 인도하게 되어 있다.

재질 그 자체를 보자면, 확실히 재질은 마술적 의미에서 가벼움의 취향을 뒷받침해 준다. 일종의 유선형으로의 복고가 있다. 하지만 그 유선형은 유행 초기의 유선형보다 덜 육중하고, 덜 날카롭고, 좀더 안정되었다는 면에서 새롭다. 여기에서 속도는 마치 영웅적 형태에서 고전적 형태로 바뀐 것처럼, 덜 공격적이며 덜 스포티한 기호에 의해 표현된다. 이러한 정신화는 유리로 된 표면의 재질과 중요성, 그리고 정교함에 나타나 있다. 데에스(여신)는 확실히 유리 기능의 증진이며, 거기에서 금속판은 단지 토대에 불과할 뿐이다. 여기에서 유리란 어두운 껍질에 뚫어놓은 통로인 창문이 아니다. 그것은 비누거품의 광도와 펼쳐진 굴곡, 그리고 광물적이라기보다 좀더 곤충학적인 실체의 단단한 얄팍함을 지닌 대기와 진공의 거대한 칸막이이다(게다가 화살

표 모양의 시트로앵 상징 배지는 날개 달린 배지가 되었다. 마치 이제는 추진의 세계에서 움직임의 세계로, 모터의 세계에서 유기체의 세계로 옮겨간 것 같다).

결국 인간화된 예술의 문제이다. 데에스(여신)는 자동차 신화학에서 하나의 변화를 나타낸다고 할 수도 있다. 이제까지 최고 자동차는 오히려 힘의 투사(鬪士)와 상통했다. 반면 여기에서는 좀더 정신적이고 동시에 좀더 객관적이 된다. 그리고 (속이 비어 있는 핸들처럼) 네오마니의 몇 가지 배려에도 불구하고 이제 자동차는 좀더 **가정적**이다. 즉, 우리 시대의 가사술(家事術)에서 발견되는 살림 도구의 승화에 좀더 적합하게 되어 있다. 차의 앞면은 공장의 변전실보다는 현대적 부엌의 작업대와 훨씬 비슷하며, 광택 없는 물결 모양의 금속판으로 된 얇은 밸브, 흰색 공이 달린 작은 기어 변속 레버, 아주 단순한 지시등, 니켈 도금의 세심한 배려, 이 모든 것은 움직임에 가해지는 일종의 통제를 의미한다. 이제부터 움직임이란 성능이기보다는 안락함으로 여겨진다. 분명히 속도의 연금술에서 운전의 미식 취미로 바뀌고 있다.

놀랍게도 대중은 그들에게 제안된 주제들의 새로움을 앞서 짐작했던 것 같다. 즉, (모든 언론의 캠페인이 수년 전부터 경계하고 있는) 신조어에 무엇보다 민감한 대중은 아주 신속하게 그것을 채택하여 생활화하려는 행동으로 되돌아오려고 한다(〈거기에 익숙해져야만 해〉). 그들은 이 현상의 증인격인 자동차를 전시장에서 매우 주의 깊게 주목한다. 이것은 촉각을 통한 발견의 대국면이며, 시각적인 신비가 촉각의 까다로운 공세를 맞게 될 순간이다(왜냐하면 모든 감각들 중 촉각은 가장 마술적인 시각과는 반대로 가장 속임수를 벗겨 주는 감각이기 때문이다). 사람들은 금속판과 접합 부분을 만져보고, 의자 속을 더듬고, 의자에 앉아보고, 문을 쓸어보고, 쿠션을 쓰다듬어 본다. 핸들 앞에서는 몸 전체로 운전하는 시늉을 하기도 한다. 여기에서 대상물은 완전히 매음당하고 점유된다. 일단 메트로폴리스의 하늘에서 떠난 데에스(여신)는 이런 푸닥거리 속에서 프티부르주아의 지위 향상의 움직임 자체를 완수하며, 15분 만에 지위가 격하된다.

미누 드루에를 통해서 본 문학

미누 드루에 사건은 오랫동안 경찰의 수수께끼처럼 소개되었다. 그녀인가, 그녀가 아닌가? 탐문 수사·불법 감금·필적 감정·정신공학 그리고 서류의 내적 분석 등, 경찰의 관례적인 수사 기술이 이 미스테리에 적용되었다(고문은 줄어들었지만 여전히 계속되고 있다!). 사회가 〈시(詩)의〉 수수께끼를 풀려고 이른바 사법상의 장치를 동원했다면, 짐작되듯이 그것은 시에 대한 단순한 취향 때문이 아니다. 그것은 한 시인 여자아이의 이미지가 사회를 놀라게 함과 동시에 사회에 필요한 것이기 때문이다. 즉, 이 이미지는 그것이 부르주아 예술의 중심 신화인 면책(免責)의 신화(천재·아이, 그리고 시인은 이것의 승화된 형상일 뿐이다)를 지배하는 한, 가능한 한 과학적인 방법으로 그 정당성을 인정받아야만 하는 이미지인 것이다.

경찰의 반박에 참여했던 모든 이들은(그들의 수는 매우 많다), 객관적 서류를 발견할 때까지는 유년기와 시의 어떤 규범적인 개념, 곧 그들 자신들이 갖고 있는 개념에 의지할 수밖에 없었다. 미누 드루에의 경우에 세워진 추리는 본질적으로 동어반복적이어서 어떤 논증적 가치도 없다. 만일 내가 유년기가 무엇인지 시가 무엇인지를 우선 모른다면, 내게 제출된 시구가 확실히 어린아이의 것인지를 증명할 수 없다. 그것은 소송을 제자리걸음하게 만든다. 이것은 바로 도미니시 노인의 사례에서 열렬히 행해졌던 헛된 경찰과학의 또 하나의 예이다. 즉, 이 경찰과학은 **있음직함**(vraisemblance)의 어떤 독재 위에 전적으로 바탕을 두고 하나의 순환 진실을 세우는데, 이 진실은 피고의 현실이나 문제의 현실을 조심스럽게 외면한다. 이런 종류의 모든 경찰 수사는 스스로 처음에 내세운 가설로 돌아오는 것이다. 즉, 도미니시 노인의 경우, 유죄라는 것은 검사가 자기 스스로 가지고 있는 〈심리 상태〉와 일치하는 것이었고, 마술적인 전이의 방법으로 사실상 사법관이 맡아야 될 죄인의 자리를 담당하는 것이었으며, 있음직함이란 피고가 자신의 판사들과 비슷해지기 쉬운 경향에 불과하기 때문에, 스스로 속죄의 대상이 되는 것이었다. 마찬가지로 드루에 시의 진실성에 (언론에서 그랬듯이 거세게) 의문을 제기하는 것은 유년기와 시에 대한 편견에서 출발하는 것이다. 비록 도중에 무엇을 찾게 되던 반드시 제자리로 되돌아오는 것은, 시와 그리고 동시에 어린아이의 정상상태를 상정하는 것이며, 이 정상상태에 근거하여 미누 드루에를 심판하게 될 것이다. 그리고 그것은 어떤 결정을 내리게 되던 기적인 동시에 희생자로서, 신비인 동시에 생산물로서, 결국 다시 말해서 마술적인 순수 대상으로서 우리 시대의 모든 시 신화와 모든 유년기 신화를 담당하라고 미누 드루에에게 명령하는 것이다.

게다가 바로 이 두 신화의 다양한 결합이 반응의 차이와 판단의 차이를 만든다. 여기에서 신화학적인 세 가지 세대가 제시된다. 우선 전통적으로 무질서한 시(poésie-désordre)에 반감을 갖는 시대에 뒤떨어진 몇몇 고전주의자들은 어쨌든 미누 드루에에게 유죄 판결을 내린다. 즉, 만일 그녀의 시가 진짜라면 그것은 한 여자아이의 시일 뿐이고, 따라서 그것은 〈합리적이지〉 않으므로 혐의가 있다. 만일 그것이 성인의 시라면 그것은 거짓이기 때문에 그들은 시에 유죄를 판결한다. 우리 시대와 좀더 가깝고 비합리적인 시를 접하는 것에 아주 자랑스러워하는 존경스러운 일군의 신참자들은, 유년기의 시적 능력을 (1955년에) 발견한 것에 경탄하며 오래 전부터 알고 있는 평범한 문학적 사건에 대해 〈기적〉이라고 외친다. 마지막으로, 유년기 시 (poésie-enfance)의 옛 선봉자들, 즉 신화가 아방가르드였을 때 신화의 선두에 있었던 사람들은 어떤 것도 더 이상 위압할 수 없는 과학의, 그리고 영웅적 활동의 무거운 추억에 의해 지친 회의적 시선을 미누 드루에의 시에 보낸다(『모든 아홉 살 난 아이들은 미누 드루에를 제외하고는 천재성을 지닌다』고 콕토[1]는 말한다). 네번째 세대인 오늘날의 시인들에게는 의견을 묻지 않았던 것 같다. 이 시인들은 다수의 대중에게 거의 알려지지 못했기에, 그들의 판단은 그들이 어떤 신화도 대표하지 않는 한, 어떤 논증적 가치도 갖지 못할 것이라 생각되었다. 게다가 나는 그들이 미누 드루에의 시 속에서 그들 스스로는 어떤 것도 분간해 내지 못하리라 생각한다.

그런데 미누의 시를 순진무구하다고 하든 혹은 지성에 호소한다고 하든(다시 말해 그 시를 찬양하든 혹은 의심하든), 그것은 결국 본성 자체에 의해 유년기와 성년기 사이에 놓여진 깊은 상이함 위에 시가 기반을 두고 있음을 인정하는 것이다. 그것은 어린아이를 비사회적인 존재로 상정하는 것이고, 혹은 적어도 오로지 이상적 아이로서 완벽하게 나타나기 위해 알맞은 단어의 사용을 스스로에게 금할 수 있고, 자발적으로 자기 자신에게 자신의 비판을 행할 수 있는 존재로 상정하는 것이다. 즉, 유년기의 시적 〈천재성〉을 믿는 것, 그것은 일종의 문학의 단성생식을 믿는 것이며, 다시 한번 문학을 신들의 선물이라고 상정하는 것이다. 여기에서 〈문화〉의 모든 흔적은 마치 단어들의 사용이 본성에 의해서 엄격히 규제되었듯이, 마치 어린아이가 어른

---

1) 1892-1963년. 프랑스 시인·소설가.

사회와의 계속적인 상호 영향 속에서 살고 있지 않다는 듯이 거짓으로 여겨진다. 그리고 은유·이미지·말의 기교는 마치 유년기를 순수한 자발성의 기호들로 여겨지게 만든다. 반면에 의식적이든 아니든 그것들은 매우 공들여 만들어지는 중심이며, 개인적인 성숙이 결정적인 한 부분을 차지하고 있는 어떤 〈깊이〉를 전제한다.

따라서 조사의 결과가 어떠하든 수수께끼는 별로 흥미롭지 못하다. 그것은 유년기에 대한 것도, 시에 대한 것도 밝히지 못한다. 이 신비를 끝내 흥미롭지 않게 만드는 것은 유아적이든 아니면 어른의 것이든 이 시가 완벽히 역사적인 하나의 현실을 지니고 있다는 것이다. 즉, 우리는 그 시의 시기를 정할 수 있는데, 최소한 이 시가 미누 드루에의 나이처럼 여덟 살 남짓되었다고 말할 수 있다. 사실 1914년경 이류급 시인들이 얼마간 있었는데, 우리 문학의 역사들은 가치 없는 사람들을 구분짓는 일에 매우 당혹해 하며, 그들을 일반적으로 격리된 자들, 시대에 뒤떨어진 자들, 환상주의자들, 내면파 등의 점잖은 이름으로 그룹지었다. 물론 어린 드루에를—— 혹은 그녀의 시적 재능을—— 바로 거기에, 뷔르나 프로뱅 부인·로제 알라르·트리스탕 클랭소르 등의 격조 있는 시인들 곁에 두어야만 한다. 미누 드루에의 시는 그러한 세력에 속한다. 이는 시란 곧 은유의 문제이며, 그 내용은 일종의 부르주아의 애수에 젖은 감정에 지나지 않는다는 믿음에 기반을 둔 얌전하고 설탕발림한 시이다. 이 평범한 프레시오지테[2]가 시로 간주될 수 있는 것, 그리고 늘 따라다니는 어린 시인 랭보의 이름을 이 문제에서 앞세우는 것, 그것은 순수 신화에서 기인한다. 게다

---

2) 17세기 사교계의 살롱을 중심으로 발전한 귀족문학의 세련된 재치를 의미한다. 이 경향은 특히 감정과 정신에 관련되는 말 이외의 모든 단어를 속되다 하여 배제하고, 은유와 재치 위에 성립된 일종의 약속어를 창조하였다.

가 이 시인들의 기능이 명백하기 때문에 매우 분명한 신화이다. 즉, 이들은 대중에게 시 자체가 아니라 시의 **기호들**을 제공한다. 이 기호들은 경제적이며 안심을 시켜 준다. 표면적으로는 해방적이지만 심층적으로는 신중한 내면과 〈감수성〉의 이런 기능을 한 여성이 잘 설명했다. 즉, 노아유 부인(Mme de Noailles)인데, 그녀는 (우연히도!) 당시 또 다른 〈천재〉 여자아이이며 열네 살에 죽은 사빈 시코의 시에 서문을 썼다.

따라서 진짜이건 아니건 이 시는 연대가 확정되어 있다──게다가 의미심장하게 말이다. 그렇다고 해도 오늘날 신문 홍보활동이, 그리고 몇몇 유명인사들의 보증이 책임을 진 이 시는 사회가 유년기라고, 또한 시라고 생각하는 것이 무엇인지를 바로 읽도록 해준다. 인용되고 칭송되거나, 혹은 반박된 드루에 가족의 작품들은 귀중한 신화학적 자료이다.

우선, 결국 그 끝을 결코 알 수 없는 천재의 신화가 있다. 고전주의자들은 그것이 인내의 문제라고 선언했었다. 오늘날 천재란 시간을 버는 것으로, 일반적으로 스물다섯 살에 하는 일을 여덟 살에 하는 것이다. 단순히 시간적인 양의 문제이다. 즉, 모든 사람들보다 조금 더 빨리 가는 것이 문제이다. 따라서 유년기는 천재의 특권받은 공간이 될 것이다. 파스칼 시대에는 어린 시절을 무익한 시간으로 생각했다. 그래서 거기에서 되도록 빨리 빠져나오는 것이 문제였다. 낭만주의 시대 이후에는(즉, 부르주아의 승리 이래로는), 가능한 한 오랫동안 유년기에 남는 것이 문제가 되고 있다. (시대에 뒤처질지라도) 유년기에 책임을 전가할 수 있는 모든 성인의 행동은 초시간적인 성격을 띠며 **미리** 생산을 하기 때문에 매혹적으로 나타난다. 이 시기에 대한 **가당찮은** 과대평가는, 그 시기를 마치 비공식적이며 그 자체로 폐쇄된 특별한 위상을 보유한 시기로, 말로 표현할 수 없고 전달할 수 없는 본질로 간주한다는 것을 가정하고 있다.

그런데 유년기가 하나의 기적처럼 정의되는 바로 그 순간에, 사람들은 이 기적이 성인 능력으로의 시기상조적인 접근일 뿐이라고 반박한다. 따라서 유년기의 특수성은 모호한 상태로 있게 되며, 고전세계의 모든 대상들에 영향을 끼친 바로 그 모호함에 의해 각인된다. 사르트르적 비유의 완두콩처럼, 유년기와 성년기는 서로 다르고 닫혀졌으며 상호 소통이 안 되지만, 그러나 동일한 두 시기이다. 즉, 미누 드루에의 기적은 비록 어린아이지만 성인의 시를 산출한다는 것이며, 어린아이의 본질에 시적 본질을 정착시켰다는 것이다. 여기서의 놀라움은 두 본질의 진정한 파괴 때문이 아니라(그렇다면 무척 건전할 것이다), 단순히 그 본질들의 성급한 혼합 때문이다. 이것은 (모차르트·랭보·로베르토 벤치 등) **신동**(enfant-prodige)이라는 매우 부르주아적인 개념이 잘 알려 주고 있다. 〈신동〉은 그것이 시간을 벌고, 인간의 지속시간을 귀중한 순간들의 수(數)적인 문제로 환원시키는 등 모든 자본주의 활동의 이상적 기능을 완수한다는 점에서 감탄할 만한 대상인 것이다.

물론 이 어린아이의 〈본질〉은 그것을 사용하는 사람들의 세대에 따라 서로 다른 형태를 지닌다. 즉, 〈모더니스트들〉에게 유년기란 그것의 비합리성 자체로 인해 존엄성을 갖는다(《엑스프레스》지에서 교육심리학을 모르지는 않는다). 바로 여기에서 초현실주의와의 우스꽝스런 혼동이 생긴다! 한편 무질서를 낳는 모든 근원에 대한 찬미를 거부하는 앙리오[3)]에게는, 유년기란 매혹적이고 품위 있는 것 이외의 어떤 것도 산출해서는 안 된다. 즉, 아이는 저속할 수도, 천박할 수도 없다. 이것은 여전히 모든 사회적 결정론 너머 하늘로부터 온 일종의 어린아이의 이상적 본성을 상상하는 것이다. 또한 이것은 많은 수의 아이들은 유년기의 문 앞에 남겨둔 채 부르주아 계층의 우아한 자손들의 경우에만 그렇게 인정하는 것이다. 바로 인간이 **만들어지는** 시기, 다시 말해 사회와 인위적인 것에 강렬히 젖어드는 시기, 이것이 앙리오에게는 역설적으로 〈자연스러움〉의 시기이다. 그리고 한 어린 아이가 분명 다른 아이를 죽일 수도 있는 시기(미누 드루에 사건과 동시대의 3면 기사), 이것도 언제나 앙리오에게는 명철하고 빈정거릴 줄 아는 시기가 아니라, 단지 〈진지하고〉·〈친절하고〉·〈품위 있을〉 줄 아는 시기인 것이다.

우리의 비평가들이 의견 일치를 보고 있는 것은 바로 시의 어떤 충분한 특징이다. 즉, 그들 모두에게 시란 은유의 순박한 이름인 **의외의 발견들**의 일련의 끊임없는 연속이다. 시가 〈양식에 따른 간단 명료한 표현〉으로 가득 차면 찰수록, 더욱더 성공한 것으로 간주된다. 하지만 〈그럴 듯한〉 이미지들을 만들거나, 혹은 적어도 그런 것만을 만드는 실력 없는 시인들만 있을 뿐이다. 즉, 시가 비현실의 매개수단인 만큼 어떻게 해서라도 대상을 **해석**해야만 하며, 사물들을 시화(詩化)시키기 위해서는 그들에게 그릇된 명칭이라도 주면 충분하다는 듯이 《라루스 사전》에서 은유로 넘어가야만 한다고 믿는 이들은, 순진하게도 시어(詩語)를 언어적 행운들의 부가물로 생각한다. 결과적으로 순전히 은유적인 이 시는 몰리에르가 당대에 몇 장을 만들어 놓은 일종의 시사전(詩辭典)을 바탕으로 전부 이루어진다. 그리고 시인은 마치 〈산문〉을 〈시〉로 번역해야 했던 것처럼 이 사전 속에서 자

3) 1889-1961년. 프랑스 소설가·비평가. 1919부터 《르탕》지의, 1945년부터는 《르몽드》지의 문학시평을 담당하였다.

신의 시를 길어낸다. 드루에의 시는 전념을 기울인 이런 연속적인 은유로서, 그 시의 남녀 열성 팬들은 거기에서 시의, 그들의 시의 뚜렷하고 단호한 모습을 알아보고 즐거워한다(사전보다 더 안심시키는 것은 없기 때문이다).

의외의 축적된 발견물들은 그 자체로 감탄이라는 부가물을 산출한다. 시에 대한 동의는 계속되는 모든 공백시간을 보내면서 천천히 인내를 갖고 결정된 하나의 총체적 행위가 더 이상 아니다. 그것은 성공한 언어 곡예에 보내진 황홀과 감탄, 그리고 인사말들의 축적이다. 즉, 여기에서도 가치를 세우는 것은 양(量)인 것이다. 이런 의미에서 미누 드루에의 작품은 그것이 작가들의 외로운 무기인 자의성(littéralité)에서 멀어진다는 점에서, 모든 시의 반용(反用)으로 나타난다. 하지만 바로 자의성만이 시적 은유에서 그 기교를 제거할 수 있으며, 시적 은유를 언어의 연속적인 구토에서 얻어진 진실의 섬광으로 드러낼 수 있다. (나는 시의 역사를 떠나서는 시의 본질이 있다고 믿지 않기 때문에) 현대시, 물론 뷔르나 프로뱅 부인의 시가 아니라 아폴리네르[4]의 현대시에 관해서만 말하자면, 시의 아름다움, 시의 진실은 언어의 삶과 죽음, 그리고 단어의 두께와 구문의 지루함 사이에 있는 심오한 변증법으로부터 나온다. 그런데 미누 드루에의 시는 침묵을 두려워하는 사람들처럼 끊임없이 수다를 떤다. 그 시는 분명 자의(lettre)를 몹시 싫어하며, 기교들의 축적으로 연명한다. 즉, 그 시는 삶과 신경과민을 혼동하고 있다.

그리고 바로 이런 것이 이 시에서 안심을 시켜 주고 있다. 이 시를

---

4) 1880-1918년. 프랑스 전위시 운동의 선구자 중 한 사람으로 제1차 세계대전 후 프랑스 쉬르레알리슴·모더니즘·큐비즘의 선구자이며, 모험적인 분석과 구성으로 신선한 조형을 시도하였다.

이상한 것으로 가득 채우려 해도, 이 시를 열광적인 이미지들의 전염 속에서 놀라며 받아들이는 척해도, 시의 수다스러움 자체, 의외의 발견물들의 산출량, 싸구려 풍요로움의 타산적인 이 범주, 이것은 모두 공허한 미사여구로 가득 찬 경제적인 하나의 시를 세운다. 즉, 여기에서도 부르주아 세계의 가장 귀중한 발견 중 하나인 **모조**(simili)가 지배하는데, 왜냐하면 이 발견은 상품 겉모습의 가치를 하락시키지 않고서도 돈을 벌게 해주기 때문이다. 《엑스프레스》지가 미누 드루에를 담당한 것은 우연이 아니다. 즉, 그것은 **외양**(paraître)이 세심히 계산된 세계의 이상적인 시이기 때문이다. 미누 그녀 또한 다른 사람들을 위해서 자신의 희생에도 불구하고 새로운 것을 시도한 것이다. 시의 사치에 다다르기 위해서는 단지 한 소녀라는 대가만 치르면 된다.

이 시는 물론 자체의 소설을 가지고 있다. 이 소설은 그 분야에서는 그만큼 명료하고 실용적인, 장식적이며 통상적인 언어활동일 것이고, 그 기능은 적당한 값으로 공표될 것이다. 소설적인 것의 구경할 만한 기호들을 자신의 내부에 지니고 있을 매우 〈건전한〉 소설이며, 단단한 동시에 비싸지 않은 소설이다. 예를 들자면, 1955년 아방가르드 작가들의 쇠퇴에 반하여 나온 건전한 전통의 승리처럼 소개된 공쿠르 상이 있다(스탕달·발자크·졸라가 이제 모차르트와 랭보를 대신한다). 중요한 것은 여성잡지들의 가사란과 마찬가지로 그 형태·용도·가격을 구입하기 전에 잘 알고 있으며, 그것의 어떤 면도 결코 낯선 느낌을 주지 않는 문학적 대상들이 문제되고 있다는 것이다. 만일 애초부터 미누 드루에의 시가 시로서 인정된다면, 거기에는 그녀의 시를 이상하다고 비난할 어떤 위험도 없기 때문이다. 하지만 문학은 이름 붙일 수 없는 것 앞에서만, **다른 곳**(ailleurs), 즉 그것을 찾는 언어 자체에도 낯선 그런 **다른 곳**의 지각에 직면할 경우에만 시작된다. 우리의 사회가 훌륭한 문학 속에서 비난하는 것, 그리고 엉터리 문학 속에서 쫓아 버리는 것은 바로 이 창조적 의구심이며, 이 풍요로운 죽음이다. 소설이 소설이기를, 시가 시이기를, 연극이 연극이기를 소리 높여 원하는 것, 이 불모의 동어반복은 민법에서 재산의 소유를 지배하는 파생법과 같다. 즉, 여기에서 모든 것은 결국 존재를 하나의 소유로, 대상을 하나의 사물로 환원시키는 부르주아의 그 위대한 작업에 협력한다.

그리고 나서 소녀 자신의 경우가 남는다. 하지만 사회는 위선적으로 한탄하지는 말라. 미누 드루에를 삼킨 것은 바로 사회이며, 그 아이는 바로 사회의, 오로지 사회만의 희생물이다. 세상이 명백해지기 위해서 시·천재 그리고 유년기, 한마디로 무질서가 싼값에 길들여지기 위해서 희생된 속죄물, 그리고 진짜 반항이 일어나면 신문에서 이미 그 자리를 차지하고 있다고 여겨지는 속죄의 희생물인 미누 드루에는 시적 사치병에 걸린 어른의 아이 순교자이다. 그녀는 자유를 기적으로 몰아넣는 인습적인 질서에 감금된 자 혹은 유괴된 자이다. 이 아이는 뒤편의 초라한 침대가 동전으로 가득 차 있을 때 여자 거지가 내세우는 어린아이이다. 미누 드루에를 위한 눈물 한 방울, 시를 위한 잠시의 전율로 이제 우리는 문학에서 해방되어 있다.

선거사진의 촬영 효과

　몇몇 국회의원 출마자들은 그들의 선거 팜플렛을 인물사진으로 장식한다. 이는 사진이 전환력을 가지고 있다고 가정하는 것으로, 이것을 분석해야 한다. 우선 출마자의 초상은 그와 유권자들 사이에 하나의 사적인 관계를 세운다. 출마자는 선거공약을 평가해 달라고 제시할 뿐만 아니라 신체 분위기, 형태학 속에서 표현되는 일련의 일상적 선택들, 옷차림, 그리고 자세를 제시한다. 이처럼 사진은 선거의 온정주의적 기반, 그리고 비례대표제와 (우파가 좌파보다 더 많이 사용하는 것 같은) 당의 지배에 의해 문란해진 선거의 〈대의적〉 성격을 복원시키려 한다. 사진은 언어의 생략이며, 사회적인 〈말로 표현될 수 없는〉 모든 것들의 압축이라는 점에서 사진은 반지성적 무기가 되고, 또한 〈존재 방식〉을 위해, 사회주의 윤리의 위상을 위해, (문제와 해결의 집적체인) 〈정치〉를 숨기려 한다. 이 대립은 푸자드주의(poujadisme)의 중요한 신화들 중 하나라는 것을 우리는 알고 있다(텔레비전에서 푸자드는 『나를 보세요. 여러분과 다를 바 없어요』라고 말한다).

　따라서 선거사진은 무엇보다도 어떤 깊이를 인정하는 것이고, 정치로까지 확장될 수 있는 어떤 불합리를 인정하는 것이다. 출마자의 사진을 통해 전달되는 것은 그의 선거공약이 아니라 그의 원동력, 즉 가정적·정신적, 게다가 에로틱한 모든 상황이며, 출마자 자신이 그것의 산물인 동시에 본보기이며 미끼인 이 모든 존재 양식인 것이다. 출마자들의 대부분이 자신들의 초상에서 읽어달라고 제시하는 것은 안정된 사회적 위치와 가정적·법률적·종교적 규범을 지키는 데서 드러나는 편안함이며, 일요 예배, 외국인을 싫어하는 것, 감자튀김을 곁들인 비프스테이크, 그리고 오쟁이 진 남편의 농담 등을 그 예로 들 수 있는 부르주아적 속성의 선천적 소유로서, 한마디로 이데올로기라 불리는 것이다. 물론 선거사진의 이용은 어떤 묵계를 가정하고 있다. 즉, 사진은 거울과 같아서 친숙한 것, 이미 알고 있는 것을 읽도록 제시하며, 유권자에게 확연해지고 고양된, 그리고 당당하게 전형적 상태가 된 유권자 자신의 초상을 제시한다. 게다가 바로 이러한 과대평가는 촬영 효과를 아주 정확하게 정의해 준다. 유권자는 자기 자신이 표현되고 영웅화되었다고 느끼고, 스스로를 선출하게 되고 자신이 위임할 직무를 완전한 신체적 전이를 통해 스스로 책임지게끔 된다. 즉, 그는 자신의 〈부류〉를 대표하는 것이다.

위임의 유형은 그리 다양하지 않다. 우선 안정된 사회적 위치의 유형, 즉 다혈질이며 기름진 관록(〈국민파〉 명단)과 혹은 무미건조하며 품위 있는 관록(〈프랑스 인민공화파〉 명단)의 유형이 있다. 또 다른 유형은 지식인의 유형이다(명시하건대, 이 경우 자연적인 유형이 아니라 〈의미가 부여된〉 유형이 문제가 된다. 즉, 국민연합의 위선적 지성 혹은 공산당 출마자의 〈예리한〉 지성이다). 이 두 가지 경우에서 초상은 관념과 의지, 생각과 행동의 드문 결합을 의미하고자 한다. 즉, 약간 주름 잡힌 눈꺼풀 사이로 아름다운 내적 몽상에서 힘을 얻는 듯한, 그러면서도 끊임없이 현실의 장애물에 관심을 두는 날카로운 시선을 표현한다. 이것은 마치 모범적인 출마자가 사회적 이상주의와 부르주아적 경험주의를 멋지게 결합시킨 것 같다. 마지막 유형은 분명 그의 건강과 남자다움에 의해 대중의 주목을 끄는 〈미남〉의 유형이다. 게다가 어떤 출마자들은 이 두 가지 유형의 인물을 동시에 훌륭히 해낸다. 즉, 전단 한면에는 (유니폼을 입은) 젊은 영웅이 있고, 다른 쪽 면에는 나이가 지긋한 남자, 사랑스러운 가족을 앞세운 건장한 시민이 있다. 흔히 형태학적 유형은 매우 명확한 장식들을 사용한다. 즉, (프랑스에서 사진을 찍은 모든 아이들과 마찬가지로 화려하게 치장된) 아이들로 둘러싸인 출마자, 소매를 걷어붙인 젊은 낙하산 대원, 훈장을 잔뜩 단 장교 등이 그것이다. 여기에서 사진은 조국·군대·가정·명예·전투 등 윤리적 가치들을 진실로 위협하는 것들을 구성한다.

게다가 사진의 규약 자체가 기호들로 가득 차 있다. 정면 포즈는 출마자가 탐색하는 듯한 안경을 썼을 경우에는 특히 그의 현실주의를 강조한다. 사진에서는 모든 것이 통찰력·진중함, 그리고 솔직함을 표현한다. 즉, 미래의 국회의원이 적과 방해물 그리고 〈문제거리〉에 시선을 집중하고 있는 것이다. 좀더 흔한 비스듬한 포즈는 어떤 이상적인 것의 전횡을 암시한다. 시선이 미래 속으로 고고히 사라지고 있는 그는 맞서는 것이 아니라 지배하며, 점잖게 어딘지 모를 다른 곳에 씨를 뿌리는 것이다. 거의 반 이상의 몸이 상승하고 있다. 얼굴은 그를 빨아들여 위대한 인본주의의 고장으로 치켜올려 주는 초자연적 광채를 향해 들려져 있다. 출마자는 모든 정치적 모순이 해결된, 고양된 감정의 낙원에 다다른다. 알제리의 평화와 전쟁, 사회 진보와 고용주의 이익, 〈자유로운〉 교육과 달콤한 보조금, 우익과 좌익 (언제나 〈해결되지 못한〉 대립!), 이 모든 것이 기존 질서의 은밀한 이익에 고매히 고정된, 생각에 잠긴 이 시선 속에서 평온히 공존한다.

잃어버린 대륙

영화 《잃어버린 대륙》은 이국 취향의 현재 신화를 잘 밝혀 주고 있다. 그것은 〈동양〉에 대한 훌륭한 기록영화로, 그 영화는 수염이 덥수룩한 서너 명의 이탈리아인들에 의해 말레이 제도에서 행해진, 약간은 애매한 그러나 분명히 거짓인 인종학적 탐험이라는 것을 구실로 삼고 있다. 영화는 행복감을 주며, 그 영화 속에서는 모든 것이 용이하고 순수하다. 우리의 탐험가들은 선량한 사람들로, 휴식 시간에는 마스코트인 작은 곰을 가지고 논다든가(잘 길들여진 물개 없는 극탐험 영화가 없듯이, 원숭이 없는 열대지방 기행기가 없듯이, 마스코트는 모든 탐험에 필수 불가결하다), 스파게티 접시를 우스꽝스럽게 배의 갑판에 쏟는다든가 하는 어린아이 같은 장난에 몰두해 있다. 이는 이 행복한 인종학자들이 역사적이거나 사회적인 문제들에 대해서는 거의 신경 쓰지 않는다는 것을 의미한다. 동양으로 침입하는 것도 그들에게는 본질적인 태양을 받으며 푸른 바다 위에서 하는 배의 일주에 다름 아니다. 오늘날 세계 정치의 중심이 된 이 동양은 여기에서 유행 지난 그림엽서처럼 채색되고, 매끈하고, 평평한 것으로 보인다.

면책(免責)을 끌어내는 방식이 명백하다. 즉, 세계를 채색한다는 것은 항상 세계를 부인하는 수단이다(아마도 이런 점에서 영화에서의 색의 사용에 대한 문제를 제기하기 시작해야 할 것이다). 모든 실체를 빼앗기고, 색채 속으로 밀려 들어가고, 〈영상들〉의 과잉 자체로 인해 현실성이 없어진 동양은, 영화가 동양에다 남긴 속임수 조작을 위한 준비가 되어 있다. 마스코트 곰과 우스꽝스러운 스파게티 사이에서 촬영소의 우리 인종학자들은 형식상으로는 이국적이며 실제로는 서양과 매우 유사한, 적어도 정신주의적인 서양과 매우 유사한 동양을 상정하는 데 어떤 어려움도 없을 것이다. 동양인들은 특수한 종교를 가지고 있는가? 그건 아무래도 좋다. 종교의 변이는 이상주의의 심오한 통일성에 비해 별게 아니다. 따라서 각각의 의식(儀式)은 특수한 동시에 영속적이며, 자극적인 구경거리인 동시에 유사 그리스도교적인 상징의 대열로 격상된다. 불교가 문자 그대로 그리스도교적이 아니라 해도 그것은 문제되지 않는다. 왜냐하면 불교에도 (모든 수도자 입문식의 비장한 테마인) 삭발하는 수녀들(비구니들)이 있고, 무릎 꿇고 수도원장에게 고해하는 수도사들(비구니들)이 있으며, 마지막으로 세비야에서처럼 신도들이 신상을 금으로 덮으러 오기 때문이다.[1] 사실상 여러 종교의 동일성을 가장 잘 나타내는 것은 언제나 〈형식들〉이다. 그러나 이러한 동일성이 여기에서 형식들의 가면을 벗기기는커녕, 그 형식들을 받아들여서 형식들을 모두 우월한 가톨릭 교리의 공적으로 평가한다.

잘 알다시피 통합주의는 항상 교회의 탁월한 동일화 기술 중 하나였다. 《잃어버린 대륙》이 우리에게 그 그리스도교적인 경향을 보여주는 이 동일한 동양에서, 17세기 예수회 교도들은 형식들의 그리스도교 통합 운동 속으로 더 멀리 나아간다. 즉, 그것은 결국 교황이 비난하고 만 말라바르[인도의 지방]적 의식(儀式)들이었다. 우리의 인종

---

1) 여기에서 바르트는 음악의 기만하는 능력의 훌륭한 예가 하나 있다고 설명한다. 즉, 〈불교〉의 모든 장면들은 애매한 음악적 시럽에 의해 유지되는데, 이 시럽은 미국의 연가와 동시에 그레고리오 성가와 흡사한 것이다. 이것이 (수도자적 성격의 기호인) 單聖歌이다.

학자들이 암시하는 것은 바로 이러한 〈모든 것이 유사하다〉는 것이다. 즉, 동양과 서양은 모두 같고 색상의 차이만이 있을 뿐이다. 본질은 동일하며, 그것은 신을 향한 인간의 영원한 청원이다. 오직 그리스도교만이 그 열쇠를 쥐고 있는 이 인간 본성에 비해서 지리적 성격은 사소하고 우연한 것이다. 문자 그대로 우리에게 그 기이함을 알리는 것처럼 보이는 모든 〈원시적〉 민속·전설들 자체는 다만 〈자연〉을 해설하려는 임무만을 가질 뿐이다. 즉, 의식(儀式)들, 문화적 사건들은 특별한 역사적 질서와도, 명백하게 경제적이거나 사회적인 위상과도 전혀 관계 없고, 다만 우주적 일상사(계절·폭풍우·죽음 등)의 중성적인 거대한 형식들과의 관계만 있을 뿐이다. 어부의 경우 보이는 것은 전혀 고기 잡는 방식이 아니다. 그것은 오히려 착색 석판화의 영원한 일몰에 잠긴 어부의 낭만적인 본질로, 그 어부는 자신의 기술과 수익 안에서 일정한 사회에 예속된 노동자로서 규정되는 것이 아니라, 오히려 남자는 멀리 바다의 위험에 노출되어 있고 여자는 가정에서 울며 기도한다는, 영원한 인간 조건의 테마처럼 규정되어 있다. 그것은 피난민들에게도 마찬가지로, 사람들은 우리에게 처음에 산을 내려가는 피난민들의 긴 행렬을 보여 준다. 물론 그 사람들이 누구인지 설정할 필요는 없다. 그것은 피난민들의 영원한 본질들이며, 그것을 만들어 내는 것은 동양의 〈자연〉 속에서이다.

결국 이국 취향은 여기에서 자체의 뿌리 깊은 정당화를 드러내는데, 그것은 곧 역사의 모든 상황을 부정하는 것이다. 동양의 현실에다 몇몇 토착적인 좋은 기호를 부여함으로써, 그 현실을 모든 책임 있는 내용으로부터 확실하게 면역시킨다. 가능한 가장 피상적인 얼마간의 〈상황〉이 필요한 알리바이를 제공하고, 더 심층적인 상황을 면제시켜 준다. 이방인 앞에서 기존 질서는 두 가지의 행동만을 알고 있는데,

그 두 가지 모두 훼손시키는 행동이다. 즉, 이방인을 꼭두각시 인형처럼 인식하든가 아니면 서양의 순수한 반영으로서 그의 뇌관을 제거하는 것이다. 어쨌든 중요한 것은 이방인에게서 그 역사를 제거하는 것이다. 그리하여 《잃어버린 대륙》의 〈아름다운 영상들〉은 순수할 수 없다는 사실을 알게 된다. 반둥(인도네시아 자바 섬의 중요 도시)에서 되찾았던 대륙을 **잃어버리는** 것은 순수할 수 없다.

점성술

프랑스에서 〈점성술〉에 소요되는 연간 금액은 대략 3천억 프랑에 이르는 듯 보인다. 그러므로 예를 들어 《엘르》와 같은 주간지의 금주의 운세에 눈길을 주어 볼만한 것이다. 사람들이 거기에서 기대할 수 있는 것과는 반대로, 그곳에서는 그 어떤 꿈의 세계도 발견되지 않는다. 오히려 잡지 여성 독자들의 계층인, 구체적인 한 사회 계층에 대한 엄밀하게 현실적인 묘사가 발견된다. 다시 말하면 점성술은—— 적어도 여기에서는—— 전혀 꿈으로의 출구가 아니라, 현실의 순수한 거울이고 순수한 제도이다.

운명의 주요 항목들(운세·직업운·가정운·애정운)은 근로생활의 총체적 리듬을 세밀하게 만들어 낸다. 그것의 단위는 한 주이다. 한 주 안에서 〈운세〉는 하루나 이틀을 지칭한다. 〈운세〉는 여기에서 내면성, 즉 기분에 할당된 부분이다. 운세는 지속 시간의 체험된 기호이며, 주관적 시간이 표현되고 해방되는 유일한 범주이다. 나머지에 대해서 별자리들은 일과(日課) 외에는 다른 아무것도 알지 못한다. **직업운**, 그것은 직업상의 시간표로, 사무실이나 상점에서의 한 주 6일이며, 하루 일곱 시간을 의미한다. **가정운**, 그것은 저녁 식사이고, 잠들기 전 저녁 나절의 종착점이다. **애정운**은 일을 마친 후의 만남이나 일요일의 연애사건이다. 이 〈영역들〉 사이에는 어떤 교류도 없다. 어떤 한 시간표에서 다른 시간표에 이르기까지 총체적인 소외의 개념을 암시할 수 있는 것은 아무것도 없다. 각 운세를 다루는 칸막이들은 인접해 있고, 서로 교대되지만 서로 전염되지는 않는다. 별자리들은 기존 질서의 전복을 전혀 가정하지 않으며, 사회적 위상과 고용주의 시간표를 존중하는 이 별자리들은 일상적인 매주에 영향을 미친다.

여기에서 〈노동〉이란 여사무원·타이피스트 혹은 여판매원들의 노동이다. 여성 독자를 둘러싸는 이 소집단은 거의 숙명적으로 사무실이나 상점에 있는 소집단이다. 별자리들에 의해 부과되거나 아니면 오히려 제시된 변화들은 매우 미약해서(점성술은 신중한 여성 신학자이기 때문에 자유의지를 배제하지 않는다), 그것들은 삶을 전복시키는데에는 결코 이르지 못한다. 운명의 무게는 오로지 노동 의욕, 흥분이나 편안함, 근면이나 나태, 사소한 이동, 확실하지 않은 승진, 동료와의 격하거나 복잡한 관계, 그리고 특히 피로에만 영향을 미친다. 왜냐하면 별자리들은 다분히 고집스럽고 현명하게 더 자도록, 항상 더 자도록 처방을 내리기 때문이다.

가정 그것은 환경 안에서의 기분, 적대관계 혹은 신뢰의 문제들에 의해 지배된다. 여자들의 가정이 흔히 문제되는데, 거기에서 가장 중요한 관계들은 어머니와 딸과의 관계이다. 프티부르주아의 집은, 별들이 높이 평가하는 것 같지 않은 〈먼 친척〉과 구분되는 〈가족〉의 방문과 더불어 여기에서 충실히 나타난다. 이 주위를 둘러싸는 사람들은 거의 전적으로 가족적으로 보이며, 친구에 대한 암시는 거의 없다. 프티부르주아 세계는 근본적으로 부모와 동료들로 구성되어 있고, 진정한 관계의 급변이 아닌 단지 기질과 허영에서 오는 작은 갈등만을 포함하고 있다. 사랑 그것은 애정상담란의 사랑이다. 그것은 별도의 〈영역〉으로, 감정적인 〈사건들〉의 영역이다. 그러나 상업적 거래처럼 사랑은 여기에서 〈성공적인 출발〉·〈착오〉·〈잘못된 선택〉을 체험한다. 불행은 거기에서 미미하게만 다루어질 뿐이다. 즉, 어떤 주에는 수가 좀 적은 추앙자들의 행렬, 경솔한 언행, 이유 없는 질투가 있다. 감정의 하늘은 결혼이라는 〈그토록 소망해 왔던 해결책〉 앞에서만 진정으로 환히 열린다. 그렇지만 그 결혼은 아직 더 〈구색이 갖추어져야〉 한다.

유일한 하나의 특징이 다른 한편으로 아주 구체적인 이 작은 별자리의 세계를 이상화시키는데, 그것은 거기에서 금전이 전혀 문제되지 않는다는 것이다. 점성술이 다루는 사람은 월급을 받고 산다. 월급은 월급일 뿐이고, 그것은 〈삶〉을 허용하기 때문에 아무도 그 월급에 대해 말하지 않는다. 삶은 별자리들이 예측하는 삶이라기보다는 별자리들이 묘사하는 삶이다. 미래는 거의 위험에 빠지지 않고, 예언은 가능성의 균형에 의해 항상 중화되어 있다. 실패들이 있더라도 그 실패들은 별로 중요한 것이 못 될 것이다. 침울한 얼굴들이 있다 해도 당신의 유쾌한 기질은 그 얼굴들의 주름을 펼 것이다. 성가신 관계들, 그것들 또한 필요한 것이다. 그리고 당신의 전반적 상태가 개선되어야 한다 해도 그것은 당신이 따라야 할 치료를 하고 나서일 것이고, 어쩌면 모든 치료의 부재 덕분일 것이다.

별자리들은 윤리적이고, 별자리들은 덕목에 의해 굴절되게 한다. 즉, 용기·인내·유쾌한 기질·자기 조절은 미미하게 예고된 착오 앞에서 항상 필요한 것들이다. 역설적인 것은 바로 이 순수 결정주의의 세계가 곧 성격의 자유로움에 의해 길들여진다는 것이다. 점성술은 무엇보다 의지의 학교이다. 그렇지만 점성술의 해결책이 순전한 속임수에 속하는 것일지라도, 행위의 문제들이 거기에서 적당히 넘어간다 하더라도, 점성술은 여성 독자들의 의식 앞에서 현실적인 제도로 남아 있다. 점성술은 도피의 방식이 아니라 여사무원·여판매원의 생활 상태의 현실적인 명백함이다.

그 어떤 꿈 같은 보상도 가져오는 것처럼 보이지 않는 이 단순한 묘사인 점성술이 과연 무엇에 소용될 수 있는가? 점성술은 현실을 명명함으로써 현실을 몰아내는 데 이용된다. 이러한 점에서 점성술은 현실을 객관화시키려는 작업에 몰두하는 반(半)소외의 (혹은 半해방의) 모든 시도 안에 위치한다. 그렇지만 그 점성술은 현실의 기만을 폭로하는 데까지 이르지는 못한다. 적어도 우리는 이러한 명목론적 시도들의 또 다른 경우를 잘 알고 있는데, 그것은 바로 문학이다. 문학은 그 타락된 형식들 속에서 단지 경험한 일을 명명할 뿐 더 멀리 갈 수는 없다. 점성술과 문학은 현실의 〈한발 늦은〉 제도화라는 동일한 임무를 갖고 있다. 점성술은 프티부르주아 세계의 문학이다.

부르주아 계급의 음성 예술

뛰어난 바리톤 가수인 제라르 수제에게 훈계적 평을 가하는 것은 무례한 것처럼 보이겠지만, 이 가수가 녹음했던 포레(Fauré)의 몇몇 멜로디들이 실린 레코드판은 내게 부르주아 예술의 중요 기호가 담긴 음악 신화학 전체를 잘 드러내고 있는 것처럼 보인다. 이 예술은 무엇보다도 **인상기록적**이다. 그것은 감동이 아닌 감동의 기호들을 끊임없이 부과한다. 그것이 바로 제라르 수제가 행하고 있는 것이다. 예를 들어 **지독한** 슬픔을 불러야 할 때, 그는 이 단어들의 단순한 의미론적 내용만으로는, 그 단어들을 지탱하는 악보의 5선들만으로는 만족하지 않는다. 그는 계속해서 비통한 자의 음성학을 더욱 극적으로 묘사해야 하고, 멈추었다가 이중마찰음을 터뜨리게 해야 하며, 글자들의 밀도 자체 내에서 불행을 더욱 격분시켜야 한다. 그 누구도 문제되는 것이 특히나 끔찍한 고통이라는 것을 모를 수는 없다. 불행히도 이러한 의도들의 중복법은 단어와 곡을 억누르고, 특히 음성 예술의 대상 자체인 단어와 곡의 연결부를 억눌러 약화시킨다. 문학을 포함한 다른 예술과 같이 음악에서도 마찬가지이다. 예술 표현에 있어 가장 상위의 형식은 자의적 해석(littéralité)을, 결국 어떤 대수학을 좋아한다. 모든 형식은 추상을 지향해야 한다. 알다시피 그것은 전혀 관능성에 상반되지 않는다.

그런데 그것은 바로 부르주아 예술이 거부하는 것이다. 부르주아 예술은 항상 예술의 소비자들을 순진한 바보들로 취급하여, 그들에게 작업을 자세히 설명해 주어야 하고, 의도가 충분히 파악되지 않을까 두려운 나머지 의도를 과잉 지적해 주어야 한다고 여긴다(그러나 예술 역시 모호함이며, 예술은 어떤 의미에서 예술 자체의 고유 의도와 상치된다. 특히 음악은 문자 그대로 슬픈 것도 기쁜 것도 아니다). 단어가 가진 음성학의 지나친 기복으로 단어를 강조하는 것, 크뢰즈(creuse; 속이 움푹 패인)라는 단어의 후음이 땅을 파는 곡괭이이기를 바라고 쎙(sein; 가슴)의 치음이 가슴에 파고드는 부드러움이기를 바라는 것, 그것은 묘사가 아닌 의도의 자의적 해석을 실현하는 것이고, 지나친 대응관계를 설정하는 것이다. 게다가 여기에서 제라르 수제의 노래가 의존하는 통속극적 성향이 바로 부르주아 계급의 역사적 산물들 중 하나라는 것을 환기해야 한다. 알다시피 부르주아 계급에 의해 그리고 부르주아 계급을 위해 형성된 배우들인 전통적 배우들의 예술 속에서도 이런 동일한 의도의 과잉이 발견된다.

각각의 글자에 엉뚱한 중요성을 부여하는 이런 종류의 음성학적 점묘법은 종종 부조리한 것에 이르게 된다. 솔라넬(solennel)의 n의 중복에 집착하는 솔라니테(solennité; 엄숙함)는 우스꽝스러운 엄숙함이고, 과일 씨처럼 입에서 보뇌르(bonheur; 행복)를 배출하는 이러한 첫머리 강조에 의해 의미화된 보뇌르라는 것은 약간은 역겨운 행복이다. 이것은 시에 관해서 이미 이야기했던 신화학의 항구적인 특징에 연결된다. 다시 말하자면 예술을 결합된, 즉 완전히 의미를 나타내는 세부사항들의 부가물로 생각하는 것이다. 제라르 수제가 지닌 점묘법적 완벽성은 세부사항의 은유에 대한 미누 드루에의 취향과 정확히 대등하거나, 하나씩 깃털을 겹쳐서 (1910년에) 만든, 샹트클레르[1]에 나오는 가금류적인 의복과 대등한 것이다. 이러한 예술 속에는 세부사항으로 인한 위협이 존재한다. 이 세부사항은 물론 사실주의와는 정반대 위치에 있는 것이다. 왜냐하면 사실주의는 전형화, 즉 구조의 존재, 따라서 지속의 존재를 가정하기 때문이다.

이러한 분석적 예술은 특히 음악 장르에 있어 실패로 이르는데, 음악의 참다운 실체는 음성학적인 영역에서가 아니라 호흡 영역, 운율적 영역에 속하는 것이기 때문이다. 따라서 제라르 수제의 분절법은, 성악곡의 이음새 없는 면 안으로 쓸모 없는 지적(知的) 질서 체계를 주입하려는 책임이 어설프게 맡겨진 한 단어의 지나친 표현에 의해 끊임없이 파괴된다. 여기에서 사람들은 음악 연주의 커다란 어려움에 봉착하는 듯이 보인다. 즉, 그것은 음악의 내부 영역에서 뉘앙스를 솟아오르게 하는 것, 그리고 그 뉘앙스를 순전히 지적인 기호로서 절대로 외부에서 강요하지 않는 것이다. 거기에는 음악의 감각적인 참다운 모습, 즉 표현의 부자연스러움을 참지 못하는 충분히 진실된 모습이 있다. 그러한 이유로 거장들의 노래가 꽤 자주 불만족스럽게 되는 것이다. 의미작용을 향한 가시적인 노력의 산물이며, 지나치게 구경거리적인 거장들의 **루바토**(rubato; 악절의 연주 속도를 연주자의 재량에 맡기는 리듬의 표시)는 그 안에 고유의 메시지를 조심스럽게 담고 있는 조직체를 파괴시킨다. 어떤 애호가들, 혹은 나아가 성악에 있어 팡제라나 피아노에 있어 리파티처럼, 음악 텍스트의 총체적인 의미라고 불릴 수 있는 것을 찾아낼 수 있었던 어떤 전문가들은 음악에 그 어떤 **의도**도 덧붙이지 않게 된다. 그들은 항상 조심성 없는 부르주아 예술과는 달리 각 세부사항 주위에서 쓸데없이 분주하지 않다. 그들은 음악의 즉각적으로 결정적인 재료에 신뢰를 갖고 있다.

---

1) 가금류의 의상을 입은 배우들이 등장하는 음악극. 일종의 오페레타.

플라스틱

플라스틱이 갖는 그리스 목동의 이름들(폴리스티렌·페놀-포름알데 히드·폴리비닐·폴리에틸렌)에도 불구하고, 전시회에 그 제품들을 모아놓은 플라스틱은 본질적으로 연금술적인 물질이다. 전시회 진열대 입구에서부터 관객은 이 더할 나위 없는 마술적 작용, 즉 재료의 변환과정이 완성되는 것을 보기 위해 줄을 길게 늘어선다. 통 모양과 장방형의 이상적인 기계(여정의 비밀을 내보이기에 적합한 형태)는 수많은 푸르스름한 결정체들로부터 반짝이는 골진 작은 상자들을 별 어려움 없이 빼낸다. 한편에는 텔루르의 가공하지 않은 재료가 있고, 다른 편에는 인간적인 완전한 물건이 있다. 그리고 이 두 양극 사이에는 아무것도 없다. 작업모를 쓴, 반은 신이고 반은 로봇인 한 직원에 의해 겨우 감시된 여정 외에는 다른 아무것도 없다.

그렇듯 플라스틱은 하나의 물질이라기보다는 무한한 변모의 개념 자체이며, 플라스틱의 통속적 이름이 지적하는 것처럼 가시화되어 도처에 존재한다. 게다가 바로 이런 점에서 플라스틱은 기적적인 재료이다. 기적은 항상 자연의 급작스러운 변환이다. 플라스틱에는 이런 놀라움이 스며들어 있다. 플라스틱은 물건이라기보다는 오히려 어떤 움직임의 자취이다.

이 움직임은 여기에서 거의 무한한 것으로, 원래의 결정체들을 점점 더 놀라운 수많은 물건들로 변화시키기 때문에, 결국 플라스틱은 최종 결과의 플라스틱까지도 해독해야 할 구경거리이다. 각각의 최종적인 형태(가방·솔·자동차 차체·장난감·직물·관·대야·종이) 앞에서 정신은 처음의 재료를 끊임없이 그림 수수께끼처럼 제기한다. 그것은 플라스틱의 갑작스런 변모가 완전하기 때문이다. 플라스틱의 변모는 보석들도 양동이들도 잘 만들 수 있다. 그렇기 때문에 끊임없는 놀라움이 유발되는데, 즉 재료의 증식 앞에서, 단수의 원형과 복수적인 결과 사이에서, 인간이 간파한 관계들 앞에서 인간의 꿈이 나온다. 이러한 경이는 또한 행복한 것이다. 왜냐하면 인간은 변형이 확대됨에 따라 자신의 능력을 측정하기 때문이고, 플라스틱의 여정 자체가 인간에게 자연을 따라서 매혹적으로 미끄러지는 행복감을 주기 때문이다.

그러나 이러한 성공의 대가, 그것은 움직임으로 승화된 플라스틱이 실체로서는 거의 존재하지 않는다는 것이다. 플라스틱의 구성 조직은 부정적이다. 단단하지도 않고 깊이도 없는 플라스틱은, 그 실용적인 이점에도 불구하고 중성적인 실체적 특질, 즉 내맡김의 단순한 중단을 가정하는 상태인 **내구성**에 만족해야만 한다. 중요한 실체의 시(詩)적 차원에서 플라스틱은 고무의 유출과 금속의 평평한 경도(硬度) 사이에서 방향을 잃은, 총애를 잃은 재료이다. 그것은 거품·섬유·지층이라는 광물계의 그 어떤 진정한 제품들도 완수하지 못한다. 그것은 **변질된** 실체이다. 플라스틱이 어떤 상태로 되건 플라스틱은 혼탁하고, 크림 모양의 응고된 어떤 것인 부슬부슬한 외형을 유지하고 있고, 자연의 당당한 매끈함에는 결코 도달할 수 없는 무력함을 갖고 있다. 그러나 플라스틱을 더욱 드러내 보이는 것은 그것이 만들어 내는 속이 빈 동시에 단조로운 소리이다. 플라스틱의 소리는 색채들처럼 플라스틱을 해체한다. 왜냐하면 플라스틱은 가장 화학적인 색채들만을 고정시킬 수 있는 것처럼 보이기 때문이다. 즉, 플라스틱은 오직 색의 개념을 내보일 수 있는 이름처럼 그 색들을 사용하면서 노란색·빨간색·녹색의 도발적인 상태만을 보유한다.

플라스틱의 유행은 모조품 신화 속에서 발전과정을 두드러지게 나타낸다. 잘 알다시피 **모조품**은 역사적으로 부르주아가 사용했다(의복의 초기 인공 장식품들은 자본주의의 출현에 그 기원을 둔다). 그러나 현재까지 **모조품**은 항상 과시적인 것으로 특징지어졌다. 그것은 사용의 세계가 아닌 외양으로 보여 주는 세계에 속해 있었다. 그것은 가장 진귀한 물건들, 즉 다이아몬드·비단·깃털 장식·모피·돈 등 세상의 모든 사치스런 광휘를 최소의 비용으로 재생산하려는 목적을 갖고 있다. 싸구려 플라스틱은 가정용품들이다. 그것은 범속함을 받아들인 제일 처음의 마술적인 소재이다. 그렇지만 그것은 바로 그 범속함이 플라스틱으로 하여금 존재하게 하는 당당한 이유이기 때문이다. 즉, 처음으로 인공적인 것(artifice)이 희귀한 것이 아닌 평범한 것을 겨냥한다. 그리고 동시에 자연으로부터 물려받은 기능이 변모된다. 즉, 그 기능은 더 이상 관념이 아니며, 재발견하고 모방해야 할 순수 물질이 아니다. 세상의 어떤 광맥보다 더 풍요로운 인공적 소재가 자연으로부터 물려받은 그 기능을 대체할 것이고, 형태들의 창조까지도 지배할 것이다. 호화스러운 물건은 항상 땅에 있고, 자신의 광물적 혹은 동물적 근원을, 즉 그 물건이 곧 그것의 현실태(actualité)에 불과한 자연적인 테마를 항상 귀중하게 상기시킨다. 플라스틱은 전체가 사용 속으로 삼켜졌다. 극단적인 경우에 우리는 물건들을 사용하는 쾌락을 위해 물건들을 창조할 것이다. 실체들의 위계 질서는 사라졌고 오로지 하나만이 모든 실체들을 대체한다. 즉, 세계 전체는 플라스틱화될 수 있고, 생명 자체도 마찬가지이다. 왜냐하면 대동맥을 플라스틱으로 만들기 시작한 것처럼 보이기 때문이다.

인간 대가족

파리에서 대규모의 한 사진전이 열렸는데, 그 목적은 전세계 모든 나라의 일상생활 속에서 인간이 행하는 몸짓들의 보편성을 보여 주기 위한 것이었다. 탄생·죽음·노동·지식·놀이는 어디에서든 동일한 행위들을 하게 한다. 즉, 하나의 인간 가족이 존재하는 것이다.

인간 가족(the Family of Man), 이것이 어쨌든 미국에서 건너온 이 사진전의 원래 제목이었다. 프랑스인들이 그것을 **인간 대가족**으로 번역하였다. 따라서 처음에는 행동들의 유사성에서 단순한 종(種)의 단일성을 취함으로써 동물학 분야의 표현으로 간주될 수 있었던 것이, 이곳에서는 광범위하게 도덕화되고 감상적이 되었다. 이제 우리는 곧 인간 〈공동체〉의 이 모호한 신화로 되돌려 보내지는데, 그 신화의 알리바이가 우리 인본주의의 일부에 자양분을 준다.

이 신화는 두 단계로 작용한다. 우선 인간형태학의 차이를 주장하고 이국 취향에다 더 비싼 값을 매기며, 종의 무한한 변이, 피부와 두개골, 그리고 풍습의 다양성을 표명하고 일부러 세계의 이미지를 다양화시킨다. 그리고 나서 이 다원론에서 마술을 부리듯 하나의 단일성을 이끌어 낸다. 즉, 인간은 어디서나 같은 방식으로 태어나서 일하고 웃고 죽는다. 또 이런 행위들 속에 어떤 인종학적 특성이 아직도 남아 있다 해도, 각각의 행위들 안에 동일한 〈본질〉이 있다는 것을, 또 행위들의 다양성은 형식적일 뿐이고 공통적인 모태의 존재를 부인하지 않는다는 것을 어쨌든 깨닫도록 한다. 물론 이것은 결국 인간

적 본질을 상정하는 것이며, 여기에서 우리의 사진전에 신(神)이 재
도입된다. 인간들의 다양성은 신의 능력, 신의 풍부함을 드러내고, 인
간들 몸짓의 단일성은 신의 의지를 내보인다. 그것이 바로 이 사진전
의 팜플렛에서 고백한 것으로, 앙드레 샹송[1]의 다음과 같은 글로 우
리에게 주장한다. 즉, 〈인간 조건에 대한 이 시선은 우리의 가소롭고
도 장엄한 군집에 대한 신의 관대한 시선과 어느 정도 닮았음에 틀
림없다〉는 것이다.

   정신주의적 의도는 사진전의 각 주제마다 나오는 인용구들로 강조
된다. 이 인용구들은 흔히 〈태고적〉 격언들이고, 《구약》의 시구들이다.
그 시구는 모두 영원한 지혜를, 역사에서 벗어난 단언적 명령을 정의
한다. 〈대지는 영원히 죽지 않는 어머니이다. 빵과 소금을 먹고 진리
를 말하라〉 등과 같은 것이다. 이는 여러 시대의 동일성이라는 가장
중성적 단계에서의 격언적 진실들의 군림이고 인류의 여러 시대들의
접합점이다. 바로 그곳에서는 명백히 자명한 이치가 순전히 〈시(詩)
적〉인 언어 속에서만 가치를 갖는다. 사진의 촬영 효과나 내용, 그것
을 정당화하는 담론들, 그 모든 것은 여기에서 역사의 결정적인 무게
를 제거하는 것을 목표로 한다. 우리는 동일성이라는 표면에 붙잡혀
있고, 감상적 성격 자체에 의해 인간행위들의 차후의 영역으로 침투
하지 못하고 있다. 그 차후의 영역에서만 바로 역사적인 소외는 그저
단순히 〈불공평〉이라고 우리가 부르게 될 〈차이들〉을 도입한다.

   인간 〈조건〉의 이 신화는 자연을 역사의 밑바닥에 늘 위치시키는
아주 오래 된 속임수에 근거한다. 모든 고전적 인본주의는 인간들의

---

1) 1900-83년. 프랑스 에세이스트·소설가. 인간의 자유와 그 조건을 견실한 태도로 추
   구한 작가이다.

역사를, 인간들의 제도나 인간들 피부의 외형적 다양성의 상관관계를 약간 제거함으로써(그러나 백인들에게 살해당한 어린 흑인 소년인 에메 틸의 부모에게는 **인간 대가족**에 대한 그들의 생각이 어떤 것인지 왜 묻지 않는가?) 보편적인 인간 본성의 깊은 본심에 매우 빨리 다다르게 된다는 것을 가정한다. 역으로 진보적 인본주의는 이 아주 오래된 속임수의 항들을 전도시키는 것에 대해 생각해야 하고, 자연, 자연의 〈법칙들〉, 그리고 자연의 〈한계들〉을 끊임없이 갈고 닦아서 그곳에서 역사를 발견하고, 그리고 결국 자연을 역사적인 자연 자체로 제기하는 것에 대해 생각해야만 한다.

  그런 예들이 있을까? 우리 사진전에 있는 예들 자체이다. 탄생, 그리고 죽음? 그렇다. 그것은 자연의 사실들, 보편적 사실들이다. 그러나 그 사실들에서 역사를 제거한다면 거기에 대해서는 더 이상 아무 말도 할 것이 없고, 그것에 대한 설명은 순전히 동어반복으로 된다. 사진 효과의 실패가 여기에서 명백한 듯하다. 죽음이나 탄생을 **되풀이해 말한다**는 것은 글자 그대로 아무것도 가르쳐 주지 않는다. 이 자연적 사실들이 진정한 언어에 도달하기 위해서는 자연적 사실들을 지식의 범주로 유입시켜야 하는데, 다시 말하면 자연적 사실들을 변형시킬 수 있다고 가정해야 하고, 그것들의 자연적인 상태를 우리의 인간 비평으로 확실하게 종속시켜야 한다. 왜냐하면 자연적 사실들이 매우 보편적이라 해도 그것들은 역사적 글쓰기의 기호들이기 때문이다. 물론 아이는 **항상** 태어난다. 하지만 인간적인 문제의 전체적인 규모에 있어 완전히 역사적인 그 아이의 존재 양식에 비하면 이 몸짓의 〈본질〉이 무슨 문제가 되겠는가? 아이가 쉽게 태어났는지 어렵게 태어났는지, 어머니의 고통을 야기시키는지 아닌지, 죽음의 운명이 엄습하는지 아닌지, 이런저런 형태의 미래에 도달하는지 아닌지, 이런 것들이 바로 사진전에서 말해야 하는 것이지 탄생의 영원한 서정시에 대해서가 아닌 것이다. 죽음에 대해서도 마찬가지다. 진정으로 또 한번 그것의 본질을 떠들어야만 하는가? 여전히 죽음에 우리가 그토록 대항할 수 있다는 사실을 잊을 위험을 무릅써야 하는가? 찬미해야 할 것은 〈자연스러워 보이는〉 죽음이라는 비생산적인 동일성이 아니라, 아직도 젊은, 너무나도 젊은, 이 죽음에 대항할 수 있는 힘이다.

노동, 즉 숙명성이라는 동일한 범주가 아주 명백히 문제된 것처럼, 사진전에서 죽음과 탄생에 연결되어 보편적인 커다란 사실들 속에 위치되어 있는 노동에 대해서는 무엇을 말하는가? 노동이 예로부터 내려온 사실이라 하더라도 그것은 여전히 완전히 역사적 사실로 남아 있다. 우선 식민지 노동자와 서양 노동자를 순전히 동일한 몸짓을 한다고 하여 혼동하는 것은 결코 정당하지 않을 것이라는 점에서 볼 때(구트 도르(Goutte d'or: 파리의 북아프리카인 밀집지역)의 북아프리카 노동자들에게 **인간 대가족**에 대한 그들의 생각이 어떤 것인지 물어보자), 노동의 방식・동기・목적・이득에서 명백하다. 그 다음으로 노동의 숙명성 자체에서도 명백한데, 잘 알고 있듯이 노동은 그것이 〈이득을 가져오는〉 경우에만 〈자연스러운 것〉이고, 이득의 숙명성을 변모시킴으로써 우리는 아마도 언젠가 노동의 숙명성을 변모시킬 것이다. 사진전에서 우리에게 이야기해야 할 것은 열심히 일하는 행위의 영원한 미학이 아니라, 완전히 역사화된 이 노동에 관한 것이다.

그러므로 이 모든 아담주의의 종극적인 정당화가 세계의 부동성을 〈지혜〉와 〈서정〉으로 보증하려는 것이 아닐까 나는 실로 두렵다. 그때 이 지혜와 서정은 인간의 몸짓을 그대로 보존함으로써 그것을 박제화시키는 것이다.

뮤직홀에서

극장의 시간은 어떻든간에 항상 연결되어 있다. 뮤직홀의 시간은 본래 단절되어 있다. 그것은 즉각적인 시간이다. 이것이 바로 **다채로움**(variété)의 의미이다. 즉, 무대에서의 시간은 사실의 예측(비극)이나 재검토(서사시)의 시간이 아니라, 정확하고 실제적이고 항성적인 시간, 사실 자체의 시간이다. 문자 그대로의 이 시간이 갖는 이점은 그 시간이 몸짓을 도울 수 있는 최선의 것이라는 점이다. 몸짓은 시간이 단절된 순간부터 구경거리로서 존재한다는 것이 아주 분명하기 때문이다(그것은 역사적 그림에서 잘 나타나 있는데, 그 그림에서 내가 앞에서 **누멘**이라 불렀던 인물의 놀란 몸짓이 시간의 연속을 정지시킨다). 결국 다채로움이란 단순한 오락적 기교가 아니고 하나의 (어휘의 보들레르적 의미에서) 인공(artifice)의 조건이다. 지속이라는 나약한 살 조직에서 몸짓을 이끌어 내는 것, 몸짓을 결정적인 최상의 상태에서 보여 주는 것, 그 몸짓에다 순수한 시각성을 부여하는 것, 모든 주의·주장을 그 몸짓에서 제거하는 것, 의미작용으로서가 아니라 구경거리로서 몸짓을 소진시키는 것, 이러한 것이 뮤직홀의 근본적인 미학이다. 시간으로 (다시 말하자면 감동과 동시에 이성으로) 끈적끈적 발라진 (잠수부들의) 소도구들과 (곡예사들의) 몸짓들은 순수한 인공체들처럼 빛난다. 그 순수한 인공체들은 하시시(haschich; 마약의 일종)에 의한 보들레르의 환각의 냉철한 정확성을, 시간을 포기함으로써 완벽히 정화된 모든 정신세계의 냉철한 정확성을 상기시키고 있다.

그리하여 모든 것은 뮤직홀에서 소도구와 몸짓의 진정한 격상을 준비하도록 만들어진다(현대 서양에 있어 그것은 심리적 구경거리에, 특히 연극에 반대해서만 이루어질 수 있다). 뮤직홀의 프로그램은 거의 언제나 몸짓과 재료의 접합으로 구성된다. 스케이트 타는 사람들과 번들번들한 도약판, 곡예사들의 교환되는 몸체들, 무용수들과 누워서 발로 곡예하는 사람들(고백하건대 나는 이 누워서 발로 곡예하는 사람들의 프로그램들을 대단히 좋아한다. 왜냐하면 거기에서 육체는 **부드러움으로** 표출되기 때문이다. 즉, 육체는 순수한 곡예에서처럼 딱딱하고 내동댕이쳐진 물체가 아니라 오히려 매우 짧은 동작들을 하기에 적당한 물렁하고 압축된 실체이다), 익살스런 조각가들과 다양한 색의 반죽 그림물감, 종이 · 비단 · 담배들을 먹어치우는 마술사들, 소매치기들과 손목시계 · 지갑들의 은근한 미끄러짐 등이 그렇다. 그런데 몸짓과 그 소도구는 뮤직홀(혹은 서커스)을 통해서만 무대로 접근했던 가치, 그리고 노동이라는 가치를 지닌 자연 소재들이다. 뮤직홀, 적어도 자신의 **다채로운** 영역 안에서(왜냐하면 미국의 간판 스타가 된 샹송은 또 다른 신화에 속하기 때문이다), 뮤직홀은 노동의 미학적 형태이다. 각 프로그램은 훈련으로 혹은 수고의 산물로 그곳에 등장한다. 때로 행위(광대 · 곡예사 · 무언극 배우의 행위)는 기나긴 훈련의 밤을 지샌 최종 결과로서 나타나고, 때로 노동(만화가 · 조각가 · 재담가)은 관중들 앞에서 **처음부터** 완전히 재창조된다. 어쨌든 일어나는 것은 새로운 사건이고, 이 사건은 노력의 불완전한 완벽함에 의해 구성된다. 오히려 훨씬 미묘한 인공인 노력이 그 노력의 절정에서 완벽한 수행 속으로 빠져들게 되는 거의 불가능한 그 순간에, 하지만 노력이 실패할지도 모르는 위험 부담을 완전히 배제하지는 못한 채로 그 노력이 포착된다. 뮤직홀에서 모든 것은 **거의** 획득된다. 하지만 구경거리를 구성하는 것은 바로 이 거의라는 것이고, 그것은 구경거리가 갖는 허식에도 불구하고 구경거리에 노동이라는 자신의 덕목을 남겨둔다. 따라서 뮤직홀의 구경거리가 보여 주는 것은 행위의 결과가 아니라 행위의 존재 방식이고, 그 행위의 표면상의 성공의 희박함이다. 그것이 바로 인간 역사의 모순적 상태를 가능하게 만드는 방식이다. 기예사의 몸짓 안에서 과거에 이루어진 힘든 수고로 인한 거친 근육 조직과, 마술적 하늘에서 생겨난 수월한 행위인 공중의 매끈함이 동시에 보여야 하는 것이다. 뮤직홀은 기억되고 승화된 인간의 노동이다. 위험과 노력은 그것들이 웃음과 애호 아래로 포섭되는 바로 그순간에 의미화되기 때문이다.

자연히 뮤직홀에는 노고의 울퉁불퉁한 면을 완전히 제거하고 그것의 청사진만을 남기는 심오한 요술이 필요하다. 그곳에서는 반짝이는 공들, 가벼운 막대기들, 통 모양의 가구들, 화학 실크, 바스락거리는 하얀 천, 번쩍이는 곤봉들이 군림하고 있다. 여기에서 시각적 현란함은 실체들의 명료함과 몸짓들의 연결성 안에 놓인 **용이함**을 과시한다. 때로 남자는 세워진 버팀목이고, 줄기역의 여자가 따라 미끄러져 가는 나무이다. 때로 그것은 뮤직홀 전체가 공감하는, 패배한 것이 아니라 새로운 전개에 의해 고양된 약동의, 중력의 전신 감각이다. 이 금속화된 세계에서, 옛 발생 신화들이 나타나 노동의 이러한 재현에다 매우 오래 된 자연스러운 움직임이라는 보증을 제공한다. 왜냐하면 자연은 늘 연속적인 이미지, 즉 결국 용이한 것이라는 이미지이기 때문이다.

뮤직홀의 근육적인 이런 마술은 모두 본질적으로 도시적이다. 뮤직홀이 도시적이며 갑작스런 도시 집중화의 세계에서 나온, 그리고 노동이 갖고 있는 퀘이커파적인 거대한 신화들의 세계에서 나온, 앵글로색슨적 사실이라는 것은 근거가 없는 것이 아니다. 즉, 소도구들, 금속들, 이상적인 몸짓들의 격상, 시골의 민속에서처럼 노동의 인정에 의한 것이 아니라 노동의 마술적 소멸에 의한 노동의 승화, 이 모든 것은 도시들의 인공적 성질을 띠고 있다. 도시는 틀이 잡혀지지 않은 자연의 개념을 거부하고, 공간을 단단하고 빛나는 **생산된** 사물들의 연속체로 환원하는데, 바로 그 사물들에다 기예사의 행위가 매우 인간적인 사고의 놀라운 위상을 부여한다. 즉, 노동, 특히 신화화된 노동은 행복한 물질을 만든다. 왜냐하면 놀랍게도 노동이 그 물질을 사고(思考)하는 것처럼 보이기 때문이다. 금속화되고, 던져지고, 되찾아지고, 조종되는, 몸짓과 함께 영원히 대화하는 움직임으로 매우 빛나는 사물들은 여기에서 그들 부조리의 지독한 완고함을 잃어버린다. 인공적이며 쓸모 있는 사물들은 한순간 **지루하게 하기**를 멈추기 때문이다.

춘 희

　세상 어디인지는 모르지만 《춘희》[1]는 여전히 상연되고 있다(얼마
전 파리에서도 상연되었다). 이러한 성공은 아마도 여전히 계속되고
있는 사랑의 신화학에 대해 위험을 알리는 것임에 틀림없다. 왜냐하
면 지배자 계급 앞에서의 마르그리트 고티에의 소외는 마찬가지로
계급화된 세계 안에서의 오늘날 프티부르주아 여성들의 소외와 근본
적으로 다르지 않기 때문이다.

　그런데 실제 《춘희》의 중심 신화는 사랑이 아니라 인정(Reconn-
aissance)이다. 마르그리트는 자신을 인정받기 위해 사랑한다. 이러한
이유로 그녀의 (감정적 의미라기보다 훨씬 어원학적 의미로) 열정은
전부 타인에게서 나온다. 아르망, 그는(세무서장의 아들) 고전적이고
부르주아적이며, 본질주의자적인 문화를 물려받은 사랑을 보여 주는
데, 이 사랑은 프루스트[2]가 행한 분석 속에서 연장될 것이다. 즉, 그
것은 차별적 사랑이며, 먹이를 탈취하는 지주의 사랑이다. 마치 세상
이 도둑질의 위협(질투·불화·경멸·불안·疏遠·분노 등)에 불과한
것처럼 단속적으로만, 언제나 욕구불만의 감정 속에서만 세상을 인식
하는 내면화된 사랑인 것이다. 마르그리트의 사랑은 모두 이와는 대

---

1) 알렉상드르 뒤마 피스(1824-95)의 작품으로, 소설가인 뒤마의 사생아로 태어난 그가
　사회의 불합리한 푸대접의 대상이고 희생의 표본인 창부와 화류계를 소재로 한 작품
　을 통해 부르주아 사회를 비판한 사회 풍속극이다.
2) 1871-1922년. 프랑스의 작가. 대표작으로 《잃어버린 시간을 찾아서》가 있다.

조적이다. 마르그리트는 아르망에게 **인정받는다고** 느끼는 것에 우선 감동되었고, 이어서 열정은 그녀에게 있어 이러한 인정의 영원한 요청에 불과한 것이었다. 그렇기 때문에 그녀가 아르망을 포기하면서 뒤발에게 동의하는 희생은 (온갖 미사여구에도 불구하고) 전혀 교훈적이지 않다. 그 희생은 실존적이다. 그 희생은 인정의 요청에 대한 논리적 결과, 즉 지배자들의 세계에서 인정을 받는 우위의(사랑보다 훨씬 더 우위의) 방식일 뿐이기 때문이다. 마르그리트가 자신의 희생을 감추고 희생에다 견유주의라는 가면을 씌운다면, 그것은 단지 플롯이 진정으로 문학이 되는 순간에만 그럴 수 있다. 즉, 부르주아의 인정하는 시선은 여기에서 연인의 오해 자체를 통해서 이번에는 그 차례로 마르그리트를 **인정하는** 독자에게 위임된다.

이는 줄거리를 진전시키는 오해들이(언어는 지나치게 심리적이라 할지라도) 여기에서 심리적 차원이 아니라는 것을 의미한다. 아르망과 마르그리트는 같은 사회 계층 출신이 아니며, 그들 사이에는 라신적인 비극도, 마리보식의 부자연스럽게 꾸민 언동도 문제될 수 없다. 갈등은 외부적이다. 열정 자체에 대항해 분열된 동일한 열정에 문제가 있는 것이 아니라 서로 다른 성질의 두 열정에 문제가 있는 것이다. 왜냐하면 그 열정들은 사회의 서로 다른 지위에서 비롯되기 때문이다. 부르주아적이고 독점적인 유형인 아르망의 열정은 본래 타인을 해친다. 그리고 마르그리트의 열정은 이번에는 그 차례로, 아르망의 열정에 대한 간접적인 살해를 구성하게 되는 희생을 통해서만 그녀가 인정받기 위해 하던 노력을 완수할 수 있다. 사랑의 두 이데올로기의 대립에 의해 확대되고 서로 교대된 단순한 사회적 부조화는 따라서 여기에서는 불가능한 사랑만을, (무대에서는 그 죽음이 아무리 달콤할지라도) 마르그리트의 죽음이 말하자면 그것의 대수학적인 상징인 불가능성만을 만들어 낼 수 있다.

사랑의 차이는 분명히 자각의 차이에서 비롯된다. 아르망은 사랑의 영원성과 본질 속에서 살고, 마르그리트는 자신의 소외에 대한 인식 속에서 살고, 자신 안에서만 살고 있다. 즉, 그녀는 자신을 알고 있으며, 어떤 의미에서는 스스로 고급 창녀가 **되기를 원한다.** 그녀 자신의 적응하려는 행동들 역시 완전히 인정하는 행동들이다. 마치 그녀의 희생이 그녀 자신인 창녀의 살해를 표명하는 것이 아니라 반대로 그녀 자신의 것은 하나도 잃지 않고, 과대평가된 부르주아적인 고귀한 감정을 지닌, 최상급의 창녀를 드러내는 것을 기능으로 가졌던 것처럼, 때로 그녀는 지나치게 자신의 전설을 수용해서 (공공연히 모습을 나타내면서 자신의 입장을 세우는 남색가들과 비슷한) 창녀의 삶이라는 고전적 소용돌이 속에 빠지고, 때로는 〈자연스러운〉 덕목보다는 신분상의 충실을 인정받으려는 초월의 능력을 나타낸다.

그러므로 프티부르주아적인 감상적 성격의 원형인 이런 사랑의 신화적인 내용이 구체화되는 것을 우리는 볼 수 있다. 그것은 반(半)자각, 더 정확히는 기생적인 자각(그것은 점성술의 현실에서 이미 지적했던 것과 마찬가지이다)에 의해 규정된 신화의 매우 특별한 상태이다. 마르그리트는 자신의 소외를 **알고 있다.** 다시 말하면 그녀는 현실을 소외로 본다. 하지만 그녀는 순수한 맹종의 행동들을 통해 이런 인식을 연장한다. 그녀는 지배자들이 그녀에게 바라는 인물을 연기하거나, 이같은 지배자들의 세계에 이른바 내적인 **가치**를 결합시키려고 애쓴다. 두 경우에 있어 마르그리트는 소외된 자각 외에 더 이상 다른 아무것도 아니다. 그녀는 자신이 고통받는 것을 알지만 자신의 고통에 기생하는 것 이외의 그 어떤 치료약도 생각하지 않는다. 그녀는 스스로 사물인 것을 알지만 지배자들의 박물관을 풍부하게 채우는 것 외에는 자신을 다른 용도로 생각하지 않는다. 기괴한 줄거리 구성에도 불구하고 그러한 인물은 상당히 극적인 풍부함을 지니고 있다. 물론 그 인물은 비극적이지도(마르그리트에게 가해진 숙명은 형이상학적인 것이 아니라 사회적이다), 희극적이지도(마르그리트의 행동은 그녀의 신분에서 기인하는 것이지 그녀의 본질에서 기인하는 것은 아니다), 또한 물론 혁명적이지도 않다(마르그리트는 자신의 소외에 대해 어떤 비판도 하지 않는다). 하지만 소외된 대상인, 그러나 비판의 원천인 브레히트적 인물의 위상에 도달하기 위해 그녀에게 필요한 것은 사실 아주 사소한 것이다. 그녀를 그 위상에서——돌이킬 수 없도록——멀어지게 하는 것은 바로 그녀의 긍정성이다. 결핵에 걸림으로써, 그리고 그녀의 미사여구들에 의해 〈독자의 마음을 뭉클하게〉하는 마르그리트 고티에는 독자 전체를 끈적끈적하게 바르고, 그녀의 무모한 감정을 독자에게 전달한다. 터무니없이 어리석었다면 그녀는 프티부르주아의 눈을 뜨게 했을 것이다. 멋을 내어 말하기를 좋아하고 고상한, 한마디로 〈신중한〉 그녀는 그들을 잠들게만 만들 뿐이다.

푸자드와 지식인들

푸자드에게 있어 지식인들은 누구인가? 무엇보다 〈교수들〉(소르본 대학 교수들, 용감한 교육자들, 면 소재지의 지식인들)과 전문가들(전문지식을 갖춘 고위 관리들, 폴리테크니크[1] 졸업생들, 겸임 교수들 혹은 다방면의 표절자들)이다. 애초에 지식인들에 대한 푸자드의 엄격한 태도는 단순한 세무적 원한에 근거한 것일 수 있다. 즉, 〈교수〉는 착취자이다. 그 이유는 우선 그가 봉급자이기 때문이다(〈나의 불쌍한 피에로, 너는 네가 봉급자 시절이었을 때 네 행복을 알지 못했었지〉[2]). 그 다음으로 그가 자신의 특수한 가르침을 표명하지 않기 때문이다. 전문가의 경우, 그는 가학적 인간이다. 회계감사관이 갖는 증오적 형태로 납세자를 몹시 괴롭힌다. 하지만 푸자드주의가 지체 없이 자신의 커다란 원형들을 구축하려 했기 때문에 지식인은 세무적인 범주에서 신화의 범주로 재빨리 옮겨졌다.

신화적 존재 전부가 그렇듯이 지식인은 **공기**, 다시 말하면 (그것이 별로 과학적이지 않은 정체성임에도 불구하고) **허공**이라는 실체의 일반적 테마의 특징을 갖는다. 거만한 지식인은 활공하며, 현실(분명히

---

1) 에콜폴리테크니크(École Polytechnique) : 프랑스의 종합기술학교. 원래는 파리에 있었으나 1976년에 팔레즈로 이주한 공업학교로서 프랑스 국방부의 감독을 받는다. 졸업 후 대부분 공무원이 되거나 기업에 취직한다.
2) 대부분의 인용문구들은 푸자드의 저서 《나는 투쟁을 선택했다》에 의거한다고 바르트는 밝히고 있다.

종족·시골성·지방·良識·무수한 무명인사들을 동시에 의미하는 모호한 신화인 대지)에 〈밀착하지〉 않는다. 정기적으로 지식인들을 손님으로 받는 어떤 음식점 주인은 그들을 상공 비행에서 비행기의 남성적 힘을 빼앗는 경멸적 이미지인 〈헬리콥터들〉이라고 부른다. 즉, 지식인은 현실에서 이탈하지만 공중에 머물러 있고, 제자리에서 둥글게 원을 그리며 돈다. 지식인의 상승은 소심하고, 상식의 단단한 땅에서 멀리 떨어져 있는 것과 마찬가지로 종교적인 거대한 하늘에서도 멀리 떨어져 있다. 지식인에게 부족한 것은 국가의 중심에 박혀 있는 〈뿌리〉이다. 지식인들은 이상주의자들도 현실주의자들도 아니며, 흐릿하고 〈어리석은〉 존재들이다. 그들의 정확한 고도는 아리스토파네스식의 낡은 상투어인(그때 지식인은 소크라테스였다) 구름의 고도이다. 높은 허공에 매달려 있는 지식인들은 구름으로 완전히 채워지며, 그들은 〈바람으로 울리는 북〉이다. 여기에서 모든 반(反)지성주의의 불가피한 토대가 나타나는 것을 보게 된다. 그 토대는 언어활동을 불신하고 상대방의 말 전체를 소음으로 환원시키는 행위로, 그것은 자신 안에서 보지 못하는 결점에 대한 보충적 결점을 타인에게서 폭로하는, 자신이 행한 실수의 결과를 상대방에게 전가하는, 자신의 맹목을 난해함이라고 부르고 자신의 난청을 언어적 착란이라고 부르는 프티부르주아적 논쟁들의 항구적 방식에 따르는 것이다.

〈상위의〉 정신세계의 고도는 아마도 높이와 개념에 공통된 상태인 희박하게 하는 현상의 중개로 인해 여기에서 한번 더 추상성과 동일화된다. 지식인들은 사고하는 기계들에 불과하므로(그들에게 부족한 것은 감상주의적 철학자들이 말할 것 같은 〈심정〉이 아니라, 직관에 의해 자양된 책략의 종류인 〈교활한 술책〉이다), 문제되는 것은 기계적 추상화이다. 기계적 사고방식이라는 이 테마는 당연히 그 마력을 강화하는 특이한 속성을 지니고 있다. 그 속성은 우선 냉소이며(지식인들은 푸자드 앞에서 회의적이다), 그리고 악의에 찬 언행이다. 왜냐하면 기계는 스스로의 추상성 속에서 가학적이기 때문이다. 예를 들어 리볼리 가(街)의 공무원들은 납세자들을 괴롭히는 데서 기쁨을 느끼는 〈악습에 젖은 사람들〉이다. 체제(Système)의 앞잡이들인 그들은 체제의 냉혹한 복잡성을 지니고 있는데, 이러한 종류의 빈약한 창의력, 부정적인 증식은 이미 예수회 교도들에 대해 미슐레로 하여금 큰 소리로 항의하게 만들었던 것이었다. 또한 푸자드에게 있어 폴리테크니크 졸업생들은 예수회 교도들이 옛날의 자유주의자들에게 행한 것과 거의 동일한 역할을 가지고 있다. 즉, (완곡한 표현으로 지옥을 지칭하는 **리볼리 가**의 중개에 의한) 모든 세무적 악의 원천이라는 역할이고, 예수회교 언어로 **페린데 아크 카다베르**(perinde ac cadaver), 즉 시체처럼 폴리테크니크 졸업생들이 꼼짝 않고 순종하는 체제의 건립자들의 역할이다.

과학은 푸자드에게 있어 기묘하게도 과다할 수 있다. 모든 인간적 사실, 정신적인 사실조차도 양(量)으로만 존재하므로, 모든 인간적 사실을 과다하다고 비난하기 위해서는 그 용량을 평균적 푸자드파의 능력에 비교하기만 하면 된다. 과학의 **과도함**은 바로 과학의 덕목일 것이며, 과학은 푸자드가 과학을 무용하다고 여기는 바로 그곳에서 정확히 시작할 것이다. 하지만 이러한 양화(量化)는 푸자드파 수사학에 중요한 것이다. 왜냐하면 그 양화는 징벌의 형태하에만 현실에 적용되는, 순수하고 추상적인 과학의 옹호자들인 폴리테크니크 졸업생들이라는 괴물들을 생기게 하기 때문이다.

그것은 폴리테크니크 졸업생들(과 지식인들)에 대한 푸자드의 판단이 절망적이라는 것은 아니다. 〈프랑스의 지식인〉을 〈바로잡는 것〉은 물론 가능할 것이다. 푸자드가 고통스러워하는 것은 바로 이상비대증(그러므로 그것을 수술할 수 있을 것이다)이고, 소상인의 평균적 지능의 양에 과도한 무게의 부속체를 덧붙였다는 것이다. 이 부속체는 객관화된 동시에 개념화된 과학 자체에 의해 기묘하게도 구성된다. 이 과학은 곧 식료품 상인이 정확한 계량을 얻기 위해 더하거나 덜어내는 버터의 작은 조각이나 무게 변동하는 사과처럼, 정확하게 인간에게 연결되거나 인간에게서 제거되는 중량 있는 일종의 물질이다. 폴리테크니크 졸업생이 **수학 때문에 바보가 된다는 것**, 이것은 어느 정도의 과학률을 넘으면 독극물의 질적 세계에 접근한다는 것을 의미한다. 양화의 정상적 한계를 벗어난 과학은 더 이상 과학을 **노동**으로 규정할 수 없음에 따라 신용이 떨어진다. 지식인들, 즉 폴리테크니크 졸업생과 교수들, 소르본 대학 교수와 공무원들은 아무것도 하지 않는다. 그들은 탐미주의자들이다. 그들은 시골풍의 괜찮은 술집이 아니라 **센 강 좌안의 세련된 바**에 빈번히 드나든다. 여기에서 모든 강력한 체제에 귀중한 테마인 지성과 무위(無爲)의 동일시가 나타난다. 지식인은 원래 게으름뱅이이어서 이번만은 그에게 **일을 시켜야** 할 것이고, 유해한 그 과도함 속에서만 측정되도록 한 활동을 **구체적인 노동**, 즉 푸자드주의의 측정에 적합한 노동으로 전환시켜야 할 것이다. 극단적인 경우에 구멍을 뚫거나 돌을 쌓는 노동보다 더 양적인 ── 따라서 더 이로운 ── 노동은 더 이상 있을 수 없다. 즉, 그것은 순수상태의 노동이고, 또한 그것은 모든 푸자드파 이후의 체제들이 **한가한 지식인**에게 논리적으로 마침내 남겨놓은 노동이다.

노동의 이러한 양화는 당연히 육체적 힘의 승격, 근육·가슴·팔의 승격을 가져온다. 역으로 머리는 그 생산품들이 양적인 것이 아니라 질적인 것이라는 점에서 의심스런 장소이다. 여기에서 두뇌에 가해진 일반적인 신용의 상실이 다시 발견된다(생선은 **머리부터 썩는다**고 푸자드 당에서는 흔히 말하고 있다). 두뇌의 숙명적인 실총은 **뿌리**에서 멀리 떨어져 있고, **하늘**과 가까운 몸의 제일 높은 곳에 위치하면서 중심에서 멀리 떨어져 있다는 것이다. **우위성**의 모호성 자체가 철저하게 이용된다. 하나의 우주 창조가 이루어지고, 그것은 육체·정신, 그리고 사회 사이의 막연한 유사성 위에서 끊임없이 작용한다. 몸이 머리에 대항해 싸운다는 것, 그것은 **소인배들**의 싸움, 높은 곳에 대항하는 생명력 있는 암흑의 싸움이다.

푸자드 자신은 자신의 육체적 힘의 전설을 재빨리 발전시켰다. 체육 지도교관 자격증을 소지한 퇴역한 영국 공군·럭비 선수, 이러한 경력들이 그의 **가치**를 보증한다. 우두머리는 자신의 무리들이 가입하게 되면, 특히 육체의 힘이기 때문에 측정할 수 없는 그런 힘을 그들에게 넘겨 준다. 푸자드의 첫번째 위신(그에게 가질 수 있는 상술적 신뢰의 근거를 들어보자) 그것은 그의 저항력이다(〈푸자드, 그는 악마의 화신이고 쉽게 양보할 줄 모른다〉). 그의 초기 구호들은 무엇보다 초인성과 관련된 육체적 성과들이었다(〈그는 악마의 화신이다〉). 이 강철 같은 힘은 편재성을 낳고(푸자드는 동시에 여기저기에 있다), 물질 자체를 복종시킨다(푸자드는 자신이 사용하는 모든 자동차들을 녹초가 되게 한다). 그렇지만 푸자드에게는 저항력과는 다른 가치가 있다. 그 가치는 상품으로서의 힘 위에 발휘된 일종의 육체적 **매력**으로, 오래 된 세금제도 안에서 부동산 취득자가 매각자를 억압했던 쓸데없는 물건들 중의 하나와 같다. 순전한 계산이라는 경제구조 안에서 질(質)의 남겨진 몫이며, 우두머리의 기초가 되고 푸자드의 천재적 재능처럼 보이는 〈묘책〉은 바로 그의 **목소리**이다. 물론 그의 목소리는 중앙인 동시에 근육이 발달된 장소인 육체의 특권화된 장소, 곧 흉부에서 나오는데, 이 흉부는 육체의 모든 신화학에서 특히 두뇌에 반대되는 곳이다. 그러나 정립하는 언어의 매체인 목소리는 수량의 가혹한 규율에서 벗어난다. 목소리는 일상적 물건들의 운명인 노쇠의 변전을 사치스러운 물건들의 명예로운 위험인 목소리의 유약성으로 대체한다. 그 목소리에 있어 알맞은 것은 피곤에 대한 용맹스런 경멸, 냉혹한 지구력이 아니다. 그것은 소형 분무기의 섬세한 애무이며 마이크의 부드러운 도움이다. 푸자드의 목소리는 다른 신화학에서 지식인의 두뇌에 부여된 미세하고 귀중한 가치를 양도받는다.

당연히 푸자드의 부관은 훨씬 거칠지만 덜 악마적인 동일한 관록의 특징을 갖는데, 그것은 곧 〈건장한 사람〉이다. 〈전(前) 럭비 선수이고……털이 많고 강한 팔뚝을 가지고 있는……건장한 로네는 성모 마리아의 후손 같아 보이지 않는다〉, 〈대중 속에서 키가 크고 건장하며 체격이 보기 좋은 캉탈루는, 곧은 시선을 갖고 있고 씩씩하고 솔직한 악수를 한다〉. 그 이유는 잘 알려져 있는 심신 일체에 따라서 육체적 완전함이 정신적 명료함의 토대가 되기 때문이다. 즉, 오직 강한 자만이 솔직할 수 있다. 이러한 모든 위세에 공통된 본질은 남성적 힘일 것이다. 남성적 힘의 정신적 대리물은 푸자드의 우주에서는 인정되지 않는 지성의 경쟁자인 〈기개〉이다. 이 기개는 푸자드의 우주에서 특별한 지적(知的) 덕목인 **교활성**으로 대체된다. 푸자드 당에 있어서 영웅은 공격성과 간교함을 동시에 타고난 존재이다(〈그는 꾀바른 청년이다〉). 이러한 교활은 그 교활이 아무리 지적이라 해도, 몹시 싫어하는 이성을 푸자드의 만신전 안에 재도입하지는 않는다. 프티부르주아의 신들은 **기회**가 주어질 때면 마음대로 교활을 부여하거나 다시 빼앗는다. 교활은 결국 동물의 후각에 비교할 수 있는 거의 육체적인 능력이다. 그 교활은 힘의 드문 정수이고 바람을 잡을 수 있는 아주 섬세한 능력에 불과할 뿐이다(《나는 레이더에도 걸리지 않고 걷는다》).

역으로 지식인이 비난받는 것은 육체의 실총을 통해서이다. 맹데스(Mendès)는 **초라한 옷차림을 하고 있으며, 비쉬(Vichy) 물병과 흡사하다**(물과 소화불량에 가해진 이중적 경멸). 유약하고 불필요한 머리의 비대함 속으로 피신한 지적 존재 전체는 육체적 결함 중 가장 무거운 결함인 (몰락의 육체적 대용어인) 피곤의 타격을 받는다. 노동으로 힘들기는 하나 푸자드 당원들이 항상 원기에 차 있는 것처럼, 지식인은 한가하더라도 천성적으로 피곤하다. 여기에서 종족의 개념과 같은 인간 육체의 도덕성 전체에 대한 심오한 개념에 이르게 된다. 지식인들과 푸자드 당원들은 서로 다른 종족이다.

하지만 푸자드는 언뜻 보기에 역설적인 종족의 개념을 가지고 있다. 보통 프랑스 사람은 여러 잡다한 혼합의 산물(잘 알려진 이야기로, 종족들의 도가니인 프랑스)이라는 것을 인정함으로써, 서로들 사이에서 외에는 전혀 교차되지 않는 사람들로 구성된 협소한 당파에 푸자드가 당당히 대응시키는 것은 이러한 태생의 다양성이다(예를 들어 유대인들의 말을 들어보자). 푸자드는 맹데스 프랑스를 지칭하면서 소리친다.『인종차별주의자는 너야!』이어서 주석을 단다. 〈우리 둘 중에서 더 인종차별주의자일 수 있는 자는 바로 그다. 그는 종족을 갖고 있기 때문이다〉. 푸자드는 혼합의 인종차별주의라고 부를 수 있는 것을 철저하게, 더욱이 별다른 위험 없이 실행한다. 왜냐하면 그토록 찬양된 〈혼합〉은 푸자드에 따르면 뒤퐁 가(家)·뒤랑 가·푸자드 가, 즉 같은 사람과 같은 사람을 섞을 뿐이기 때문이었다. 물론 종합적인 〈종족〉의 개념은 소중하다. 그 개념이 때로는 통합주의에 때로는 종족에 영향을 미칠 수 있기 때문이다. 처음 경우에 있어 푸자드는 모든 프랑스 자유주의의 자양분을 공급했던(미슐레 대 오귀스탱 티에리[3]·지드 대 바레스[4] 등), 옛날에는 혁명적이었던 민족이라는 낡은 관념을 마음대로 사용한다. 〈나의 선조들·켈트족들·아르베르니족들 모두는 섞여 있다. 나는 침략과 집단 이동의 도가니에서 나온 산물이다〉. 두번째 경우에서 푸자드는 근본적 인종차별 대상인 혈통을 쉽게 찾아낸다(여기에서 그것은 켈트의 혈통, 인종적 심연에 의해 **신좌파의 탐미주의자들과** 구분되는, **굳건한 브르타뉴 지방 사람인 르 펜[5]의** 혈통, 혹은 맹데스에게는 없는 골의 혈통이다). 지성의 경우에서처럼 여기에서도 가치들의 임의적 배분이 문제된다. 일련의 혈통들(뒤퐁 가·뒤랑 가·푸자드 가의 혈통)을 덧붙이는 것은 순수한 혈통만을 산출하므로, 동질의 양의 가중이라는 마음 놓이는 범주 안에 머무를 수 있다. 하지만 다른 혈통들(특히 **무국적의 전문지식을 갖춘 고위 관리들의** 혈통)은 순전히 질적인 현상들이고, 바로 그 사실로 인해 푸자드 세계에서는 신망을 잃는다. 그들은 서로 섞일 수 없고, 그 엄청난 숫자가 〈품위 있는〉 지식인들의 피곤에 대조되는 대다수의 프랑스인들의 구원에, 즉 〈일반 민중〉에 이를 수 없다.

힘센 자와 피곤한 자, 골족(gaulois)과 무국적자, 일반인과 상류층 사이의 이러한 종족적 대립은 아주 단순히 지방과 파리의 대립이다. 〈생활의 균형이 상실되기 때문에 파리는 괴물이다. 아침부터 저녁까지 분주하고, 귀가 멍멍하며, 진력나는 생활이다〉. 파리는 이같은 독

---

3) 1795-1856년. 프랑스 역사가·작가. 자유주의적 시민계급의 처지에서 낭만주의적인 경향이 있었다.
4) 1862-1923년. 프랑스 민족주의 작가·정치가. 드레퓌스 사건 이후 정치·문학 양면에 걸쳐 보수적인 전통주의자로서의 행적을 보였다.
5) 1928년-현재. 프랑스 극우익당인 국민전선(Front National)의 당수.

약의 성질을 띠고 있는데, 그것은 무엇보다 질적인 실체이다(푸자드가 아주 잘 말하는 것이라고는 생각지 않으면서도 다른 데서 이를 변증법이라고 부르고 있다). 거기에서 우리는 변증법이 양식(良識)의 양적 세계와 대립되어 있다는 것을 보았다. 〈질〉에 과감히 맞선다는 것은 푸자드에게는 결정적 시련인 그의 루비콘 강[6]이었다. 즉, 파리로 올라가 농민들이 쇠스랑을 들고 마을에서 벼르고 있는 자기 종족의 진짜 변절자들인, 수도에 의해 타락된 지방 출신의 온건파 국회의원들을 파리에서 되찾는 것인데, 이러한 비약적인 진전은 정치 세력의 확장 이상의 거대한 종족의 이동을 규정했다.

이토록 한결같은 불신에 직면하고 있는 푸자드는 지식인의 어떤 형태를 살려서 지식인에 대한 이상적인 모습을 제시할 수 있었을까? 한마디로 푸자드주의적 지식인을 상정할 수 있었을까? 푸자드는 몇 사람의 〈이 이름에 걸맞는 지식인들〉만이 자신의 낙원으로 들어갈 것이라고 말하고 있을 뿐이다. 그리하여 우리는 내가 바로 이곳에서 여러 번 반복해서 동어반복이라고 불렀던 유명한 항등식($A = A$)의 정의 중 하나로, 다시 말하면 무(無)로 다시 한번 되돌아왔다. 모든 반(反)지성주의는 언어활동의 사멸 속에서, 즉 사회성의 파괴 속에서 그렇게 종말을 고한다.

대부분의 이러한 푸자드적 테마들은, 아무리 역설적으로 보일 수 있다 하더라도 타락한 낭만적 주제들이다. 푸자드가 민중을 정의하고자 할 때 길게 인용하는 것은 《뤼 블라스》(빅토르 위고의 1838년 희곡)의 서문이다. 푸자드에게 비친 지식인은 거의가 냉담하고 거만하

---

6) 이탈리아 본토와 북이탈리아의 경계인 고대 지리의 루비콘 강으로, 넘을 수 없는 경계선을 의미.

며 메마르고 냉소적 인간인 미슐레의 법률 고문과 예수회 교도이다. 프티부르주아 계급은 자신의 사회적 지위 향상을 도왔던 바로 그 계급인 어제의 자유 부르주아 계급의 이념적 유산을 오늘날 물려받기 때문이다. 미슐레의 감상주의는 반동적 싹을 품고 있었고, 바레스는 그것을 알고 있었다. 재능의 차이가 없다면 푸자드는 미슐레가 저술한 《민중》(1846)의 몇몇 페이지들에 여전히 동의할 수 있을 것이다.

그리하여 지식인들에 대한 이런 구체적인 문제에 관해 푸자드 당은 더욱더 푸자드를 능가한다. 반지성주의적 이데올로기는 다양한 정치 계층을 포착한다. 관념에 대한 증오를 갖기 위해 푸자드파가 될 필요는 없다. 여기에서 목표로 겨냥되는 것은 설명적이며 참여적인 문화의 모든 형태이고, 구원되는 것은 순수성이 압제자에게 자유로운 손을 남기는 〈순진무구한〉 문화이기 때문이다. 그러한 이유로 본래의 의미의 작가들은 푸자드의 가계(家系)에서 배제되지 않는다(잘 알려진 몇몇 작가는 푸자드에게 아첨하는 찬사로 채워진 자신들의 작품들을 보냈다). 비난받는 것은 곧 지식인, 다시 말해 양심 혹은 시선이다(푸자드는 동급생이 보내는 시선 때문에 어린 고등학생이 얼마나 고통을 느끼고 있는지, 어디에선가 환기시키고 있다). 아무도 우리를 바라보지 않는다는 것, 바로 이것은 푸자드식의 반지성주의의 원리이다. 단지 인종학자의 관점에서는 통합과 배제의 행위들은 분명히 상호보완적이다. 푸자드는 자신이 미처 생각하지 못한 의미에서 지식인들이 필요하다. 그가 지식인들을 비난한다면 그것은 마술적 악의 요청에 의한 것이기 때문이다. 푸자드파의 사회에서 지식인은 타락한 무당의 필요하면서도 저주받은 몫을 갖고 있다.

오늘날의 신화

오늘날 신화란 무엇인가? 나는 어원학과 완전히 일치하는 매우 간단한 첫번째 대답을 하겠다. 즉, 신화는 하나의 파롤이다.[1]

신화는 하나의 파롤이다

물론 어떤 파롤이건 상관없는 것은 아니다. 언어활동(langage)에는 신화가 되기 위한 특수한 조건들이 필요한데, 이 조건들을 곧 살펴보기로 하겠다. 그러나 처음부터 단호하게 제기해야 하는 것은 바로 신화가 하나의 의사소통 체계, 곧 하나의 메시지라는 것이다. 그러므로 신화는 하나의 대상, 하나의 개념, 혹은 하나의 관념이 될 수 없을 것이라는 것을 알 수 있다. 신화는 의미작용의 한 양식이고 하나의 형식이다. 나중에 이 형식에다 역사적인 한계, 사용 조건들을 설정하고, 그 형식 속에 사회를 재투여해야 할 것이다. 그렇지만 우선은 신화를 형식으로 기술해야 한다.

신화적 대상들 사이의 실질적인 구별은 전혀 기대할 수 없다. 신화는 하나의 파롤이기 때문에, 모든 것은 담론의 관할에 속하는 신화가 될 수 있다. 신화는 그 메시지의 대상에 의해서 규정되는 것이 아니라, 신화가 그 메시지를 말하는 방식에 의해 규정된다. 신화에는 형식적인 한계들만 있을 뿐 실질적인 한계들은 없다. 그렇다면 모든 것은 신화가 될 수 있는가? 물론 그렇다. 우주는 무한히 암시적이기 때문이다. 세계의 모든 대상은 폐쇄된 무언의 실존에서 사회에 점유되도록 열려진 말의 상태로 이행할 수 있다. 왜냐하면 자연법칙이든 아니든, 그

---

1) 사람들은 **신화**라는 단어의 수많은 다른 의미들을 제시하며 내 의견을 반박할 것이다. 그러나 나는 말 표현(mots)이 아닌 내용(choses)을 규정하려고 했다.

어떤 법칙도 사물들에 대해 말하는 것을 금하지 않기 때문이다. 나무는 나무이다. 틀림없이 그렇다. 그러나 미누 드루에가 말하는 나무, 그것은 이제 더 이상 그냥 한 그루의 나무가 아니라 장식된 나무, 어떤 소비에 알맞게 만들어진 나무, 문학적 배려, 반항, 이미지가 부여된, 간단히 말해 순수한 재료에 덧붙여진 사회적 **용도**가 부여된 나무이다.

　분명히 모든 것은 동시에 이야기되지 않는다. 어떤 대상들이 잠시 신화적인 파롤의 먹이가 되고, 그리고 나서 그 대상들은 사라지고, 또 다른 대상들이 그 자리를 차지하여 신화가 된다. 보들레르가 〈여인〉에 대해 그렇게 이야기한 것처럼 **숙명적으로** 암시적인 대상들이 있는가? 분명히 그런 것은 없다. 매우 오래 된 신화들을 생각할 수는 있지만 영원한 신화들은 없다. 왜냐하면 실재(réel)를 파롤의 상태로 이행하게 하는 것은 바로 인간의 역사이고, 신화적 언어의 생사를 결정하는 것도 인간의 역사, 오로지 인간의 역사일 뿐이기 때문이다. 오래 된 것이든 아니든, 신화학(mythologie)은 역사적 토대만을 가질 수 있다. 신화는 역사에 의해 선택된 파롤이기 때문이다. 신화는 사물들의 〈본질〉(nature)에서 솟아나올 수는 없을 것이다.

　이 파롤은 하나의 메시지이다. 따라서 그것은 말과는 다른 것일 수 있다. 그것은 문자(écriture) 혹은 여러 가지 표상들(représentations)로 형성될 수 있다. 글로 씌어진 담론뿐만 아니라 사진·영화·르포르타주·스포츠·공연·광고, 이 모든 것이 신화적 파롤에 지주로 사용될 수 있다. 신화는 그 대상에 의해서도, 그 질료(matière)에 의해서도 규정될 수 없다. 왜냐하면 어떤 질료이든 상관없이 자의적으로 의미작용이 부여될 수 있기 때문이다. 결투 신청을 의미하기 위해 가져온 화살 또한 하나의 파롤이다. 물론 지각의 차원에서, 예를 들어 이미지와 문자는 동일한 유형의 의식을 요청하지 않는다. 그리고 이미지 그 자체 속에는 많은 독서 방식들이 있다. 즉, 도식은 데생보다 훨씬 더 의미작용에 적합하고, 모조품은 원본보다, 풍자화는 초상화보다 훨씬 더 의미작용에 적합하다. 그러나 바로 여기에서 문제되는 것은 이미 더 이상 표상이라는 이론적 양식이 아니다. **이** 의미작용을 위해 제공된 이미지가 문제된다. 신화적 파롤은 적당한 의사전달을 위해 **이미** 가공된 질료로 형성된다. 신화의 모든 재료들(matériaux)이 표상적이든 혹은 문자적이든, 그 재료들은 의미하는 의식(conscience signifiante)을 전제로 하기 때문에 우리는 질료와는 무관하게 그 재료들에 대해 논할 수 있다. 질료가 중요하지 않은 것은 아니다. 즉, 이미지는 확실히 문자보다 더 절대적인 것으로, 이미지는 의미작용을 분석하지도 않고 그것을 분산시키지도 않은 채 단번에 의미작용을 부과한다. 그러나 이것은 더 이상 구성적인 차이가 아니다. 이미지는 그것이 의미하는 순간부터 하나의 문자가 된다. 문자처럼 이미지는 **렉시스**(lexis: 독해소)를 요청한다.

따라서 여기에서는 앞으로 **언어활동**(langage)·**담론**(discours)·**파롤**(parole) 등을 언어적이든 시각적이든간에 모든 의미단위 혹은 모든 의미종합체로 나타내겠다. 즉, 한 장의 사진이 우리에게는 신문기사와 같은 파롤이 될 것이다. 대상들(objets) 자체는, 그것이 무엇인가를 의미할 경우 파롤이 될 수 있을 것이다. 언어활동을 이해하려는 이런 총칭적인 방법은 문자의 역사 자체에 의해서도 정당화된다. 즉, 알파벳이 발명되기 이전에는 잉카의 결승(結繩)문자[2] 같은 대상들, 혹은 그림문자(pictogrammes) 같은 데생들이 합법적인 파롤이었다. 그렇다고 신화적 파롤을 언어(langue)처럼 다루어야 한다는 의미는 아니다. 실제로 신화는 언어학과 접해 있는 일반과학에 속하는데, 이것이 곧 **기호학**(sémiologie)이다.

기호학적 체계로서의 신화

파롤에 대한 연구로서 신화학은 사실상 40여 년 전에 소쉬르가 〈기호학〉이라는 이름으로 가정했던 방대한 기호들의 과학의 한 부분에 지나지 않는다. 기호학은 아직 구축되지 않았다. 그렇지만 소쉬르 이래로, 그리고 때로는 그와는 관계 없이 현대의 일부 연구 분야는 끊임없이 의미작용의 문제로 되돌아온다. 예를 들어 정신분석학·구조주의·직관 심리학, 그리고 바슐라르가 그 실례를 제공한 문학 비평의 몇몇 새로운 시도들은, 사상(le fait; 事像)이 의미하는 경우에만 사상을 연구하고자 한다. 그런데 하나의 의미작용을 가정하는 것, 그것은 기호학에 의지하는 것이다. 기호학이 모든 이런 연구들을 동일한 방식으로 설명할 수 있을 것이라는 의미는 아니다. 이 연구들은 상이한 내용을 가지고 있다. 그러나 그 연구들은 하나의 공통 법규를 가지고 있는데, 즉 그것은 모두 가치의 과학(sciences des valeurs)이라는 것이다. 그 연구들은 사상을 발견하는 것으로는 만족하지 않는다. 그 연구들은 사상을 **해당 가치**(valant-pour)로 규정하고 연구한다.

기호학은 형식의 과학이다. 왜냐하면 기호학은 그 내용과는 관계 없이 의미작용들을 연구하기 때문이다. 그런 형식과학의 필요성과 한계에 대해 잠시 살펴보기로 하겠다. 필요성, 그것은 모든 정확한 언어활동(langage exact)의 필요성 자체이다. 주다노프는 〈지구의 구형구

---

2) 문자가 없던 시대에 끈이나 띠를 가지고 매듭을 만들어 기록하거나 의사를 소통하던 문자로, 페루에서는 근대까지도 존재하였다.

조)에 대해 이야기했던 철학자 알렉산드로프를 비웃었다. 『지금까지는 형식(forme)만이 구형일 수 있었던 것 같았다』라고 주다노프는 말한다. 주다노프가 옳았다. 우리는 더 이상 형식이라는 용어로 구조들에 대해 이야기할 수 없고, 그 역도 마찬가지다. 〈삶〉의 차원에는 구조들과 형식들을 구별할 수 없는 하나의 총체성(totalité)만이 있을지도 모른다. 그러나 과학은 말로 표현할 수 없는 것에는 관심이 없다. 과학이 삶을 변화시키고자 한다면 과학은 〈삶〉을 이야기해야 한다. 종합에 대한 어떤 돈 키호테식의, 게다가 안타깝게도 플라톤적인 그런 사고와는 반대로 모든 비평은 인위적인 분석이라는 고행에 따라야 하며, 분석 속에 제 방법들과 언어활동을 맞추어야 한다. 〈형식주의〉의 망령에게 위협을 덜 받았다면 역사 비평은 아마도 덜 빈약했을 것이다. 그 비평은 형식에 대한 특수한 연구가 역사와 총체성의 필수적인 원칙과 조금도 상치되지 않는다고 이해했을 것이다. 반대로 하나의 체계가 특수하게 그 형식 속에 한정되면 될수록 그 체계는 역사 비평에 더 순응하게 된다. 유명한 말을 흉내내자면, 약간의 형식주의는 역사에서 멀리 떨어져 있지만, 많은 형식주의는 역사로 귀착된다. 사르트르의 《성(聖) 주네, 희극배우와 순교자》에서, 형식적인 동시에 역사적인, 기호학적인 동시에 이데올로기적인 신성(神聖)에 대한 묘사보다도 더 나은 총체적 비평의 예가 있는가? 위험한 것은 반대로, 예를 들어 주다노프의 리얼리즘처럼 형식들을 반(半)은 형식이고, 반(半)은 실질인 애매한 대상들로 간주하는 것이고, 형식에 형식의 실질을 부여하는 것이다. 기호학은 그 한계 속에서 제시되었지만 형이상학적인 함정은 아니다. 기호학은 필요하지만 충분하지는 않은 하나의 과학이다. 중요한 것은 설명의 통일성이 이러저러한 그 접근들의 축소에 기인하는 것이 아니라, 엥겔스의 말대로 설명에 참여한 특수과학의 변증법적인 조정(coordination)에서 기인한다는 것을 보는 것이다. 신화학의 경우도 마찬가지이다. 신화학은 형식의 과학으로서 기호학인 동시에 역사과학으로서 이데올로기에 속한다. 즉, 신화학은 형식 속의 관념(idées-en-forme)을 연구한다.[3]

그러므로 모든 기호학은 하나의 기표(signifiant)와 하나의 기의(signifié)라는 두 항 사이에 하나의 관계를 상정한다는 것을 상기해야 한다. 이 관계는 서로 다른 차원의 대상들에 기인하므로 그 관계는 등식관계(égalité)가 아니라 등가관계(équivalence)이다. 여기에서 기표가 기의를 **표현한다**고 단순히 말하는 일반 언어활동과는 반대로, 나는 두 개가 아니라 세 개의 상이한 항들을 지닌 모든 기호학적 체계를 다룬다는 점에 유의해야 한다. 왜냐하면 내가 포착하는 것은 하나의 기의에 대한 하나의 기표라는 하나의 항이 아니라, 기표와 기의 둘을 연결하는 상관관계(corrélation)이기 때문이다. 따라서 기표·기의, 그리고 기표와 기의라는 두 항의 결합체인 기호(signe)가 있다. 장미꽃 다발을 예로 들어보자. 나는 그 장미꽃 다발로 나의 열정을 **의미하게** 한다. 여기에는 기표와 기의, 즉 장미꽃과 나의 열정만 있는가? 그렇지 않다. 실제로 여기에는 〈열정이 담긴〉 장미꽃만이 있다. 그러나 분석의 측면에서는 세 개의 항이 있다. 왜냐하면 이 열정이 담긴 장미꽃들은 장미꽃과 열정으로 완전하고 정확하게 분해되기

---

3) 무수한 의사소통의 의식(사회적 외양의 의식)의 존속은 말할 것도 없이, 광고·언론·라디오·일러스트레이션의 발전은 기호학의 구축을 예전보다 더 절박하게 만든다. 우리는 하루 종일 진정으로 **의미를 나타내지 않는** 영역을 얼마나 편력하는가. 그런 영역은 거의 존재하지 않고, 때로는 전혀 없다. 내가 바다 앞에 있다고 해보자. 물론 바다는 어떤 메시지도 지니지 않는다. 그러나 해변에는 얼마나 많은 기호학적 소재가 있는가? 깃발·슬로건·표지판들·의복들·선탠조차도 내게는 모두 메시지들이다.

때문이다. 장미꽃과 열정 이 양자는 서로 결합하여 제3의 대상, 즉 기호를 형성하기 이전에 이미 존재하고 있었다. 사실상 경험의 측면에서 장미꽃이 지닌 메시지와 장미꽃을 분리시킬 수 없는 것과 마찬가지로, 분석의 측면에서 기호로서의 장미꽃과 기표로서의 장미꽃을 혼동할 수 없다. 즉, 기표는 비어 있고 기호는 가득 차 있으며, 그 기호는 하나의 의미(un sens)이다. 다음으로 검은 조약돌을 예로 들어보자. 나는 그 검은 조약돌을 여러 가지 방식으로 의미하게 할 수 있는데, 조약돌은 단순한 하나의 기표이다. 그러나 만일 내가 그 조약돌에다 결정적인 하나의 기의를 부여한다면(예를 들어 무기명 투표에서의 사형 선고), 그것은 하나의 기호가 된다. 물론 기표·기의, 그리고 기호 사이에는 그런 분석이 쓸데없는 것처럼 보일 수 있을 만큼 밀접한 기능적 내포관계 (전체에 대한 부분의 내포관계처럼)(implications)가 있다. 그러나 이 구분이 기호학적 구조(schème)로서의 신화 연구에 있어 대단한 중요성을 갖는다는 것을 곧 알게 될 것이다.

물론 이 세 항들은 순전히 형식적이어서 그 항들에 상이한 내용들이 부여될 수 있다. 몇 가지 예를 들어보자. 특수한, 그러나 방법론적으로 본보기가 되는 기호학 체계인 언어에 대해 연구한 소쉬르에게 있어서는 기의는 곧 개념(concept)이고, 기표는 곧 (정신적 차원의) 청각적 이미지이며, 개념과 이미지의 관계는 곧 기호(예를 들어 단어) 혹은 구체적 실체이다.[4] 프로이트의 경우, 다 알다시피 정신 현상은 등가의, **해당 가치**(valant-pour)의 두께를 지닌다. 하나의 항은(그 항에다 우수성을 부여하지는 않겠다) 행동의 명백한 의미에 의해 구성되

---

4) 단어의 개념은 언어학에서 가장 많이 논의된 개념 중 하나이다. 나는 단순화하기 위해 그 개념을 그대로 유지한다.

고, 다른 항은 잠재된 의미 혹은 고유의 의미(꿈의 기층이 그 예이다)에 의해 구성된다. 세번째 항은 여기에서도 마찬가지로 처음 두 항의 상관관계이다. 그것은 전체로 보아 꿈 그 자체이며, 하나의 형식 (첫번째 항)과 의도적인 기능(두번째 항)의 접합 덕분에 이루어진 구조물, 타협으로 간주된 실현되지 않은 행위 혹은 신경증이다. 여기에서 기표와 기호를 구분하는 것의 필요성을 알 수 있다. 즉, 프로이트에게 있어 꿈은 그 잠재된 내용도 그 명백한 여건도 아니고, 그것은 두 항의 기능적 관계이다. 마지막으로(잘 알려진 이 세 가지 실례로 만족하겠다) 사르트르의 비평에서 기의는 주체의 원초적 위기(crise originelle; 보들레르에게 있어서는 어머니와의 이별, 주네에게 있어서는 도둑질의 명명)에 의해 구성된다. 담론으로서의 문학은 기표를 형성한다. 그리고 원초적 위기와 담론의 관계가 작품을 결정하는데, 이 작품이 곧 의미작용이다. 당연히 이런 3차원적 도식은 아무리 그 형식이 불변한다 해도 동일한 방식으로 이루어지지는 않는다. 그러므로 기호학은 내용이 아니라 형식의 층위에서만 단지 통일성을 가질 수 있다고 아무리 반복해도 지나치지 않을 것이다. 기호학의 장은 제한되어 있어 기호학은 언어활동만을 대상으로 하고, 그것은 단 하나의 작업, 즉 독서 혹은 판독(déchiffrement)만을 알고 있다.

신화 속에서도 앞서 이야기한 기표 · 기의, 그리고 기호라는 3차원의 도식이 발견된다. 그러나 신화는 신화 이전에 존재하는 기호학적 연쇄에서 출발해 세워진다는 점에서 특수한 체계이다. 즉, **이것은 제2의 기호학 체계이다.** 제1체계에서 기호(즉, 개념과 이미지의 결합체)는 제2체계에서 단순한 기표가 된다. 여기에서 신화적 파롤의 질료들(이른바 언어 · 사진 · 회화 · 광고 · 儀式 · 대상 등)이 처음에는 아무리 다르다고 해도, 그 질료들이 신화에 의해 포착되는 순간 순수하게 의미하는 기능으로 환원된다는 사실을 상기해야 한다. 신화는 그 질료들 속에서 하나의 동일한 원료(matière première)만을 본다. 그들의 통일성은 바로 그 질료들이 언어활동이라는 단순한 지위로 모두 환원된다는 것이다. 문자표기를 다루든 혹은 그림표기를 다루든지간에, 신화는 거기에서 기호학적인 첫번째 연쇄의 마지막 항인 전체적 기호, 기호의 총체만을 본다. 그리고 바로 이 최종항이 그것이 만들어 내는 확대된 체계의 첫번째 항 혹은 부분 항이 된다. 모든 것은 마치 신화가 첫번째 의미작용의 형식적 체계를 한 단계 옮긴 것처럼 진행된다. 이러한 이동은 신화분석에 있어 중요하기 때문에 다음과 같은 방식으로 이 이동을 소개하기로 한다. 물론 여기에서 도식의 공간화는 단순한 하나의 은유에 불과한 것이다.

여기에서 보는 바와 같이 신화에는 두 개의 기호학 체계가 있는데,

언어 Langue / 신화 MYTHE	1. 기표 signifiant	2. 기의 signifié
	3. 기호 signe I. 기표 SIGNIFIANT	II. 기의 SIGNIFIÉ
	III. 기호 SIGNE	

그 한 체계는 다른 체계에 비해 상자 밖으로 벗어나 있다. 언어학적 체계, 즉 언어(혹은 그와 유사한 여러 가지 표현 양식들)를 **대상 언어활동**(langage-objet)이라고 부르기로 한다. 왜냐하면 그것은 신화가 자기 자신의 체계를 구축하기 위해 탈취한 언어활동이기 때문이다. 그리고 신화 자체는 그 **언어** 속에서 첫번째 언어에 대해 이야기되는

두번째 언어이므로, **메타 언어활동**(méta-langage)이라 부르겠다. 메타 언어활동에 대해 고찰하는 기호학자는 대상 언어활동의 구성에 대해 더 이상 의문을 던질 필요가 없고, 언어학적 구조의 세부사항에 대해 더 이상 고려하지 않아도 된다. 기호학자는 그것의 총체적 항 혹은 전체 기호만을, 단지 이 항이 신화에 참여하게 되는 한 알아야 할 것이다. 그렇기 때문에 기호학자는 문자와 이미지를 동일하게 취급할 근거가 있다. 그가 문자와 이미지에서 취하는 것, 그것은 문자와 이미지 둘 다 모두 **기호**(signe)라는 것이고, 의미하는 동일한 기능이 부여된 문자와 이미지는 신화의 출발점에 이르러 둘 다 모두 대상 언어활동을 구축한다.

이제 신화적 파롤의 한두 가지 예를 제시하겠다. 발레리의 고찰 [《텔 켈*Tel Quel*》, II, p.191]에서 첫번째 예를 빌려오겠다. 나는 프랑스 국립중학교 2학년 학생[프랑스의 교육제도에서 중학교는 제6학년부터 시작한다]이다. 나는 라틴어 사전을 펼치고 그 속에서 이솝 혹은 페드르에서 따온 문장을 한 줄 읽는다. quia ego nominor leo. 나는 잠시 중단하고 생각한다. 이 문장에는 애매한 점이 있다. 한편으로 이 글에서 단어들은 **나는, 내 이름은 사자이기 때문이다**라는 단순한 의미를 갖는다. 그리고 다른 한편으로, 문장은 분명히 내게 다른 것을 의미하려고 한다. 그 문장이 중학교 2학년 학생인 나에게 이야기를 걸 때, 그 문장은 『나는 속사일치 규칙을 예증하는 문법의 한 예이다』라고 분명히 내게 말하고 있다. 그 문장이 전혀 자신의 의미를 내게 **의미하지 않는다**는 사실을 어쩔 수 없이 인정할 수밖에 없는데, 즉 그 문장은 사자에 대해, 그리고 사자가 자신을 명명하는 방식에 대해서는 조금도 내게 이야기하려고 하지 않는다. 그 문장의 진정한 최종 의미작용은 바로 어떤 속사일치의 존재 여부로서 내게 자신을 부각시키는 것이다. 그것은 언어로까지 확장되기 때문에, 나는 확대된 특수한 하나의 기호학적 체계 앞에 있다고 결론짓는다. 하나의 기표가 있다. 그러나 이 기표는 기호의 총체에 의해 형성되고, 그것은 그 자체만으로도 첫번째 기호학적 체계(**내 이름은 사자이다**)이다. 나머지의 경우에도 형식적 구조는 정확히 전개된다. 하나의 기의(**나는 문법의 한 예이다**)가 있고 총체적인 의미작용이 있는데, 이는 기표와 기의의 상관관계에 불과하다. 왜냐하면 사자의 명명도, 문법의 보기도 내게는 분리되어 따로 주어지지 않기 때문이다.

이제 또 다른 예가 있다. 나는 이발소에 있다. 이발사가 《**파리 마치**》한 권을 내게 내민다. 책표지 위에 프랑스 군복을 입은 한 흑인 젊은이가 눈을 들어 삼색기에 잡힌 주름을 바라보며 거수경례를 하고 있다. 바로 이것이 이 이미지의 **의미**(sens)이다. 그러나 순진하건 아니건 나는 이 이미지가 내게 무엇을 의미하는지 잘 알고 있다. 즉, 프랑스는 위대한 제국이라는 것, 모든 프랑스의 아들은 피부색의 구분 없이 그 국기 아래 충심으로 봉사한다는 것, 그리고 식민주의에 대해 비방하는 사람들에게는, 이른바 압제자들에게 충성하는 이 흑인의 열정보다 더 훌륭한 대답이 없다는 것이다. 따라서 이제 나는 확대된 기호학적 체계를 앞에 두게 된다. 즉, 선행하는 체계로 이미 형성된 하나의 기표가 있다(**한 흑인 병사가 프랑스식 거수경례를 한다**). 하나의 기의가 있다(여기에서는 프랑스적인 특성(francité)과 군대적 특성(militarité)의 의도적인 혼합이다). 마지막으로 기표를 통한 기의의 **현존**이 있다.

신화적 체계의 각 항의 분석으로 넘어가기 전에 우선 전문용어에 대해 이해하는 것이 좋다. 주지하다시피 이제 기표는 신화 속에서 두 가지 관점에서 검토될 수 있다. 즉, 언어학적 체계의 마지막 항으로서, 혹은 신화적 체계의 첫번째 항으로서이다. 따라서 여기에는 두 가지 명칭이 필요하다. 언어의 측면에서, 즉 제1체계의 마지막 항으로서의 기표를 **의미**(sens; **내 이름은 사자이다. 흑인이 프랑스식 거수경례를 한다**)라고 부르기로 한다. 신화의 측면에서는 기표를 **형식**(forme)이라 부르겠다. 기의의 경우에는 모호한 점이 있을 수 없다. 우리는 그 기의에다 **개념**(concept)이라는 명칭을 남겨놓기로 한다. 세번째 항은 이 두 항의 상관관계이다. 언어의 체계에서 그것은 **기호**(signe)이다. 그러나 이 단어를 취할 경우 애매한 점이 생긴다. 왜냐하면 신화에서(그리고 바로 거기에 그 중요한 특징이 있다) 기표는 이미 언어의 기호들로 형성되어 있기 때문이다. 그러므로 나는 신화의 세번째 항을 **의미작용**(signification)이라 부르겠다. 여기에서 그 단어는 신화가 효과적으로 이중의 기능을 가지는 만큼 더욱더 정당화된다. 즉, 신화는 지칭하면서 통고하고, 이해시키면서 강요한다.

형식과 개념

　신화의 기표는 애매하게 제시된다. 그것은 의미인 동시에 형식이고, 한편으로는 가득 차 있고 다른 한편으로는 비어 있다. 의미로서의 기표는 이미 독서를 전제로 하고 있고, 나는 눈으로 그 기표를 파악하며, 그 기표는 (순전히 정신적인 차원에 속하는 언어학적 기표와는 반대로) 감각적인 현실을 가지고 있다. 그 기표는 풍부함(richesse)을 가지고 있다. 사자의 명명, 흑인의 경례는 그럴 듯한 완전체이고, 그것들은 충분한 합리성을 이용한다. 언어학적 기호의 총체로서 신화의 의미는 하나의 고유한 가치를 가지고 있고, 그것은 사자의 이야기 혹은 흑인의 이야기라는 어떤 이야기의 일부이다. 즉, 의미 속에 하나의 의미작용이 이미 구축되어 있어서, 만일 신화가 그 의미작용을 포착하지 못하고 갑자기 그것을 텅빈, 기생하는 형식으로 만들지 않는다면, 그 의미작용은 그 자체로도 충족될 수 있을 것이다. 의미는 **이미** 충만하고, 의미는 하나의 지식, 하나의 과거, 하나의 기억을, 그리고 일련의 사실·관념·결정의 상대적 질서를 전제로 한다.

　의미는 형식이 되면서 그 우연성을 잃는다. 의미는 비게 되고, 빈약해지고, 이야기는 사라지고, 문자만이 남게 된다. 여기에 독서작업의 역설적인 치환이 있고, 의미에서 형식으로, 언어학적 기호에서 신화적인 기표로의 비정상적인 역행이 있다. 만일 quia ego nominor leo를 순전히 언어학적인 체계 속에 가둬둔다면, 그 문장은 거기에서 의미의 충만함·풍부함, 하나의 이야기를 되찾을 수 있다. 즉, 나는 한 마리의 동물이고, 한 마리의 사자이고, 나는 이러이러한 나라에서 살고 있고, 나는 사냥에서 돌아오고, 내가 내 먹이를 한 마리의 염소·암소·젖소와 나누는 것이 바람직할 것이다. 하지만 가장 힘이 센 나는 여러 가지 이유로 모든 몫을 전부 내 것이라고 주장하는데, 그 마지막 이유는 단순히 **내 이름이 사자**라는 것이다. 그러나 신화의 형식으로서의 그 문장은 이런 긴 이야기의 어떤 것도 더 이상 내포하지 않는다. 그 의미는 하나의 역사·지리학·윤리·동물학, 하나의 문학이라는 가치 체계를 내포하고 있었다. 형식은 이 풍부함을 모두 멀리했다. 형식의 그 새로운 빈곤이 하나의 의미작용을 요청하게 되고, 이 의미작용이 그 빈곤을 가득 채운다. 문법의 예와 대체되기 위해서는 사자의 이야기를 포기해야 하고, 이미지를 해방시키고, 이미지로 하여금 그 기의를 받아들이도록 하려면, 흑인의 전기를 잠시 제쳐 놓아야 한다.

그러나 이 모든 것에서 중요한 점은 형식이 의미를 제거하지 않는다는 것이다. 형식은 다만 의미를 빈약하게 하고, 멀리 떨어뜨려 놓을 뿐이고, 형식은 의미를 마음대로 사용할 수 있도록 만든다. 의미가 곧 죽을 것이라고 생각되지만 그것은 유예된 죽음이다. 즉, 의미는 그 가치를 잃지만 생명은 유지하는데, 신화의 형식이 그 의미를 양분으로 삼아 살아가게 된다. 의미는 형식에 있어 즉석에서 불러올 수 있는 이야기의 저장고와 같고, 종속된 재산과 같은 것이어서 재빨리 교대로 불러오고 멀리할 수 있다. 끊임없이 형식은 의미 속에 뿌리를 내려 거기에서 본질을 자양분으로 취할 수 있어야 한다. 특히 형식은 의미 속에 숨을 수 있어야 한다. 신화를 규정하는 것은 바로 의미와 형식 사이의 숨바꼭질이라는 이 흥미진진한 게임이다. 신화의 형식은 하나의 상징이 아니다. 경례하는 흑인은 프랑스 제국의 상징이 아니다. 그는 그러기에는 지나치게 많은 현전을 가지고 있고, 그는 풍부하고, 체험되고, 자연스럽고, 순진무구하고, **논의의 여지없는** 하나의 이미지로 행세한다. 그러나 동시에 이런 현전은 순종적이고, 멀리 떨어져 있고, 투명한 것처럼 되어 있고, 그 현전은 약간 뒤로 후퇴하여 단단히 무장한 채 그에게 다가오는 하나의 개념, 즉 프랑스의 제국주의적 성격이라는 개념과 결탁하게 된다. 즉, 그 현전은 **차용**된다.

이제 기의를 살펴보자. 형식을 벗어나 흐르는 이 이야기를 모두 흡수하게 되는 것이 바로 개념이다. 개념은 결정되어 있다. 그것은 역사적인 동시에 의도적이다. 개념은 신화를 말하게 하는 동기이다. 문법적인 예가 되는 성질, 프랑스의 제국주의적 성격은 신화의 욕구(pulsion) 자체이다. 개념은 원인과 결과의 고리를, 동기와 의도의 고리를 다시 세운다. 형식과 반대로 개념은 전혀 추상적이지 않다. 그것은 상황으로 가득 차 있다. 개념에 의해 신화 속에 도입되는 것은 곧 하나의 새로운 역사이다. 그 우연성이 미리 제거된 사자의 명명 속에서 문법의 예는 곧 나의 실존을 요청하게 된다. 즉, 라틴어 문법이 교육되던 그런 시기에 나를 태어나게 한 시간, 사회적인 차별작용에 의해 라틴어를 배우지 않는 아이들과 나를 구별하는 역사, 이솝이나 혹은 페드르 속에서 이런 예를 선택하게 하는 교육 전통, 속사일치 속에서 예증될 만한 중요한 하나의 사실을 보는 나 자신의 언어학적 습관들이 바로 그것이다. 경례하는 흑인의 경우에도 마찬가지이다. 형식으로서의 그 의미는 간단하고, 고립되어 있고, 빈약하다. 프랑스의 제국주의적 성격의 개념으로서의 의미는 세계의 총체성(totalité)에 또다시 연결된다. 즉, 프랑스의 일반 역사에, 그 식민지 모험에, 프랑스의 당면한 어려움에 연결된다. 사실 개념 속에 투여되는 것은 현실이라기보다는 현실에 대한 어떤 인식이다. 의미에서 형식으로 이행하면서 사진은 지식을 잃는다. 이는 개념의 지식을 더 잘 받아들이기 위해서이다. 실제로 신화적인 개념 속에 내포된 지식은 한없는 약한 연상들로 형성된 막연한 지식이다. 개념의 이러한 열린 성격에 대해 강조해야 한다. 이것은 결코 추상적이고 정화된 하나의 본질이 아니다. 이것은 형태가 정해지지 않은 불안정하고 애매한 응축으로, 그것의 통일성·일관성은 특히 기능(fonction)으로부터 기인한다.

이런 의미에서 신화적인 개념의 근본적인 특징은 바로 **점유**된다는 것이라고 말할 수 있다. 문법적인 예가 되는 성격은 한정된 학생들의 부류와 정확하게 관계되고, 프랑스의 제국주의적 성격은 다른 그룹이 아닌 이런 독자 그룹과 관계가 있어야 한다. 즉, 개념은 하나의 기능에 밀접하게 대응하고, 그것은 하나의 경향으로 정의된다. 이는 프로이트주의라는 또 다른 기호학적 체계의 기의를 상기시켜 준다. 프로이트에게 있어 그 체계의 제2항은 곧 꿈, 실현되지 않은 행위, 신경증의 잠재된 의미(내용)이다. 그런데 프로이트는 행위의 두번째 의미가 행위의 진정한 의미, 즉 완전한 심층의 상황에 적합한 의미라고 주장한다. 그것은 신화적인 개념처럼 행위의 의도 자체이다.

하나의 기의는 여러 개의 기표를 가질 수 있다. 이는 특히 언어학적인 기의와 정신분석학적인 기의의 경우이다. 또한 신화적인 개념의 경우에도 마찬가지이다. 그것은 마음대로 무제한적인 다수의 기표들을 가지고 있다. 나는 속사일치를 내게 보여 주는 수많은 라틴 문장들을 찾아낼 수 있고, 내게 프랑스의 제국주의적 성격을 의미하는 수많은 이미지들을 발견할 수 있다. 이것은 **양적으로** 개념이 기표보다 훨씬 빈약하다는 것을 의미하고, 그 개념은 종종 다시 나타날 뿐이다. 형식과 개념 사이에 빈곤함과 풍부함은 반비례한다. 즉, 빈곤해진 의미의 수탁자인 형식의 질적인 빈곤함에 역사 전체로 열려진 개념의 풍부함이 대응한다. 그리고 형식의 양적인 풍부함에는 적은 수의 개념이 대응한다. 상이한 여러 형식들을 통한 개념의 이런 반복은 신화학자에게 중요한 것으로, 이런 반복이 신화를 판독하게 해준다. 즉, 어떤 행동의 강조는 그 의도를 드러내 준다. 이것은 기의의 크기와 기표의 크기 사이에 일정한 관계가 없다는 것을 확증하는 것이다. 언어에서 이런 관계는 균형이 잡혀 있어, 이 관계는 단어 혹은 적어도 구체적인 단위를 거의 초과하지 않는다. 반대로 신화에서 개념은 기표의 매우 넓은 영역을 통해 확대될 수 있다. 예를 들어 한 권의 책전체는 단 하나의 개념의 기표가 될 것이다. 역으로 작은 하나의 형식(하나의 단어, 하나의 몸짓, 그것이 주목되기만 한다면 사소한 몸짓)조차도 매우 풍부한 이야기로 부풀려진 하나의 개념에 기표로 사용될 수 있을 것이다. 기표와 기의 사이의 이런 불균형이 언어의 경우에는 흔한 일이 아니지만, 그렇다고 신화에 특유한 것도 아니다. 예를 들어 프로이트에게 있어 실현되지 않은 행동은 그것이 드러내는 고유한 의미와 비례하지 않는 얄팍한 기표이다.

이미 이야기한 바와 같이 신화적 개념들 속에는 어떤 고정성(fixité)도 없다. 그 개념들은 만들어질 수도 있고, 교체되고 해체되고 완전히 사라질 수도 있다. 바로 그 개념들은 역사적이기 때문에 역사는 쉽게 그 개념들을 제거할 수 있다. 이 불안정성으로 인해 신화학자는 적당한 전문용어를 만들어 내게 되는데, 여기에서 그것에 대해 한마디 하고자 한다. 왜냐하면 그 전문용어가 종종 아이러니의 원인이기 때문이다. 즉, 신조어의 문제이다. 개념은 신화의 구성요소이다. 신화들을 판독하고자 할 때 우리는 개념들을 명명할 수 있어야 한다. 사전은 우리에게 선(Bonté)·자비(Charité)·건강(Santé)·인성(Humanité) 등의 몇몇 개의 개념들을 제공해 준다. 그러나 우리에게 이런 개념들을 제공해 주는 것은 사전이기 때문에 당연히 그 개념들은 역사적인 것이 아니다. 그런데 내가 가장 자주 필요로 하는 것은 제한된 우연성에 연결된 순간적인 개념들이다. 따라서 여기에서 신조어가 불가피하다. 중국은 하나의 사실이다. 그런데 그리 오래 되지도 않은 때에 프랑스의 프티부르주아가 중국에 대해 만들 수 있었던 관념은 그 사실과는 다른 사실이다. 방울·인력거, 그리고 아편굴의 이러한 특수한 혼합의 경우에는 **중국적 특징**(sinité)이라는 단어 이외의 다른 단어가 있을 수 없다. 이것은 멋지지 않은가? 개념적 신조어가 결코 임의적인 것이 아니라는 사실을 인정하면서 적어도 우리는 위로를 받을 수 있다. 그 신조어는 매우 양식 있는 비례규칙에 따라 구축된다.[5]

---

5) 라틴의(latin)/라틴적 성질(latinité) = 바스크의(basque)/x
   x = 바스크적 성질(basquité)

의미작용

기호학에서 세번째 항은 앞에서 살펴보았듯이 처음 두 항의 결합에 지나지 않는다. 그것은 완전하고 충분하게 볼 수 있는 유일한 항이고, 실제로 소비되는 유일한 것이다. 나는 그것을 의미작용(signification)이라고 불렀다. 이미 살펴본 대로 소쉬르의 기호가 단어(혹은 더 정확하게는 구체적 실체)인 것처럼 의미작용은 신화 자체이다. 그러나 의미작용의 특징들을 제시하기 전에 의미작용이 준비되는 방식에 대해, 즉 신화적 개념과 형식의 상관관계의 양식들에 대해 잠시 살펴보아야 한다.

우선 신화에서는 (다른 기호학적 체계에서 일어나는 것과는 반대로) 처음 두 항이 완전히 뚜렷하다는 것을 주목해야 한다. 즉, 하나의 항이 다른 항 뒤에 〈감춰지지〉도 않고, 그 두 항이 (하나는 여기, 또 하나는 저기가 아니라) 모두 여기에 주어진다. 이것이 아무리 역설적인 것처럼 보여도 **신화는 아무것도 숨기지 않는다**. 신화의 기능은 사라지게 하는 것이 아니라 변형시키는 것이다. 형식에 대한 개념의 어떤 잠복상태도 없다. 신화를 설명하기 위해서 무의식이 전혀 필요 없다. 분명히 서로 다른 두 가지 유형의 표명(manifestation)이 다루어진다. 즉, 형식의 존재는 자의적(littéral)이고 직접적이다. 게다가 그것은 넓이를 갖는다. 이것은 신화적 기표가 가지고 있는 기존의 언어학적 성격 때문이다—— 그것을 아무리 반복해도 지나치지 않을 것이다. 즉, 신화적 기표는 이미 지시된 의미에 의해 구축되었기 때문에 그 기표는 하나의 질료를 통해서만 제공될 수 있다(반면 언어에서 기표는 정신에 관계되는 것이다). 구전신화의 경우 이런 외연(extension)은 선조적(linéaire)이다(내 **이름은 사자이기 때문이다**). 시각적 신화의 경우 외연은 다차원적이다(중앙에는 흑인의 군복, 위에는 그의 검은 피부의 얼굴, 왼쪽에는 거수경례 등). 따라서 형식의 구성요소들은 그들 사이에 위치관계·인접관계를 갖는다. 즉, 형식의 존재 방식은 공간적이다. 반대로 개념은 총체적으로 주어지고, 그것은 일종의 성운(星雲)처럼 지식이 다소 희미하게 응축된 형태이다. 개념의 구성요소들은 결합관계로 연결된다. 즉, 개념은 넓이에 의해서가 아니라 두께(이 은유가 지나치게 공간적이기는 하지만)에 의해 유지되고, 그 개념의 존재 방식은 기억에 의존한다.

신화의 개념을 의미에 결합시키는 관계는 본질적으로 **변형**(déformation)관계이다. 여기에서 정신분석의 체계처럼 복잡한 기호학적 체계와의 어떤 형식적인 유사성이 발견된다. 프로이트에게 있어 행동의 잠재 의미가 그 행동의 겉으로 드러난 의미를 변형시키는 것과 마찬가지로 신화에서도 개념이 의미를 변형시킨다. 물론 이런 변형은 신화의 형식이 이미 언어학적 의미에 의해 구축되었기 때문에만 가능한 것이다. 언어와 같이 단순한 체계에서 기의는 아무것도 변형시킬 수 없다. 왜냐하면 비어 있고 자의적인(arbitraire) 기표는 기의에 어떤 저항도 하지 않기 때문이다. 그러나 신화에서는 모든 것이 다르다. 기표는 말하자면 두 개의 측면을 가지고 있다. 그 하나는 가득 차 있는 측면으로, 그것은 곧 의미이다(사자의 이야기, 흑인 병사의 이야기). 그리고 다른 하나는 비어 있는 측면으로, 곧 형식이다(**왜냐하면 나는, 내 이름은 사자이기 때문이다 / 그-삼색-기에-경례하는-프랑스-흑인-병사**). 개념이 변형시키는 것은 바로 가득 차 있는 측면, 즉 의미이다. 사자와 흑인은 그들의 이야기를 박탈당하고 제스처로 변화된다. 라틴어의 예가 되는 성격이 변형시키는 것은 바로 그 우연성 속에서의 사자의 명명이다. 그리고 프랑스의 제국주의적 성격이 방해하는 것 또한 첫번째 언어활동으로, 즉 내게 군복을 입은 흑인의 경례를 이야기해 주었던 사실 담화(discours factuel)이다. 그러나 이런 변형은 의미의 제거가 아니다. 사자와 흑인은 여전히 거기에 남아 있고, 개념은 그것들을 필요로 한다. 사자와 흑인은 절반으로 축소되고, 그들에게서 실존이 아니라 기억이 제거된다. 그것들은 완고하게 말없이 자리잡고 있는 동시에 수다스러우며, 전부 개념을 위해 대기중인 파롤이다. 개념은 문자 그대로 의미를 변형시키지만 제거하지는 않는다. 이런 모순을 다음과 같이 한마디로 설명할 수 있을 것이다. 즉, 개념은 의미를 소외시킨다.

항상 상기해야 하는 것은 바로 신화가 이중 체계라는 것이다. 따라서 신화에서는 일종의 편재 현상(ubiquité)이 나타난다. 즉, 신화의 출발은 한 의미의 도래에 의해 구축된다. 이미 그 대략적 특징을 강조한 바 있는 공간적인 은유를 사용하여 이야기하자면, 신화의 의미작용은 끊임없이 도는 일종의 회전문에 의해 구축된다. 이 회전문은 기표의 의미와 그 형식을, 대상 언어활동과 메타 언어활동을, 순전히 의미하는 의식과 순전히 상상하는 의식을 교대로 나타낸다. 이런 교체는 지적인 동시에 상상적인, 자의적인 동시에 자연적인 애매한 하나의 기표처럼 그 교체를 이용하는 개념에 의해 한덩어리를 이룬다.

그런 메커니즘이 가지고 있는 도덕적인 내포의미(implication)를 속단하고 싶지 않지만, 그러나 신화 속에서의 기표의 편재가 바로 **알리바이**(alibi; 알다시피 이 단어는 공간적인 용어이다)의 물리학을 재생한다고 지적한다면, 객관적 분석에서 벗어나는 것은 아닐 것이다.

즉, 알리바이 속에도 부정적인 동일관계에 의해 연결된 가득 찬 장소와 텅빈 장소가 있다(〈나는 내가 존재한다고 당신이 생각하는 곳에 존재하지 않는다. 나는 내가 존재하지 않는다고 당신이 생각하는 곳에 존재한다〉). 그러나 (예를 들어 경찰관처럼) 일상적인 알리바이는 종말을 가지고 있고, 현실이 어느 순간 그 알리바이가 바뀌는 것을 중단시킨다. 신화는 하나의 **가치**(valeur)이고, 신화는 보증할 진실을 가지고 있지 않다. 그 어떤 것도 신화가 영원한 알리바이가 되는 것을 막지 못한다. 신화는 그 기표가 두 가지 측면을 가지는 것만으로도 충분히 언제나 다른 곳(un ailleurs)을 마음대로 사용할 수 있다. 의미는 형식을 **제시하기** 위해 언제나 그곳에 있다. 형식은 의미를 **멀리하기** 위해 언제나 그곳에 있다. 그리고 의미와 형식 사이에는 모순·갈등·분열이 전혀 없다. 의미와 형식은 결코 동일한 지점에 있지 않다. 마찬가지로 만일 내가 자동차 속에서 차창을 통해 풍경을 바라본다면, 나는 풍경이나 혹은 차창에 기꺼이 초점을 맞출 수 있다. 때로 나는 창문의 현존과 풍경의 거리를 포착할 것이다. 때로는 반대로 창문의 투명성과 풍경의 깊이를 포착할 것이다. 그러나 이런 양자택일의 결과는 동일할 것이다. 차창은 내게 현존하는 동시에 비어 있을 것이고, 풍경은 내게 비현실적인 동시에 가득 차 있을 것이다. 신화적인 기표 속에서도 마찬가지이다. 그 속에서 형식은 비어 있지만 현존하고, 의미는 부재하지만 가득 차 있다. 내가 형식과 의미의 이 회전문을 기꺼이 중단시킬 경우, 내가 서로 다른 별개의 대상처럼 형식과 의미 그 각각에 초점을 맞출 경우, 그리고 판독(déchiffrement)이라는 정태적인 방법을 신화에 적용할 경우, 간단히 말해서 내가 신화 고유의 역학을 방해할 경우, 그런 경우에만 나는 이런 모순에 대해 놀랄 수 있을 것이다. 한마디로, 내가 신화의 독자의 상태에서 신화학자의 상태로 이행할 경우에만 그럴 수 있을 것이다.

바로 기표의 이런 이중성(duplicité)이 의미작용의 특징들을 결정하게 된다. 이제 우리는 신화가 그 문자(lettre; **내 이름은 사자이다**)에 의해서보다는 그 의도(**나는 문법의 한 예이다**)에 의해 결정된 하나의 파롤이라는 사실을 알 수 있다. 그렇지만 의도가 신화 속에서 문자에 의해, 말하자면 고정되고, 정화되고, 영속되고, 부재된다는 것도 알 수 있다(**프랑스 제국이라고? 그러나 이것은 단순히 하나의 사실, 즉 프랑스의 한 젊은이로서 경례하는 이 용감한 흑인이라는 하나의 사실이다**). 이러한 신화적 파롤을 구성하는 모호성은 의미작용에 있어 두 가지 결과를 가지게 된다. 즉, 이 모호성은 통고(notification)인 동시에 하나의 확실한 사실(constat)로 나타나게 된다.

신화는 강제적이고 불러세우는 듯한 특징을 가진다. 역사적 개념에서 나오고, 우연성에서 직접 생긴 신화(라틴어 학급, 위험에 빠진 제국)가 찾으러 오는 것은 바로 **나**(moi)이다. 신화는 내게로 향하고, 나는 의도적인 신화의 힘을 받고, 신화는 나에게 신화의 팽창하는 모호성을 받아들이도록 요구한다. 예를 들어 내가 스페인의 바스크 지방[6]을 산책할 경우, 물론 나는 주택들 사이에서 건축의 통일성을, 공통 스타일을 확인할 수 있는데, 그것이 나로 하여금 바스크 주택을 어떤 특정 민족의 산물로 인식하게 한다. 어쨌든 나는 개인적으로 이 통일된 스타일과 관련된다고 생각하지 않으며, 그 스타일에 의해, 말하자면 공격을 받는다고 생각하지도 않는다. 나는 그 스타일이 나보다 먼저, 나 없이도 이미 그곳에 있었다는 것을 너무나도 잘 알고 있다. 이

---

6) 프랑스에서 프티부르주아의 지위 향상이 바스크 오두막의 〈신화적〉 건축물을 번창하게 했기 때문에, 나는 스페인의 경우를 이야기하는 것이다.

는 매우 광범위한 역사의 차원에서 그 결정을 가지는 복잡한 산물이다. 내가 시골의 주거 양식에 대한 거대한 그림 속에 바스크 스타일을 끼워 넣으려고 생각하는 경우를 제외하고는, 그 스타일은 나를 불러세우지도 않고, 나로 하여금 그 스타일을 명명하도록 하지도 않는다. 그러나 만일 내가 파리 근교의 강베타 거리나 혹은 장 조레스 거리 끝에서 붉은 기와, 갈색 판자, 비대칭의 지붕 사면, 그리고 그 정면을 넓게 책을 쳐서 막은 아담한 하얀 오두막을 발견할 경우, 나는 이 대상을 한 채의 바스크 오두막으로 명명하도록, 게다가 거기에서 **바스크적 성질**(basquité)의 본질 자체를 보도록 강제적이고 개인적인 초대를 받은 것처럼 느낀다. 이는 이 경우 개념이 그의 점유적 속성 속에서 내게 나타나기 때문이다. 즉, 개념은 나를 찾아와서 개인적 역사의 신호로서, 비밀과 암암리의 묵계로서 거기에 배열한 그 개념에 동기를 부여한 일체의 의도를 나로 하여금 인식하게 한다. 이는 오두막의 소유자들이 나에게 보내는 진정한 호소이다. 그리고 이 호소는 더 강제적이기 위해 빈곤해지는 것에 동의했다. 즉, 테크놀로지의 차원에서 바스크 주택을 정당화시켜 주었던 이 모든 것, 즉 창고, 외부 계단, 비둘기집 등 이 모든 것이 무너졌다. 논의의 여지없는 간단한 하나의 신호(signal)만이 있을 뿐이다. 감정에의 호소(adhomination)가 매우 노골적이어서, 내게는 이 오두막이 그 오두막을 만들어 낸 역사의 어떤 자취도 없이 나의 현존 속에 나타난 하나의 마술적인 대상처럼, **나를 위해** 즉석에서 방금 만들어진 것처럼 생각된다.

왜냐하면 나에게 말을 건네는 이 파롤은 동시에 이미 굳어 있는 파롤(parole figée)이기 때문이다. 내게 도달하는 순간 그 파롤은 정지되고, 자기 자신에게로 방향을 돌려 보편성을 **되찾는다**. 이 파롤은 움츠러들고, 자신의 결백을 주장하고, 자신의 무고를 주장한다. 개념의 점유는 의미의 자의적 해석(littéralité)에 의해 갑자기 물러서고 만다. 거기에는 용어의 물리적인 동시에 사법적인 의미에서 일종의 **체포(arrêt)**가 있다. 즉, 프랑스의 제국주의적 성격은 경례하는 흑인으로 하여금 도구적인 기표에 불과하게 만들고, 흑인은 프랑스의 제국주의적 성격의 이름으로 나를 불러세운다. 그러나 동시에 흑인의 경례는 두꺼워지고 유리처럼 되고, 프랑스의 제국주의적 성격을 **세우려고** 하는 영원한 서언(序言) 속에서 굳어진다. 언어활동의 표면에서 무엇인가가 더 이상 움직이지 않는다. 즉, 의미작용의 관용이 그곳에서 사실 뒤에 숨어서 사실에다 통고하는 외양을 전달한다. 그러나 동시에 사실은 의도를 마비시키고, 의도에다 말하자면 부동상태라는 불편함을 준다. 즉, 그 의도를 정당화시키기 위해 사실은 의도를 얼어붙게 한다. 이는 신화가 **도난당했다가 되돌려** 받은 파롤이기 때문이다. 다시 돌아온 파롤은 더 이상 도둑맞았던 파롤이 아니다. 그것이 되돌아오면서 정확히 제자리에 놓여지지 않은 것이다. 바로 이 잠깐 동안의 도둑질, 이 은밀한 순간의 속임수가 곧 신화적인 파롤의 얼어붙은 모양을 구축한다.

이제 의미작용의 마지막 요소, 즉 의미작용의 동기화(motivation)를 고찰하는 문제가 남아 있다. 주지하다시피 언어에서 기호는 자의적(arbitraire)이다. 당연히 **나무**라는 청각적인 이미지가 나무라는 개념을 의미하도록 강요하는 것은 아무것도 없다. 이 경우 기호는 동기가 부여되어 있지 않다. 그렇지만 이 자의성은 여러 가지 한계를 가지고 있는데, 이 한계들은 단어의 결합관계에서 생긴다. 즉, 언어는 또 다른 여러 기호들에서 유추하여 기호의 단편을 만들 수 있다(예를 들어 aime에서 유추하여 amable이 아니라 aimable이라 말한다). 신화의 의미작용은 결코 완전히 자의적이지 않다. 그것은 언제나 부분적으로 동기가 부여되어 있고, 숙명적으로 유추(analogie)의 부분을 내포하고 있다. 라틴어의 예가 되는 성격이 사자의 명명을 만나기 위해서는 속사의 일치라는 유추가 필요하다. 프랑스의 제국주의적 성격이 경례하는 흑인을 포착하려면 흑인의 경례와 프랑스 군인의 경례 사이에 동일성이 필요하다. 동기화는 신화의 이중성에 필수적인 것으로, 신화는 의미와 형식의 유추 위에서 작용한다. 그러므로 동기화된 형식이 없는 신화는 없다.[7] 신화의 동기화의 힘을 파악하려면 극단적인 경우에 대해 잠시 생각하는 것으로 충분하다. 거기에서 어떤 의미도 발견할 수 없을 정도로 무질서한 한더미의 대상들을 앞에 가지고 있다고 하자. 이 경우 미리 주어진 의미가 없는 형식은 그 유추를 어디에도 정착시킬 수 없고, 신화가 불가능한 것처럼 보일 것이다. 그러나 형식이 늘 제공할 수 있는 읽을거리는 바로 무질서 그 자체이다. 즉, 형식은 부조리에 하나의 의미작용을 주어 부조리를 하나의 신화로 만들 수 있다. 예를 들어 상식이 초현실주의를 신화화할 때 일어나는 일이 바로 이것이다. 즉, 동기화가 없다 해도 신화가 되지 않는 것은 아니다. 왜냐하면 이 부재 자체가 충분히 객관화되어 읽을 수 있게 되기 때문이다. 결국 동기화의 부재는 두번째 동기화가 되어 신

---

7) 윤리적인 관점에서 볼 때 신화에서 난처한 점은 바로 그 형식이 동기화되어 있다는 것이다. 왜냐하면 언어활동의 〈건강〉이라는 것이 있다면, 그 건강의 기초가 되는 것이 바로 기호의 자의성이기 때문이다. 신화에서 불쾌한 것은 곧 자연스러운 외관으로 유용성을 장식하는 대상들 속에서처럼 거짓 자연에 대한 호소이고, 의미하는 형식의 사치(luxe)이다. 의미작용에 자연이라는 보증을 주려는 의지가 일종의 구토를 유발한다. 신화는 지나치게 풍부하고, 신화가 잉여적으로 가지고 있는 것이 바로 신화의 동기화이다. 이런 불쾌한 점은 내가 physis(자연)를 이상(idéal)으로, anti-physis(반자연)를 절약(épargne)으로 사용하면서 physis와 anti-physis 사이에서 선택하고 싶지 않은 예술 앞에서 느끼는 것과 동일한 것이다. 윤리적으로 양다리를 걸쳐야 하는 일종의 비열함이 있다.

화가 재구축될 것이다.

동기화는 숙명적이다. 그래도 역시 동기화는 매우 단편적이다. 우선 동기화는 〈자연적〉이지 않다. 즉, 형식에 그 유추를 제공하는 것은 역사이다. 그 다음으로 의미와 개념 사이의 유추는 결국 부분적일 뿐이다. 형식은 많은 유사물들을 버리고 단지 그 중 몇몇 개만을 취한다. 형식은 바스크 오두막의 경사진 지붕, 눈에 띄는 들보들만을 유지하고 계단·창고·녹청 등을 포기한다. 좀더 나아가야 한다. **총체적** 이미지는 신화를 배제하거나, 아니면 적어도 신화로 하여금 이미지 속에서 그 총체성만을 파악하도록 강요할 것이다. 이 후자의 경우는 〈가득 채워진 것〉과 〈완성된 것〉의 신화 위에서 전부 구축된 질 낮은 회화의 경우이다(이것은 부조리 신화와 반대되지만 대칭적인 경우이다. 즉, 부조리 신화의 경우에 형식은 〈부재〉를 신화화하지만, 질 낮은 회화에서는 지나치게 가득 차 있는 것을 신화화한다). 그러나 일반적으로 신화는 의미가 이미 제거되어 의미작용에 준비가 된 캐리커처·모방화·상징 등 빈약하고 불완전한 이미지들의 도움으로 작업하는 것을 더 좋아한다. 마지막으로 동기화는 여러 다른 가능한 동기화들 중에서 선택된다. 나는 흑인의 거수경례와는 다른 많은 기표들을 프랑스 제국주의적 성격에다 제공할 수 있다. 한 사람의 프랑스 장교가 불구인 세네갈인에게 훈장을 수여하고, 수녀가 병들어 누운 북아프리카 원주민에게 물약을 내밀고, 백인 교사가 주목하는 흑인 어린이들을 가르친다든가 하는 것이 그것이다. 언론은 날마다 신화적인 기표의 저장고가 고갈되지 않는다는 것을 보여 줄 책임을 맡고 있다.

다음과 같은 비교가 신화의 의미작용을 잘 설명해 줄 것이다. 신화의 의미작용은 표의문자(idéogramme)만큼이나 자의적이다. 신화는 하나의 순수한 표의 체계로, 거기에서 형식들은 그 형식들이 표현하는 개념에 의해 동기가 부여되어 있다. 그렇다고 해서 그것의 표상하는 총체를 가리는 것은 아니다. 그리고 역사적으로 표의문자가 점점 더 동기가 없어지면서 조금씩 개념을 떠나 소리와 결합한 것과 마찬가지로, 그 의미작용의 자의성에서 어떤 신화의 마모(磨耗)를 알아볼 수 있다. 즉, 의사의 주름 칼러 속에서 보여지는 몰리에르의 모든 작품처럼 말이다.

신화의 독서와 판독

신화는 어떻게 받아들여지는가? 여기에서 의미인 동시에 형식인 그 기표의 이중성으로 한번 더 되돌아와야 한다. 내가 의미에 초점을 맞추는가 혹은 형식에 맞추는가, 아니면 동시에 둘 모두에 맞추는가에 따라 상이한 세 가지 유형의 독법을 만들게 된다.[8]

1) 텅빈 기표에 초점을 맞추어 개념이 신화의 형식을 애매하지 않게 가득 채우도록 한다. 그러면 의미작용이 다시 자의적(littérale)이 되는 단순한 체계 앞에 마주하게 된다. 경례하는 흑인은 프랑스 제국주의적 성격의 한 **예**이고, 그것의 **상징**(symbole)이다. 이런 접근 방식은 하나의 개념에서 출발해 거기에서 하나의 형식을 찾는, 예를 들어 신문의 편집자, 신화의 제작자의 방식이다.[9]

2) 형식과 의미를 분명하게 구별할 수 있는, 따라서 형식이 의미에게 강요하는 변형을 구별할 수 있는, 가득 차 있는 기표에 초점을 맞추어 신화의 의미작용을 해체하고 신화를 속임수로 받아들인다. 경례하는 흑인은 프랑스 제국주의적 성격의 **알리바이**가 된다. 이런 접근 유형은 신화학자의 유형이다. 그는 신화를 판독하고 변형을 이해한다.

---

8) 접근방식의 자유는 기호학에 속하는 문제가 아니다. 그것은 주체의 구체적 상황에 달려 있다.
9) 우리는 사자의 명명을 라틴어 문법의 순수한 한 **예**로 받아들인다. 왜냐하면 우리는 **성인으로서** 그에 대해 창조적 입장에 있기 때문이다. 나는 뒤에서 이런 신화적 구조(schème) 속에서의 배경(contexte)의 가치를 재검토하겠다.

3) 마지막으로 의미와 형식의 풀 수 없는 하나의 전체로서 신화의 기표에 초점을 맞추어 애매한 의미작용을 받아들인다. 우리는 신화를 구성하는 메커니즘에, 그 고유의 역동성에 호응하여 신화의 독자가 된다. 경례하는 흑인은 더 이상 하나의 예도 상징도 아니며, 하물며 알리바이는 더욱 아니다. 그는 프랑스 제국주의적 성격의 **현존** 그 자체이다.

처음 두 개의 접근은 정태적이고 분석적인 차원의 접근이다. 그 접근들은 신화의 의도를 드러냄으로써 혹은 그 의도를 폭로함으로써 신화를 파괴한다. 첫번째 접근방식은 조소적이고, 두번째 방식은 탈기만적이다. 세번째 접근은 역동적이고, 그것은 신화 구조의 목적 자체에 따라 신화를 소비한다. 독자는 사실인 동시에 비현실적인 역사로서 신화를 체험한다.

만일 일반 역사에다 신화적인 구조를 연결시켜 신화적 구조가 어떻게 일정한 사회의 이해관계에 대응하는지를 설명하고자 한다면, 간단히 말해 기호학에서 이데올로기(idéologie)로 넘어가려면 분명히 세번째 접근 층위에 위치해야 한다. 신화의 본질적인 기능을 드러내야 하는 것은 바로 신화의 독자 자신이다. 독자는 **오늘날** 어떻게 신화를 받아들이는가? 독자가 신화를 순진무구하게 받아들일 경우 독자에게 신화를 제공하는 데에는 무슨 이익이 있는가? 그리고 만일 독자가 신화학자처럼 신화를 심사숙고하여 읽는다면 주어진 알리바이는 무슨 소용이 있는가? 신화의 독자가 경례하는 흑인 속에서 프랑스의 제국주의적 성격을 보지 못한다면, 그 흑인에게 그런 성격을 가득 채우는 것은 쓸데없는 일이다. 그리고 독자가 그것을 본다면 신화는 정당하게 표명된 하나의 정치적 제안에 다름 아닌 것이다. 한마디로, 신화의 의도가 지나치게 막연하면 효과적일 수 없고, 또 지나치게 분명해도 믿겨지지 않는다. 두 경우에 애매성은 어디에 있는가?

이것은 잘못된 양자택일에 불과하다. 신화는 아무것도 숨기지 않고 아무것도 드러내지 않는다. 신화는 변형시킨다. 신화는 거짓말도 아니고 고백도 아니다. 그것은 하나의 굴절(inflexion)이다. 방금 이야기한 양자택일 앞에 위치한 신화는 세번째 해결책을 발견한다. 처음 두 가지 접근방식 중 어느 하나에 굴복한다면 사라질지도 모르는 신화는 타협에 의해 그런 위협에서 벗어나는데, 신화가 곧 이 타협이다. 의도적인 개념을 〈통용시킬〉 책임을 맡은 신화는 언어활동 속에서 배반만을 만난다. 왜냐하면 언어활동은 그것이 개념을 숨길 경우 그 개념을 지워 버릴 수 있을 뿐이고, 그 개념을 이야기할 경우에는 그 것을 폭로할 수만 있을 뿐이기 때문이다. **두번째** 기호학 체계의 제작이 신화로 하여금 이런 딜레마에서 벗어나게 해줄 것이다. 즉, 개념을 폭로하거나 제거하도록 궁지에 몰린 신화는 그 개념을 **자연화시키게** (naturaliser) 된다.

이것이 바로 신화의 원리이다. 즉, 신화는 역사를 자연으로 변형시킨다. 이제 **신화의 소비자가 보기에** 왜 개념의 의도, 개념의 감정에 호소하는 성향이 관심의 대상이 되지 않은 채 명백하게 남아 있을 수 있는지 그 이유가 이해된다. 즉, 신화적 파롤을 말하게 하는 원인은 분명하지만, 그것은 곧 자연 속에 움츠리게 된다. 그 원인은 동기로 읽혀지는 것이 아니라 당연한 것으로 읽혀진다. 만일 내가 경례하는 흑인을 제국주의적 성격의 순진한 상징으로 읽는다면, 나는 그 이미지의 현실성을 포기해야 하고, 이 이미지의 현실성은 도구가 됨으로써 나의 눈에 신용을 잃게 된다. 역으로, 만일 내가 흑인의 경례를 식민주의적 성격의 알리바이로 판독한다면, 나는 그 동기의 자명함으로 인해 그 신화를 더 확실하게 무화시키게 된다. 그러나 신화의 독자에게 있어서는 결과가 매우 다르다. 즉, 모든 것은 마치 이미지가 **자연스럽게 개념을 만들어 낸 것처럼, 마치 기표가 기의를 만든 것처럼** 일어난다. 프랑스 제국주의적 성격이 자연의 상태로 이행하는 바로 그 순간부터 신화는 존재한다. 신화는 **지나치게** 정당화된 파롤이다.

신화의 독자가 기표에 의해 기의를 어떻게 합리화시키는지 분명히 이해시켜 주는 다음과 같은 또 하나의 예가 있다. 7월달이다. 우리는 《프랑스수아르》에서 큰 타이틀을 읽는다. 〈가격: **첫번째 하락, 채소: 가격 인하가 시작되다** PRIX: PREMIER FLÉCHISSEMENT. LÉGUMES: LA BAISSE EST AMORCÉE〉. 기호학적 구조를 만들어 보자. 이 예는 하나의 문장으로 첫번째 체계는 순전히 언어학적이다. 두번째 체계의 기표는 여기에서 몇 개의 어휘 변화(단어들: **첫번째**(premier), **시작된**(amorcé), **그** 〔가격 인하〕(la 〔baisse〕)) 혹은 인쇄상의 변화(큰 표제 속의 대형문자들로, 거기에서 독자는 보통 세계의 주요 뉴스를 받아들인다)로 구성된다. 기의 혹은 개념, 이것은 **정부적 성격**(gouvernementalité)이라는, 부정확하지만 불가피한 신조어로 불러야 하는 것이다. 즉, 주요 신문에 의해 효력의 본체로 생각된 〈정부〉라는 의미이다. 그 결과 다음과 같은 신화의 의미작용이 분명히 나타난다. 즉, 과일과 채소는 정부가 그렇게 결정했기 **때문에** 값을 내린다는 것이다. 그런데 꽤 드문 경우이기는 하지만, 신문 자체가 확신에서이든 아니면 성실성에서이든, 두 줄 아래에서 방금 만들어 낸 신화를 깨뜨리는 일이 있다. 즉, 신문은 다음과 같이 (작은 글자로) 덧붙인다. 〈이 가격 인하는 제철을 맞아 과잉 공급으로 돌아섬으로써 용이해졌다〉. 이 예는 두 가지 이유로 유익하다. 우선 이 예는 신화의 인상적인 성격을 완전히 보여 준다. 그 신화에서 기대되는 것은 곧 즉각적인 효과이다. 그 이후에는 신화가 깨지더라도 상관없이 그 신화의 작용은 잠시 후 신화를 부인할 수 있는 합리적인 설명보다도 더 강한 것으로 여겨지기 때문이다. 이는 신화의 독서가 단번에 철저히 이루어진다는 것을 의미한다. 나는 지나가는 길에 내 옆사람이 들고 있는 《프랑스수아르》에 재빨리 눈길을 던진다. 나는 그 신문에서 하나의 **의미**만을 얻을 뿐이지만 진정한 의미작용을 읽는다. 즉, 나는 과일과 채소의 가격 인하 속에서 정부작용의 현존을 **받아들인다**. 그 뿐이고 이것으로 충분하다. 신화를 더 주의 깊게 읽는다 해도 신화의 효력이나 그 신화의 실패를 전혀 증가시키지 않을 것이다. 신화는 불완전한 것이면서 동시에 이론의 여지도 없는 것이다. 시간도 지식도 신화에 아무것도 덧붙이지 않을 것이고, 신화에서 아무것도 제거하지 않을 것이다. 그 다음으로는, 내가 신화의 본질적인 기능으로 제시한 개념의 **자연화**(naturalisation)가 이 예에서 전형적으로 나타난다. (오로지 언어학적인) 제1체계에서 인과관계는 문자 그대로 자연적이다. 과일과 채소는 제철이기 때문에 가격이 하락한다. (신화적인) 두번째 체계는 인위적이고 거짓된 인과관계이지만, 그러나 그 관계는 말하자면 자연이라는 화물차 속으로 미끄러져 들어간다. 이런 이유로 신화는 순진한 파롤로 체험된다. 이것은 신화의 의도가 숨어 있기 때문이 아니다. 만일 그 의도가 숨겨져 있다면 그 신화는 효과적일 수 없을 것이다. 그것은 바로 그 의도들이 자연화되었기 때문이다.

실제로 독자로 하여금 순진무구하게 신화를 소비하도록 해주는 것은, 바로 그 신화 속에서 독자가 기호학적 체계를 보는 것이 아니라 귀납적인 체계를 보기 때문이다. 하나의 등가관계만이 있는 곳에서 독자는 일종의 인과과정을 본다. 기표와 기의는 독자의 눈에 자연스러운 관계를 갖는다. 이런 혼동을 다르게 설명하면, 모든 기호학 체계는 가치 체계(système de valeurs)이다. 그런데 신화의 소비자는 의미작용을 사실 체계(système factuel)로 간주한다. 신화는 그것이 기호학 체계에 불과하지만 사실 체계로 읽혀진다.

도난당한 언어활동으로서의 신화

신화의 속성은 어떤 것인가? 그것은 의미를 형식으로 변형시키는 것이다. 다시 말해 신화는 늘 언어활동을 도둑질하는 것이다. 나는 경례하는 흑인, 하얗고 갈색의 오두막, 과일들의 제철 가격 인하를 훔쳐서 그것을 예증이나 상징으로 만드는 것이 아니라, 그것들을 통해 제국, 바스크적인 것에 대한 나의 취향, 정부를 자연화시킨다. 모든 첫번째 언어활동은 숙명적으로 신화의 먹이인가? 형식이 의미를 위협하는 이런 포획에 저항할 수 있는 의미는 하나도 없는가? 실제로 신화를 피할 수 있는 것은 아무것도 없어서, 신화는 어떤 의미이든 상관없이 그 의미에서 출발해, 그리고 우리가 이미 본 대로 의미 그 자체의 박탈에서 출발해 신화의 두번째 구조를 발전시킬 수 있다. 그러나 모든 언어활동이 동일한 방식으로 저항하지는 않는다.

신화가 가장 빈번히 훔쳐가는 언어활동인 언어는 매우 미약한 저항을 한다. 언어는 그 자체로 몇몇 신화적인 성향을 내포하고 있고, 언어를 사용하게 하는 의도를 표명하는 기호 체제(appareil de signes)의 윤곽을 내포하고 있다. 이것은 언어의 **표현성**(expressivité)이라고 부를 수 있는 것이다. 예를 들어 명령법이나 접속법은 의미와는 다른 특수한 기의의 형식이다. 이 경우에 기의는 나의 의지나 혹은 나의 기원이다. 이런 이유로 몇몇 언어학자들은, 예를 들어 직설법을 접속법과 명령법에 비교해 제로상태 혹은 영도(degré zéro)로 규정했다. 그런데 완전히 구축된 신화 속에서 의미는 결코 영도의 상태에 있지 않다. 따라서 이러한 이유로 개념은 의미를 변형시킬 수 있고 의미를 자연화시킬 수 있다. 의미의 제거가 결코 영도가 아니라는 것을 한번 더 상기해야 한다. 바로 그렇기 때문에 신화는 의미를 탈취하여 그 의미에다, 예를 들어 부조리의 의미작용, 초현실주의의 의미작용 등을 부여할 수 있다. 결국 신화에 저항할 수 있는 것은 영도뿐일 것이다.

언어는 또 다른 방식으로 신화에 내맡겨진다. 언어가 처음부터 가득 차 있는 의미, 변형 불가능한 의미를 강요하는 일은 매우 드물다. 이는 그 개념의 추상성(abstraction) 때문이다. 즉, **나무**라는 개념은 막연하고 여러 가지 우연성에 내맡겨진다. 물론 언어는 모든 소유 체제(appareil appropriatif: **이** 나무(cet arbre), **이러이러한** 나무(l'arbre qui) 등)를 이용한다. 그러나 최종 의미의 주위에는 언제나 또 다른 가능한 의미가 떠도는 잠재적인 두께(épaisseur)가 있다. 의미는 거의 언제나 **해석**될 수 있다. 언어는 신화에다 구멍 뚫린 의미(sens ajouré)를 제시한다고 말할 수 있을 것이다. 신화는 그 안에 쉽게 스며들어 그 속에서 팽창할 수 있다. 즉, 이것은 식민지화(colonisation)에 의한 도둑질이다(예를 들어 그 가격 인하가 시작되었다. 그러나 어떤 가격 인하인가? 제철의 가격 인하인가 아니면 정부의 가격 인하인가? 이 경우 의미작용은 신문기사에 기생하는 존재, 그러나 제한된 신문기사에 기생하는 존재가 된다).

의미가 지나치게 충만하여 신화가 의미를 침범할 수 없을 때 신화는 의미의 방향을 바꿔 그 의미를 통째로 강탈한다. 이것이 바로 수학적 언어활동에서 일어나는 일이다. 그 자체로는 그것은 변형이 불가능한 언어활동으로, **해석**(interprétation)에 대한 온갖 경계를 취하고 있다. 즉, 어떤 기생적인 의미작용도 그 안에 스며들 수 없다. 바로 이런 이유로 신화는 그 언어활동을 통째로 탈취하게 된다. 신화는 어떤 수학 공식($E=mc^2$)을 취해 이 불변하는 의미를 수학성(mathé-maticité)의 순수한 기표로 만들게 된다. 다 알다시피 여기에서 신화가 훔치는 것, 그것은 바로 저항(résistance)이고, 순수성(pureté)이다. 신화는 신화에 거부하는 움직임에 이르기까지, 모든 것에 영향을 미치고 모든 것을 부패시킬 수 있다. 그 결과 대상 언어활동이 처음에 저항하면 할수록 종국에 가서는 그것의 매음(prostitution)이 더욱더 심해진다. 즉, 전적으로 저항하는 것은 전적으로 굴복하게 된다. 한쪽에는 아인슈타인이, 다른 쪽에는 《파리 마치》가 있는 것이다. 이런 갈등에 대해 시간적인 이미지를 부여할 수 있다. 즉, 수학적 언어활동은 하나의 **이미 끝나 버린** 언어활동으로, 그것은 이런 동의된 죽음에서 그 완벽함 자체를 끌어낸다. 신화는 반대로 죽기를 원하지 않는 언어활동이다. 신화는 신화가 양분으로 먹고 사는 의미에서 교활하고 타락한 생존을 빼앗고, 의미 속에 인위적인 유예기간을 유발하여 그 속에 신화가 편안하게 자리를 잡고 의미를 말하는 송장으로 만든다.

신화에 할 수 있는 한 저항하는 또 다른 하나의 언어활동이 있다. 즉, 우리의 시적 언어활동이다. 현대시[10]는 **하나의 역행하는 기호학 체계**이다. 신화가 초의미작용(ultra-signification)을, 제1체계의 확대를 목표로 하는 반면, 반대로 시는 하부 의미작용(infrasignification)

---

10) 고전시는 반대로 매우 신화적인 체계일 것이다. 왜냐하면 고전시는 〈규칙성〉(régularité)이라는 보조적인 기의를 의미에 강요하기 때문이다. 예를 들어 12음절시(alexandrin)는 담론의 의미로서의 가치가 있는 동시에 담론의 시적 의미작용인 새로운 총체의 기표로서의 가치가 있다. 성공한다면 이 성공은 두 체계의 표면상의 융합의 정도에서 기인하는 것이다. 주지하다시피 내용(fond)과 형식(forme) 사이의 조화의 문제가 아니라, 하나의 형식에서 또 다른 형식으로의 **우아한** 흡수가 문제된다. 나는 **우아함**이라는 표현으로 여러 방법들 중 가장 훌륭한 경제적 사용을 의미한다. 비평이 의미와 **내용**을 혼동하는 것은 바로 매우 오래 된 남용 때문이다. 언어는 형식의 체계에 불과하고 의미는 하나의 형식이다.

을, 언어활동의 기호학 이전의 상태를 재발견하려고 시도한다. 간단히 말해서 시는 기호를 의미로 재변형시키려고 한다. 즉, 시의 이상 (idéal) —— 특정 경향을 갖는 —— 은, 단어들의 의미가 아니라 사물들 그 자체의 의미에 도달하는 것이다.[11] 바로 그 때문에 시는 언어를 뒤흔들고, 가능한 한 개념의 추상성과 기호의 자의성을 증가시키고, 기표와 기의의 관계를 가능한 극단까지 느슨하게 한다. 개념의 〈떠도는〉(flottée) 구조가 여기에서는 최대한 이용된다. 산문과는 반대로 마침내 사물의 일종의 초월적인 자질에 도달하려는, 사물의 (인간적이지 않고) 자연적인 의미에 도달하려는 희망에서 시적 기호가 존재하게 만들려고 하는 것은 바로 기의의 잠재력이다. 시가 반언어활동 (antilangage)이고자 함에 따라, 시만이 **사물 그 자체**를 포착한다는 확신이, 시의 본질주의적인 야망들이 바로 여기에서 생긴다. 결국 파롤을 사용하는 모든 사람들 중에서 시인들이 가장 덜 형식주의자들이다. 왜냐하면 그들만이 말들의 의미가 하나의 형식에 불과하다고 생각하기 때문인데, 사실주의자들인 그들은 형식으로 만족할 수 없을 것이다. 그런 이유로 우리의 현대시는 언제나 언어활동의 살해로 나타나고, 공간적이고 감각적인 일종의 침묵과 유사한 것으로 나타난다. 시는 신화의 반대 위치를 차지한다. 즉, 신화는 사실 체계 속에서 자신을 초월하고자 하는 기호학적 체계이다. 반면 시는 본질적 체계속에 움츠러들기를 바라는 기호학적 체계이다.

그러나 이 경우에도 또한 수학적인 언어활동의 경우에서처럼 시의 저항 자체가 시를 신화를 위한 이상적인 먹이로 만든다. 본질적인 차

---

11) 여기에서 사르트르가 의미한 것처럼 기호학적 체계 밖에 위치한 사물들의 자연적인 속성으로서의 의미가 발견된다(《聖 주네, 희극배우와 순교자 Saint Genet, comédien et martyr》, p.283).

원의 시적 측면인 기호들의 표면상의 무질서는 신화에 의해 사로잡혀 텅빈 기표로 변형되는데, 그 기표가 곧 시를 **의미하는** 데 사용될 것이다. 이것이 현대시의 **있음직하지 않은** 성격을 설명한다. 즉, 신화를 완강하게 거부하면서 시는 손과 발이 묶인 채 신화에 항복하고 만다. 역으로 고전시의 **규칙**은 하나의 합의된 신화를 구축하는데, 그 신화의 명백한 자의성(arbitraire)이 어떤 완벽함을 형성했다. 왜냐하면 기호학적 체계의 균형은 그 기호들의 자의성에서 생기기 때문이다.

신화에 대한 자발적 승인은 게다가 프랑스의 전통문학을 규정할 수 있다. 즉, 규범적으로 이 문학은 하나의 명백한 신화적 체계이다. 거기에는 하나의 의미, 즉 담론의 의미가 있다. 그리고 형식이나 혹은 기술체(écriture)로서의 이 동일한 담론인 기표와 문학의 개념이라는 기의가 있다. 그리고 문학적 담론이라는 의미작용이 있다. 나는 《기술체의 영도》 속에서 이 문제를 다루었는데, 이 책은 결국 문학적 언어활동의 신화학에 불과했다. 나는 그 책에서 기술체를 문학적 신화의 기표로, 즉 이미 의미로 가득 찬, 그리고 새로운 하나의 의미작용을 문학의 개념으로부터 받아들이는 하나의 형식으로 규정했다.[12] 나는 약 1백여 년 전에 역사가 작가의 의식을 변형시킴으로써 문학적 언어활동의 도덕적 위기를 유발했다고 시사한 바 있다. 즉, 기술체는 기

---

12) 적어도 내가 규정한 대로 문체(style)는 하나의 형식이 아니고, 그것은 문학의 기호학적 분석에 속하지 않는다. 사실상 문체는 끊임없이 형식화의 위협을 받는 하나의 실질(substance)이다. 우선 문체는 글쓰기로 강등될 수 있다. 즉, 말로형 글쓰기(écriture-Malraux)와, 말로 자신의 투(chez Malraux)가 있다. 그 다음으로 문체는 특수한 언어활동이 될 수 있다. 즉, 작가가 **스스로를 위해, 자기 자신만을 위해** 사용하는 언어활동이다. 그때 문체는 일종의 유아론적인 신화이고, 작가가 **스스로를** 이야기하는 언어이다. 이러한 정도의 응결에서 문체는 하나의 판독, 하나의 심오한 비평을 요청한다고 생각된다. 장 폴 리샤르의 저작들이 문체에 대한 이러한 필수적 비평의 한 예이다.

표로, 문학은 의미작용으로 드러났다. 전통적인 문학 언어활동의 거짓된 본성(fausse nature)을 내던짐으로써 작가는 격렬하게 언어활동의 반(反)본성(antinature) 쪽으로 이탈했다. 글쓰기의 전복은 그것을 통해 몇몇 작가들이 신화적 체계로서의 문학을 부인하려고 했던 급진적인 행위였다. 그 각각의 반항은 의미작용으로서의 문학에 대한 살해였다. 모든 반항들은 문학적 담론에서 단순한 기호학적 체계로의 환원을, 혹은 시의 경우에는 기호학 이전의(présémiologique) 체계로의 환원을 가정했다. 이는 대단히 거대한 작업으로, 이것이 급진적인 행동을 요구했다. 즉, 어떤 행동들은 담화의 완전한 중단(sabordage), 곧 신화의 거대한 힘인 신화의 반복에 대항할 수 있는, 가능한 유일한 무기로 나타나는, 현실적인 혹은 전환된 침묵에까지 이르렀다는 것은 주지의 사실이다.

따라서 내부로부터 신화를 극복하는 것은 극히 어려운 것처럼 보인다. 왜냐하면 신화에서 빠져나오기 위해서 행하는 이런 움직임 자체가 바로 그 차례로 신화의 먹이가 되기 때문이다. 신화는 언제나 최종단계에서는 신화에 대항하는 저항을 의미할 수 있다. 사실상 신화에 반대하는 가장 좋은 무기는 아마도 그 차례로 신화를 신화화하는 것으로, 곧 **인위적인 신화**(mythe artificiel)를 만드는 것이다. 그러면 이 재구축된 신화가 하나의 진정한 신화학이 될 것이다. 신화가 언어활동을 훔치는데 왜 신화를 훔치지 못하겠는가? 이를 위해서는 신화 자체를 세번째 기호학적 연쇄의 출발점으로 만들고, 그 의미작용을 두번째 신화의 제1항으로 제기하는 것으로 충분할 것이다. 문학은 이 인위적인 신화학들의 몇 가지 중요한 예를 제공한다. 여기에서 나는 플로베르의 《부바르와 페퀴셰》를 언급하겠다. 그것은 실험적인 신화, 제2차원의 신화(mythe au second degré)라고 부를 수 있는 것이다. 부바르와 그의 친구 페퀴셰는 (한편으로는 다른 부르주아 계층과 충돌하는) 어떤 부르주아 계급을 대표한다. 그들의 담론은 **이미** 하나의 신화적인 파롤을 구축하고 있다. 거기에서 언어는 하나의 의미를 갖지만 이 의미는 개념적 기의가 비어 있는 형식으로, 이 형식은 여기에서 일종의 기술적인 빈곤(insatiété technologique)이다. 의미와 개념의 만남은 이 첫번째 신화적 체계 속에 부바르와 페퀴셰의 수사학이라는 하나의 의미작용을 형성한다. 바로 여기에(나는 분석의 필요성 때문에 분해한다) 플로베르가 개입한다. 이미 두번째 기호학적 체계인 이 첫번째 신화적 체계에 그는 제3의 연쇄를 중첩시키는데, 그 세번째 연쇄 속에서 첫번째 고리는 첫번째 신화의 최종항 혹은 의미작용이 된다. 부바르와 페퀴셰의 수사학은 곧 새로운 체계의 형식이 된다. 여기에서 개념은 플로베르 자신에 의해, 플로베르의 시선에 의해, 부바르와 페퀴셰가 이미 구축된 신화 위에서 만들어지게 된다. 이는 그들의 타고난 우유부단성, 그들의 욕구 불만, 갑작스럽게 바꿔치우곤 하는 그들의 여러 견습들, 간단히 말해 내가 부바르와 페퀴셰적 성질(la bouvard-et-pécuché-ité)이라고 부르고자 했던 것 (그러나 나는 멀리서 불호령이 들리는 것만 같다)이 될 것이다. 최종 의미작용에 대해 말하자면, 그것은 작품, 즉 우리에게는《부바르와 페퀴셰》이다. 두번째 신화의 힘, 그것은 이미 검토된 순진함(naïveté)이란 토대 속에 첫번째 신화를 세우는 것이다. 플로베르는 신화적 파롤의 진정한 고고학적 복원에 전념했다. 이는 어떤 부르주아 이데올로기를 지닌 비올레 르 뒤크[13]와 같은 사람이다. 그러나 비올레 르

---

13) 1814-79년. 파리 태생의 건축가로 중세 건축물들과 몇 개의 기념비를 복원하였다. 대표작으로 파리의 〈노트르담 대성당〉과 〈피에르퐁 성채〉 등이 있다.

뒤크보다 덜 순진한 플로베르는, 그 파롤의 속임수를 깨닫게 하는 보조 장식들을 그 파롤의 재구축에 이용했다. 이 장식들(이것은 두번째 신화의 형식이다)은 접속법 영역에 속한다. 즉, 부바르와 페퀴셰의 담론의 접속법의 복원과 그들의 우유부단주의(velléitarisme) 사이에는 기호학적인 등가관계가 있다.[14]

플로베르의 장점(그리고 모든 인위적 신화학들의 장점 —— 사르트르의 작품 속에도 주목할 만한 인위적 신화학들이 있다)은 바로 사실주의의 문제점에 명백히 기호학적인 해결책을 제공했다는 것이다. 이는 확실히 불완전한 장점이다. 왜냐하면 플로베르에게 있어 부르주아란 심미적인 추악함에 불과한 것이어서, 그의 이데올로기는 사실주의적인 것은 아무것도 가지고 있지 않기 때문이다. 그러나 어쨌든 그는 기호학적인 현실과 이념적인 현실을 혼동하는 문학에서의 커다란 오류를 피했다. 이데올로기로서의 문학적 사실주의는 작가에 의해 이야기된 언어에 전적으로 종속되지는 않는다. 언어는 하나의 형식일 뿐으로, 언어는 사실주의적일 수도 없고 비사실주의적일 수도 없다. 언어가 될 수 있는 모든 것, 그것은 바로 신화적이거나 신화적이지 않은 것, 혹은 《부바르와 페퀴셰》처럼 반(反)신화적(contre-mythique)인 것이다. 그런데 불행히도 사실주의와 신화 사이에는 어떤 반감도 없다. 얼마나 자주 우리의 〈사실주의〉 문학이 신화적인지(이것이 사실주의의 조잡한 신화에 불과할지라도) 그리고 얼마나 우리의 〈비사실주의적인〉 문학이 적어도 별로 신화적이지 않다는 장점을 가지고 있는지 우리는 알고 있다. 분명히 작가의 사실주의를 본질적으로 이념적

---

14) 접속법 형태. 왜냐하면 라틴어는 탈기만화의 놀라운 도구인 〈간접화법 혹은 간접담론〉을 이런 방식으로 표현했기 때문이다.

인 문제로 규정하는 것이 현명할 것이다. 물론 현실에 대한 형식의 책임감이 없다는 것은 아니다. 그러나 이런 책임감은 단지 기호학적인 항에서만 측정될 수 있다. 하나의 형식은 표현(expression)이 아니라 의미작용으로서만 단지(소송중에 있으므로) 심판받을 수 있다. 작가의 언어활동은 현실을 **재현**할 책임이 있는 것이 아니라 현실을 의미할 책임이 있다. 이것은 비평에다 완전히 다른 두 가지 방식을 이용해야 할 의무를 부과할 것이다. 즉, 작가의 사실주의를 이념적인 실체로 다루거나(예를 들어 브레히트 작품 속의 마르크스주의적인 테마), 혹은 기호학적인 가치로 다루어야 한다(브레히트의 극작법에서의 소도구들·연기자·음악·색채). 이상적인 것은 분명 이 두 개의 비평을 결합시키는 일일 것이다. 한결같은 오류는 그것들을 혼동하는 것이다. 이데올로기는 그 나름의 방법들을 가지고 있고 기호학도 그 나름의 방법들을 가지고 있다.

익명의 사회로서의 부르주아 계급

신화는 두 가지 점에서 역사에 내맡겨진다. 즉, 상대적으로만 동기가 부여된 신화의 형식에 의해, 그리고 본래 역사적인 신화의 개념에 의해서이다. 따라서 우리는 신화들을 회고(rétrospection)에 맡기거나(이것은 역사적인 신화학을 세우는 것이다), 혹은 과거의 몇몇 신화를 오늘날의 그 형식에까지 추적하는(이는 미래 조망적인 역사를 만드는 것이다) 신화들에 대한 통시적인 연구를 생각할 수 있다. 내가 여기에서 현대 신화들에 대한 공시적인 간단한 설명에 그치는 것은 곧 객관적인 이유 때문이다. 즉, 우리 프랑스 사회는 신화적인 의미작용의 특권이 부여된 장이기 때문이다. 이제 이유를 이야기해 보자.

여러 가지 사건·타협·양보, 그리고 정치적인 모험들이 어떤 것이든간에, 역사가 우리에게 가져다 준 기술적·경제적, 혹은 사회적인 기조차 한 변화들이 어떤 것이든간에 우리 프랑스 사회는 여전히 부르주아 사회이다. 나는 1789년 이래 프랑스에서 여러 유형의 부르주아 계급이 권력을 계승해 왔다는 사실을 알고 있다. 그러나 뿌리 깊은 위상이 남아 있는데, 이는 어떤 소유제도, 어떤 질서, 어떤 이데올로기의 위상이다. 그런데 이 제도를 명명하는 데 있어 어떤 주목할 만한 현상이 일어난다. 경제적인 사실로서의 부르주아 계급은 어려움 없이 **명명**된다. 즉, 자본주의가 공언된다.[15] 정치적인 사실로서의 부르주아 계급은 쉽게 인식되지 않는다. 즉, 의회에는 〈부르주아〉 당이 없다. 이념적인 사실로서의 부르주아 계급은 완전히 사라진다. 즉, 부르주아 계급은 실재에서 실재의 표상으로, 경제적인 인간에서 정신적인 인간으로 이행하면서 그 이름을 지워 버렸다. 부르주아 계급은 사실들(faits)에는 만족하지만 가치와는 타협하지 않고, 부르주아라는 지위가 진정한 **탈명명**(ex-nomination) 작용을 겪게 한다. 부르주아 계급은 **명명되고 싶어하지 않는 사회적 계급**으로 규정된다. 〈부르주아〉·〈프티부르주아〉·〈자본주의〉[16)·〈프롤레타리아〉[17)는 끊임없는 유출(hémorragie)의 장소이다. 그들 이름이 불필요한 것이 될 정도로 그들 밖으로 의미가 흘러나간다.

이 탈명명 현상은 중요하므로 좀더 상세히 그것을 고찰해야 한다. 정치적으로 부르주아라는 명칭의 유출은 **국민**(nation)이라는 사상을 통해서 이루어진다. 이것은 귀족계급을 배제하는 데 이용되는 그 당시 진보적인 사상이었다. 오늘날 부르주아 계급은, 그 계급이 비난하는 국민 분자들을 이질분자(공산주의자들)라고 거부하면서까지 국민 속에 용해되어 들어간다. 이런 계획된 통합주의는 부르주아 계급으로 하여금 일시적인 그 동맹국민의 숫자상의 보증을 받아들이도록, 모든 중간 계층, 따라서 〈무정형의〉 모든 계층들을 받아들이도록 해 준다. 이미 오래 된 관용은 **국민**이라는 단어의 밑바닥까지 비정치화시킬

---

15) 〈자본주의는 노동자를 부유하게 만들어야 한다〉고 《파리 마치》지는 우리에게 이야기한다.

16) 〈자본주의〉라는 단어는 경제적으로 금기(tabou)가 아니라 이념적으로 금기이다. 그 단어는 부르주아를 표상하는 어휘에 들어갈 수 없다. 재판정이 특히 형사 피의자를 〈반자본주의적 음모〉로 단죄하려면 파루크(Farouk, 1920-65 : 1937-52년까지 이집트의 왕)의 이집트가 필요할 것이다.

17) 부르주아 계급은 〈프롤레타리아〉라는 단어를 결코 사용하지 않는데, 그 단어는 공산당에 의해 길을 잃게 된 프롤레타리아를 상상하는 것이 바람직한 경우를 제외하고는 좌파 신화로 간주된다.

수 없었다. 정치적인 바탕이 여기에 아주 가까이 있어서, 이러저러한 상황이 단번에 그 정치적인 바탕을 드러낸다. 즉, 의회에는 여러 개의 〈국민당〉이 있고, 명목상의 통합주의는 여기에서 그 통합주의가 감추고자 하는 것을 드러낸다. 즉, 본질적인 부조화가 그것이다. 주지하다시피, 부르주아 계급의 정치적 어휘는 어떤 보편적인 것이 있음을 이미 상정한다. 그 자체로 정치는 이미 하나의 표상이고 이데올로기의 단편이다.

정치적으로 부르주아 계급은 그 어휘의 보편주의적인 노력에도 불구하고 당연히 혁명당이라는, 저항하는 골수분자에 부딪치게 된다. 그런데 그 당은 단지 정치적인 풍요함만을 구축할 수 있을 뿐이다. 즉, 부르주아 사회에는 프롤레타리아 문화도, 프롤레타리아 도덕도 없으며, 프롤레타리아 예술도 없다. 이념적으로 부르주아가 아닌 모든 것은 부르주아 계급의 힘을 **빌려야** 한다. 따라서 부르주아의 이데올로기는 모든 것을 채울 수 있고, 별 위험 없이 그 명칭을 잃을 수 있다. 즉, 여기에서 아무도 이 부르주아라는 명칭을 그에게 되돌려 주지 않을 것이다. 그 이데올로기는 부르주아 연극, 부르주아 예술, 부르주아 인간을 영원한 그들의 유사물(analogues) 아래에 손쉽게 포섭할 수 있다. 한마디로 그 이데올로기는 유일하고 동일한 인간적 본질만이 있을 때 거리낌없이 탈명명될 수 있다. 부르주아라는 명칭의 탈락은 여기에서 총체적이다.

물론 부르주아의 이데올로기에 반대하는 여러 반항들이 있다. 일반적으로 아방가르드(avant-garde)라고 불리는 것이 그것이다. 그러나 이런 반항들은 사회적으로 제한되고, 그것들은 수렴 가능한 것이다. 왜냐하면 우선 이런 반항들은 일부 부르주아 계급, 즉 소수 예술가 그룹·지식인 그룹에 속하기 때문인데, 이들 또한 그들이 비판하는 계층 자체와는 다르지 않은 대중으로, 그들은 자신을 표현하기 위해 그 계층의 자본에 의존하고 있다. 그 다음으로 이 반항들은 언제나 윤리적인 부르주아와 정치적인 부르주아 사이를 매우 강하게 구별함으로써 원동력을 얻는다. 즉, 아방가르드가 항의하는 것은 예술에서의, 도덕에서의 부르주아로, 이것은 기껏해야 낭만주의의 전성기 때처럼 삼류작가이고 속물이다. 그러나 정치적인 비판은 전혀 하지 않는다.[18] 아방가르드가 부르주아 계급 속에서 용인하지 못하는 것은 바로 부르주아의 신분이 아니라 그 계급의 언어활동이다. 이것은 물론 아방가르드가 부르주아의 신분을 승인한다는 것이 아니다. 아방가르드는 그 문제를 제쳐둔다. 아무리 유혹이 강할지라도 아방가르드가 결국 담당하는 것은 버림받은 인간이지 소외된 인간이 아니다. 그리고 버림받은 인간, 이것은 **영원한 인간**(Homme Eternel)이다.[19]

부르주아 계급의 이 익명성은 이른바 부르주아 문화에서 그 문화의 확대되고 대중화되고 활용된 형태로 이해될 때, 즉 대중철학이라 부를 수 있는 것으로 이행될 때 두터워지는데, 이 대중철학은 곧 일상적인 도덕, 시민 의례들, 세속적인 의식들, 간단히 말해 부르주아 사회 속의 상호관계적인 삶에 대한 불문율을 유지하게 하는 것이다. 이것은 지배적인 문화를 그 문화의 창조적 핵심으로 되돌리려는 환

---

18) 부르주아 계급의 윤리적인(혹은 심미적인) 반대자들이 그 계급의 정치적인 결정에는 대부분 무관심하고, 심지어는 그 결정에 충실하기까지 하다는 것은 주목할 만하다. 반대로 부르주아 계급의 정치적인 반대자들은 그 계급의 윤리적인 표상을 심하게 단죄하지는 않는다. 그들은 종종 그 표상들을 공유하기까지도 한다. 이러한 공격의 단절은 부르주아 계급에 유리한 것으로, 그 단절이 부르주아 계급의 명칭을 흐리게 해준다. 그런데 부르주아 계급은 그 정치적인 결정과 윤리적 표상의 종합으로서만 이해되어야 할 것이다.

19) 버림받은 인간의 〈무질서한〉 형상들이 있을 수 있다(예를 들어 이오네스코). 이는 본질(Essences)의 안전성에는 아무런 영향을 미치지 않는다.

상이다. 또한 순수 소비의 부르주아 문화가 있다. 프랑스 전체는 이 익명의 이데올로기에 잠겨 있다. 프랑스의 신문, 영화, 연극, 통속문학, 여러 의식들, 사법, 외교, 화제, 날씨, 재판받는 범죄, 감동을 주는 결혼, 사람들이 꿈꾸는 요리, 착용되는 의상 등 프랑스의 일상생활 속의 모든 것은 인간과 세계의 관계에 대해 부르주아 계급이 **스스로 만드는, 그리고 프랑스인들에게 만들어 주는** 표상에 종속되어 있다. 이런 〈규범화된〉 형식들은 그 폭넓은 범위에 비해 관심을 거의 불러일으키지 않는다. 그 형식들의 기원은 쉽게 자취를 감춘다. 그 형식들은 중간 입장을 향유한다. 직접적으로 정치적이지도 않고 직접적으로 이념적이지도 않기 때문에, 그 형식들은 투사들의 행동과 지식인들의 논쟁 사이에서 평화롭게 살고 있다. 이 양쪽 모두로부터 다소 버림받은 이 형식들은 미분화된, 의미가 없는 거대한 덩어리, 간단히 말해 자연이라는 거대한 덩어리에 이르게 된다. 그렇지만 부르주아 계급이 프랑스에 침투하는 것은 그 윤리학을 통해서이다. 즉, 국가적으로 실행된 부르주아 규범들은 자연적인 질서의 명백한 법칙들로 체험된다. 부르주아 계층이 그 표상들을 퍼뜨리면 퍼뜨릴수록 그 규범들은 더욱더 자연화된다. 부르주아적인 사실은 불분명한 우주 속으로 흡수되는데, 이 우주의 유일한 주민은 프롤레타리아도, 부르주아도 아닌 **영원한 인간**이다.

따라서 부르주아의 이데올로기는 바로 중간 계층들 속으로 침투함으로써 가장 확실히 그 이름을 잃을 수 있다. 프티부르주아의 규범들은 부르주아 문화의 잔재이고, 이는 타락한, 빈약해진, 상업화된, 약간 시대에 뒤진, 혹은 유행에 뒤떨어진 부르주아의 진실들이다. 부르주아 계급과 프티부르주아 계급의 정치적인 연합이 1세기도 더 이전부터 프랑스의 역사를 결정하고 있다. 그 연합이 깨어진 경우는 매우 드물고, 그것도 매번 일시적으로만 깨어졌다(1848 · 1871 · 1936).[20] 이런 연합은 시간과 더불어 더 두터워지고 조금씩 공생관계가 된다. 일시적인 각성이 이루어질 수 있지만 공통 이데올로기는 결코 더 이상 문제되지 않는다. 〈자연스러운〉 동일한 반죽이 모든 〈거국적인〉 표상들을 뒤덮어 버린다. 계급적인 관습에서 나온 성대한 부르주아 결혼식(부의 과시와 소비)은 프티부르주아 계급의 경제적인 지위와 어떤 관계도 가질 수 없다. 그러나 신문 · 뉴스 · 문학에 의해 그 결혼식은 조금씩 프티부르주아 커플의, 체험되지는 못해도 적어도 꿈꾸어지는 규범 자체가 된다. 부르주아 계급은 뿌리 깊은 위상을 조금도 갖지 못하는, 그리고 상상세계, 즉 고착된 의식과 빈약해진 의식 속에서만 단지 그 위상을 체험할 수 있는 인류 전체를 자신의 이데올로기 속으로 끊임없이 흡수한다.[21] 프티부르주아용 집단 이미지 목록을 통해 자신의 표상들을 퍼뜨림으로써, 부르주아 계급은 사회계급이 분화되지 않았다고 생각하는 환상을 확립한다. 즉, 한달에 2만 5천 프랑을 받는 타이피스트가 부르주아의 성대한 결혼식 속에서 **자기 자신을 발견하는** 그 순간부터 부르주아의 탈명명은 완전한 효과를 얻게 된다.

부르주아라는 이름의 탈락은 따라서 허위의, 우연적인, 부수적인, 자연적인 혹은 무의미한 현상이 아니다. 그 현상은 부르주아 이데올로기 자체이고, 부르주아 계급이 세계의 현실을 세계에 대한 이미지

---

20) 1848년 2월 혁명: 루이 필리프의 양위와 제2공화국 선언으로 이르는 혁명운동. 1871년 파리 코뮌 : 노동자 대중에 의해 지지된 프랑스의 반란 정부. 1936년 프랑스 좌파 당들(공산당 · 국제노동자동맹 프랑스 지부 · 급진당)의 동맹으로 1936년 5월 선거에서 승리한 해.

21) 집단적 상상력의 선동은 언제나 비인간적인 시도이다. 왜냐하면 꿈이 삶을 운명으로 본질화시키기 때문일 뿐만 아니라, 또한 꿈이 빈약한 것이고, 꿈은 부재를 보증하는 것이기 때문이다.

로, **역사**를 **자연**으로 변형시키는 움직임이다. 이런 이미지는 그것이 전복된 이미지[22]라는 특징을 갖는다. 부르주아 계급의 위상은 특수하고 역사적이다. 부르주아 계급이 나타내는 인간은 보편적이고 영원할 것이다. 부르주아 계층은 바로 기술적이고 과학적인 진보 위에, 자연의 무한한 변형 위에 자신의 권력을 세웠다. 부르주아 이데올로기는 불변하는 자연을 복원할 것이다. 초기 부르주아 철학자들은 의미작용의 세계에 침투하여, 그 의미작용들이 인간을 위해 만들어진 것이라고 비난하면서 모든 것을 합리성에다 종속시켰다. 따라서 부르주아 이데올로기는 과학만능주의적이거나 아니면 직관적이 되고, 사실을 증명하거나 아니면 가치를 인지하겠지만 설명은 거부할 것이다. 세계의 질서는 충분하거나 혹은 말로 표현할 수 없는 것이지 결코 의미를 나타내는 것은 아닐 것이다. 결국 완전하게 될 수 있는 유동적인 세계의 기본 사상은, 무한히 되풀이되는 아이덴티티로 규정된 불변하는 인류의 전복된 이미지를 만들어 낼 것이다. 간단히 말해, 현대 부르주아 사회에 있어 현실에서 이데올로기로의 이행은 **반자연**(anti-physis)에서 **거짓 자연**(pseudo-physis)으로의 이행으로 규정된다.

---

22) 〈인간과 그의 상황이 사진기의 어둠상자(chambre noire)에서처럼 전복된 이데올로기 속에 나타난다면, 이 현상은 그것들의 생생한 역사적 과정에서 생기는 것이다……〉(마르크스, 《독일 이데올로기 *Die deutsche Ideologie*》, I, p.157).

신화는 비정치화된 파롤이다

바로 여기에서 신화가 발견된다. 기호학은 신화의 임무가 역사적인 의도를 자연으로, 우연성을 영원으로 만드는 것임을 이미 가르쳐 준 바 있다. 그런데 이런 방식은 바로 부르주아 이데올로기의 방식이다. 만일 우리 사회가 객관적으로 신화적 의미작용들의 특권적인 장이라면, 이는 신화가 형식적으로 우리 사회를 규정하는 이데올로기의 전복에 가장 적당한 도구이기 때문이다. 즉, 인간의 의사소통의 모든 층위에서, 신화는 **반자연**(anti-physis)에서 **거짓 자연**(pseudo-physis)으로의 전복을 행한다.

세계가 신화에 제공하는 것은 비록 멀리 거슬러 올라가야 할지라도, 인간들이 그것을 만들어 내거나 혹은 사용했던 방식에 의해 규정된 역사적인 현실이다. 그리고 신화가 복원하는 것, 그것은 곧 이 현실의 **자연스러운** 이미지이다. 그리고 부르주아 이데올로기가 부르주아라는 이름의 탈락에 의해 규정되는 것처럼, 신화는 사물들의 역사적인 성질의 파괴에 의해 구축된다. 즉, 사물들은 신화 속에서 그 제작에 대한 추억을 잃어버린다. 세계는 인간의 행위, 인간의 활동의 변증법적인 관계로서 언어활동 속으로 들어간다. 그리고 그 세계는 한 폭의 본질의 조화로운 그림처럼 신화로부터 나온다. 요술이 행해졌다. 그 요술은 현실을 뒤집어엎고, 현실에서 역사를 비우고, 거기에다 자연을 가득 채웠고, 사물들에게서 그 인간적인 의미를 박탈하여 사물들로 하여금 인간적인 무의미를 의미하게 했다. 신화의 기능은 바로 현실을 비워내는 것이다. 문자 그대로 신화는 끊임없는 배출·유출, 혹은 증발, 간단히 말해 감지할 수 있는 부재이다.

이제 부르주아 사회에서의 신화에 대한 기호학적 정의를 완성할 수 있다. 즉, **신화는 비정치화된 파롤이다.** 물론 심층 의미에서 **정치**라는 말을 현실적이고 사회적인 그 구조 속에서의, 그의 세계를 만드는 능력 속에서의 인간관계의 총체로서 이해해야 한다. 특히 비(dé)라는 접두사에다 능동적인 가치를 부여해야 한다. 왜냐하면 이 경우 그 접두사는 하나의 조작적 움직임을 표시하고, 그것은 하나의 탈락을 끊임없이 현동화하기 때문이다. 예를 들어 흑인 병사의 경우, 비워지는 것은 물론 프랑스의 제국주의적 성격이 아니다(반대로 그 제국주의적 성격은 현존되어야 한다). 비워지는 것은 바로 식민주의의 우연적이고 역사적인, 한마디로 **만들어진** 성질이다. 신화는 사물들을 부인하지 않으며, 반대로 신화의 기능은 사물들에 대해 말하는 것이다. 다만 신화는 사물들을 정화하고, 사물들을 정당화하고, 사물들을 자연 속에 그리고 영원 속에 세우고, 신화는 그 사물들에다 설명의 명백함이 아니라 확실한 사실의 명백함을 부여한다. 만일 내가 프랑스의 제국주의적 성격을 설명하지 않고 그것을 **확인한다면**, 나는 그것을 거의 자연스럽다고, **자명하다고** 생각하는 것이고, 바로 이러한 사실 앞에서 나는 안심하는 것이다. 역사에서 자연으로 이행하면서 신화는 일종의 경제성을 추구한다. 즉, 신화는 인간행위의 복잡성을 제거하고, 그 행위에 본질의 단순성을 부여하고, 신화는 직접적인 가시적 세계 너머로 거슬러 올라가는 모든 행위를, 모든 변증법적 논리를 제거하며, 신

---

23) 프로이트적인 인간의 쾌락 원칙에 신화학적인 인류의 명백함의 원칙을 덧붙일 수 있을 것이다. 여기에 바로 신화의 애매성이 있다. 즉, 신화의 명백함은 행복감을 주는 것이다.

화는 깊이가 없기 때문에 모순 없는 세계를, 자명함 속에 펼쳐진 세계를 조직하고, 신화는 행복한 명백함을 세운다. 즉, 사물들은 스스로 의미하는 것처럼 보인다.[23]

그런데 신화는 언제나 비정치화된 파롤인가? 다시 말하면 현실은 언제나 정치적인가? 자연스럽게 하나의 사물에 대해 이야기하는 것만으로도 충분히 그 사물이 신화적인 것이 되는가? 마르크스를 원용하여 대답하자면, 가장 자연스러운 대상은 그 흔적이 매우 미약하고 매우 산만하게 흩어져 있다 해도, 어떤 정치적인 흔적, 즉 그 대상을 만들고 분배하고 사용하고, 종속시키거나 혹은 거부했던 인간행위의 다소 기억할 만한 현존을 내포한다고 할 수 있을 것이다(마르크스와 벗나무의 예; 《독일 이데올로기》, I, p.161]. 사물들을 이야기하는 대상 언어활동은 그 흔적을 쉽게 표명할 수 있지만, 사물들에 **대해** 이야기하는 메타 언어활동은 그 흔적을 표명하기가 더 어렵다. 그런데 신화는 언제나 메타 언어활동에 속한다. 즉, 신화가 행하는 비정치화는, 이미 자연화된 일반적인 메타 언어활동에 의해 비정치화된 사물들에 **작용하는 것**이 아니라, 사물들을 **노래하도록** 만들어진 토대 위에 종종 개입한다. 그 대상을 변형시키기 위해서는 당연히 한 그루의 나무의 경우에서보다 한 사람의 수단인의 경우에 훨씬 더 많은 힘이 신화에 필요할 것이다. 수단인의 경우에 정치적인 색채가 명백하기 때문에, 그 정치적인 색채를 증발시키기 위해서는 많은 인위적 자연이 필요하다. 그러나 한 그루의 나무의 경우에 정치적인 색채는 매우 오랜 세월의 메타 언어활동의 두께에 의해 정화되어서 흐릿하게 느껴진다. 따라서 강한 신화들과 약한 신화들이 있다. 강한 신화들의 경우 정치적인 양(quantum)이 직접적이어서, 비정치화는 매끄럽게 끼여 들어가지 못한다. 약한 신화들의 경우 그 대상의 정치적인 질(qualité)은 마치 하나의 색깔처럼 **바래서**, 아주 사소한 것 하나가 거침없이 그 정치적인 질에 새로운 힘을 줄 수 있다. 바다보다 더 **자연스러운** 것은 무엇인가? 그리고 《잃어버린 대륙》의 영화인들이 노래한 바다보다 더 〈정치적〉인 것은 무엇인가?

실제로 메타 언어활동은 신화를 위해 일종의 저장고를 형성한다. 인간들은 신화와 더불어 진리관계 속에 있는 것이 아니라 사용관계 속에 있다. 즉, 인간들은 그들의 필요에 따라 정치성을 제거한다. 일시적으로 수면상태에 남겨진 신화적 대상들이 있다. 그러므로 이것은 그 정치적인 색채가 거의 대단하지 않은 것처럼 보이는 막연한 신화적 구조들에 불과하다. 그러나 그것은 구조의 차이 때문이 아니라, 다만 상황이라는 시기의 문제 때문이다. 이것은 라틴 문법의 예의 경우이다. 여기에서 신화적 파롤은 오래 전부터 이미 변형된 하나의 질료에 작용한다는 사실을 주목해야 한다. 즉, 이솝의 문장은 문학에 속하고, 그것은 출발 당시에도 허구에 의해 신화화된 것이다(따라서 정당화된다). 그런데 신화가 현실을 얼마나 비워냈는지 측정하기 위해서는, 연쇄의 첫번째 항을 그 대상 언어활동의 본성 속에 잠시 다시 위치시키는 것으로 충분하다. 문법의 예, 속사적인 성격으로 변형된 동물들의 **실제** 사회에 대한 느낌을 상상해 보자! 한 대상의 정치적인 색채와, 그 색채를 받아들이는 신화의 구멍을 판단하기 위해서는, 의미작용의 관점이 아니라 기표의 관점, 즉 탈취된 사물의 관점으로 살펴보아야 하고, 기표 속에서는 대상 언어활동, 다시 말해 의미의 관점으로 살펴보아야 한다. 즉, **현실의** 사자를 고려할 경우, 문법의 예는 **상당히** 비정치화된 상태라고 주장할 수 있을 것이고, 어떤 의무의 형태를 사자의 힘에 부여함으로써 사자의 힘을 신화화시키지 않을 수 없는 부르주아 사자를 우리가 다루지 않는 한, 사자가 가장 강하기 때문에 그로 하여금 먹이를 제 것이라고 주장하게 하는 법 해석을 완전히 **정치적**이라고 주장하리라는 것은 의심의 여지가 없다.

이 경우 신화의 정치적인 무의미는 그 상황에서 기인한다는 것을 잘 알 수 있다. 신화는 잘 알다시피 하나의 가치이다. 그러므로 신화의 주변, 신화가 위치한 일반적인 (그리고 일시적인) 체계를 변경하는 것만으로도 충분히 신화의 사정거리를 더 가까이에서 조정할 수 있다. 이 경우 신화의 장은 프랑스 국립중학교 제2학년 클래스로 축소된다. 그러나 사자·어린 암소, 그리고 어미소의 이야기에 **매혹되어**, 상상력을 통해 이 동물들의 현실 자체를 다시 발견하는 어린아이는, 속사로 변형되어 이 사자가 사라지는 현상을 우리만큼 무덤덤하게 인정하지는 못할 것이라고 나는 생각한다. 실제로 우리가 이 신화를 정치적으로 무의미하다고 판단한다면, 이는 단순히 그 신화가 우리를 위해 만들어지지 않았기 때문이다.

좌파 신화

신화가 만일 비정치화된 하나의 파롤이라면, 적어도 신화와 대립되는 파롤이 하나 있는데, 이는 곧 정치적으로 **남아 있는** 파롤이다. 여기에서 대상 언어활동과 메타 언어활동 사이의 구분으로 되돌아와야 한다. 만일 내가 나무꾼이라면, 그래서 내가 쓰러뜨린 나무를 명명하게 된다면, 나의 문장 형태가 어떤 것이든간에, 나는 나무를 이야기하는 것이지 나무에 **관해** 이야기하는 것이 아니다. 이것은 나의 언어활동이 타동사적으로 그 대상에 연결된 조작적인 언어활동이라는 것을 의미한다. 즉, 나무와 나 사이에는 나의 노동, 다시 말해 하나의 행위만이 있을 뿐이다. 이것이 바로 정치적인 언어활동이다. 그 언어활동은 내가 자연을 곧 변형시키는 데 따라 내게 자연을 제시하는데, 바로 이 언어활동을 통해서 나는 대상에 **작용한다.** 즉, 나무는 내게 있어 하나의 이미지가 아니라 단순히 나의 행위의 의미이다. 그러나 만일 내가 나무꾼이 아니라면 나는 더 이상 나무를 이야기할 수 없고, 단지 나무에 **대해, 나무에 관해** 이야기할 수 있을 뿐이다. 행위의 영향을 받은 나무의 도구는 더 이상 나의 언어활동이 아니다. 나의 언어활동의 도구가 되는 것은 바로 노래된 나무이다. 나는 나무와 자동사적인 관계만을 갖는다. 나무는 더 이상 인간행위로서의 현실의 의미가 아니고, 그것은 **마음대로 사용할 수 있는 하나의 이미지**(image-à-disposition)이다. 나무꾼의 현실적인 언어활동에 대해 나는 제2의 언어활동, 즉 메타 언어활동을 창조하는데, 그 메타 언어활동 속에서

나는 사물들이 아니라 그 사물들의 이름에 작용하게 되며, 그 메타언어활동에 대한 첫번째 언어활동의 관계는 몸짓에 대한 행위의 관계와 같은 것이다. 이 두번째 언어활동이 전부 신화적인 것은 아니고, 그것은 신화가 자리잡은 장소이다. 왜냐하면 신화는 첫번째 언어활동의 중재를 이미 받은 대상들 위에서만 작업할 수 있기 때문이다.

따라서 신화적이지 않은 언어활동이 있다. 곧 생산자의 언어활동이다. 인간이 더 이상 현실을 이미지 속에 보존하기 위해서가 아니라 현실을 변형시키기 위해 이야기하는 곳은 어디에서나, 인간이 자신의 언어활동을 사물들의 제조(製造)에 연결하는 곳은 어디에서나, 메타언어활동은 대상 언어활동으로 되돌아가고 신화는 불가능하다. 바로 그런 이유 때문에 글자 그대로 혁명적인 언어활동은 신화적인 언어활동이 될 수 없다. 혁명은 세계의 정치적인 색채를 드러내 보이는 하나의 정화행위(acte cathartique)로 규정된다. 즉, 혁명은 세계를 만들고, 혁명의 언어활동은, 그 언어활동 전체는 기능적으로 이 행위에 열중한다. 처음에는 정치적인 파롤이지만 최종적으로는 자연스러운 파롤이 되는 신화와는 달리 혁명은 전적으로, 즉 처음에도 최종적으로도 정치적인 파롤을 만들기 때문에, 혁명과 신화는 양립하지 못한다. 부르주아의 탈명명이 부르주아의 이데올로기와 동시에 신화를 규정하는 것과 마찬가지로, 혁명의 명명은 신화의 제거와 혁명을 동일시한다. 부르주아 계급은 부르주아 계급으로서의 자신을 숨기고 이를 통해 신화를 만들어 낸다. 혁명은 혁명으로서의 자신을 드러내고 이로 인해 신화를 제거한다.

〈좌파〉에도 신화들이 존재하는지에 대해 질문을 받은 적이 있다. 물론 좌파가 혁명이 아닌 한 존재한다. 좌파의 신화는 혁명이 〈좌파〉로 변형되는 순간, 즉 스스로를 감추고, 자신의 이름을 숨기고, 무구한 메타 언어활동을 만들어 내고, **자연**으로 변형되려는 바로 그 순간 나타난다. 이런 혁명의 탈명명은 계략일 수도 있고 아닐 수도 있는데, 여기에서는 그것에 대해 논할 장소가 아니다. 어쨌든 이런 탈명명은 조만간에 혁명과는 상반되는 방법으로 느껴지고, 혁명의 역사가 역사의 〈이탈〉을 규정하는 것은 언제나 다소 신화와의 관계에서이다. 예를 들어, 언젠가 사회주의 그 자체가 바로 스탈린 신화를 규정했던 시대가 있었다. 이야기된 대상으로서의 스탈린은 몇 년 동안 순수한 상태에서 신화적 파롤을 구성하는 특징들을 제시했다. 의미는 곧 실제 스탈린, 즉 역사의 스탈린이었다. 기표는 스탈린에의 의례적인 기원으로, 그의 이름을 둘러싸는 본래적 형용사들의 **숙명적인** 특성이었다. 기의는 한정된 상황에서 여러 공산주의 당들이 **제 것으로** 삼은 정통성·규율·통일성이라는 의도였다. 마지막으로 의미작용은 신성화된 스탈린으로, 그의 역사적인 결정들은 자연 속에 세워졌고, 영적인 존재라는 이름 아래, 즉 비합리적인 것과 설명할 수 없는 것이라는 이름 아래 승화되었다. 즉, 여기에서 비정치화가 분명하고, 그것이 신화를 완전히 드러낸다.[24]

그렇다. 신화는 좌파에도 존재한다. 그러나 부르주아 신화와 같은 특성은 전혀 없다. **좌파의 신화는 비본질적이다.** 우선 그 신화가 포착하는 대상들은 수적으로 매우 적은데, 이것은 부르주아 신화의 창고에 의지하지 않는 한 몇몇 정치적인 개념들에 불과하다. 결코 좌파

---

24) 흐루시초프주의(khrouchtchevisme)가 하나의 정치적인 변화로 행세하는 것이 아니라 본질적으로 그리고 유일하게 **언어활동의 전환**(conversion de langage)으로 행세한다는 사실은 주목할 만하다. 게다가 이것이 불완전한 전환인데, 왜냐하면 흐루시초프가 스탈린을 설명하지 않고 그를 평가절하했기 때문이다. 그는 스탈린을 다시 정치화시키지 않았다.

신화는 〈대수롭지 않은〉 이데올로기의 매우 넓은 표면, 인간관계들의 거대한 장에는 영향을 미치지 못한다. 일상적인 삶에는 그 신화가 접근할 수 없다. 즉, 부르주아 사회에는 결혼·요리·집·연극·재판·도덕 등에 관한 〈좌파〉 신화가 없다. 그 다음으로 좌파 신화는 우연적인 신화이고, 그 신화의 사용은 부르주아 신화의 경우에서처럼 전술(stratégie)의 일부가 아니라 단지 계략(tactique)의, 혹은 최악의 경우 일탈(déviation)의 일부를 이룬다. 신화가 만들어진다면 그것은 필연성에 따른 신화가 아니라 편리(便利)에 따른 신화이다.

마지막으로, 그리고 특히 좌파 신화는 빈곤한, 본질적으로 빈곤한 신화이다. 그 신화는 증식할 수 없다. 제한된 일시적인 전망 속에서 주문에 의해 생산된 그 신화는 서투르게 만들어진다. 이 신화에는 중요한 힘, 즉 제조의 힘이 부족하다. 그 신화가 무엇을 하든 그 신화 속에는 완고한 어떤 것, 그리고 문자 그대로의 어떤 것, 즉 지령(mot d'ordre)의 흔적이 남아 있다. 의미심장하게 말하자면 그 신화는 무미건조하다. 실제로 스탈린 신화보다 더 빈약한 것이 무엇이 있겠는가. 이 신화에는 어떤 창의력도 없이 서투른 점유만이 있다. 신화의 기표 (우리는 부르주아 신화 속에서의 이 형식의 무한한 풍부함을 알고 있다)는 전혀 다양하지 않다. 기표는 일종의 반복적으로 읊어대는 기도문으로 축소된다.

이런 불완전성은 감히 말하자면 〈좌파〉의 속성에서 기인한다. 즉, 좌파라는 이 용어의 불명확성이 어떤 것이든간에, 좌파는 늘 피압제자와의 관련하에서 프롤레타리아나 혹은 식민지 피지배자[25]로 규정

---

25) 프롤레타리아의 조건으로 마르크스가 기술한 윤리적이고 정치적인 조건을 전적으로 담당하는 것이 바로 오늘날 식민지 피지배자이다.

된다. 그런데 피압제자의 파롤은 단지 빈곤하고 천편일률적이고 즉각적이다. 즉, 그 피압제자의 빈곤은 바로 그의 언어활동의 범위 자체이다. 그는 언제나 마찬가지로 단 하나의 언어활동, 즉 그의 행위들의 언어만을 갖는다. 메타 언어활동은 하나의 사치로, 그는 여전히 그 메타 언어활동에 접근할 수 없다. 피압제자의 파롤은 나무꾼의 파롤처럼 실제적이고, 그것은 타동사적인 파롤이다. 따라서 그 파롤은 거짓말을 거의 할 수 없다. 거짓말은 하나의 풍부함으로, 그것은 대체용의 여러 형태들, 여러 진실들, 어떤 재산을 전제로 한다. 이런 본질적인 빈곤함이 수적으로 적고 빈약한, 일시적이거나 혹은 상당히 경솔한 신화들을 만든다. 그 신화들은 스스로 자신의 신화적 속성을 드러내고 자신의 가면을 손가락으로 가리킨다. 이 가면은 간신히 거짓 자연 (pseudo-physis)의 가면이다. 즉, 그 자연(physis)은 여전히 하나의 풍부함이고, 피압제자는 그것을 단지 차용할 수 있을 뿐이다. 피압제자는 사물들에서 실제 의미를 비워내고, 그 사물들에다 거짓 자연의 순진함으로 이어지는 호사스런 텅빈 형태를 부여할 수 없다. 어떤 의미에서는, 좌파 신화는 늘 인위적인 신화이고, 재구축된 신화라고 말할 수 있다. 바로 거기에서 그 신화의 서투름이 생긴다.

우파 신화

통계적으로 신화는 우파의 신화이다. 우파에서 신화는 본질적이다. 매우 알차고, 빛나고, 팽창적이고, 수다스러운 그 신화는 끊임없이 만들어진다. 신화는 재판·도덕·미학·외교·가정용 기구·문학·공연 등 모든 것을 포착한다. 부르주아가 탈명명되는 만큼 그 신화도 확대된다. 부르주아 계급은 외양(paraître) 없는 존재(être)를 유지하고 싶어한다. 따라서 모든 부정성(négativité)처럼 무한한 부르주아 외양의 부정성 자체가 바로 무한히 신화를 요청한다. 피압제자는 아무것도 아니며, 그는 단지 하나의 파롤, 즉 자신의 해방에 관한 파롤만을 갖는다. 압제자는 전부이며, 그의 파롤은 풍부하고, 다양하고, 유연하며, 모든 가능한 단계의 위엄(dignité)을 이용한다. 즉, 압제자는 메타 언어활동의 독점권을 갖는다. 피압제자는 세계를 만들고, 그는 단지 능동적이고, 타동사적인(정치적인) 언어활동만을 가진다. 반면 압제자는 그 세계를 보존하며, 그의 파롤은 완전하고, 자동사적이고, 제스처이고, 연극적이다. 바로 이것이 **신화**(Mythe)이다. 피압제자의 언어활동은 변형시키는 것을 목표로 하고, 압제자의 언어활동은 영속화시키는 것을 목표로 한다.

체제(Ordre; 부르주아 계급은 스스로를 이렇게 명명한다)의 이런 풍부한 신화들은 내부의 차이를 용인하는가? 예를 들어 부르주아 신화들과 프티부르주아 신화들이 있는가? 근본적인 차이는 있을 수 없다. 왜냐하면 신화를 소비하는 대중이 누구이든간에 신화는 자연의 부동성을 상정하기 때문이다. 하지만 여러 단계의 실현, 혹은 여러 단계의 확대는 있을 수 있다. 즉, 어떤 신화들은 어떤 사회적인 영역에서 더 잘 성숙한다. 신화의 경우에도 또한 여러 소환경들(microclimats)이 있다.

예를 들어 유년기 시인(Enfance-Poète)의 신화는 **시기상조적인** 부르주아 신화이다. 그 신화는 창의적인 문화(예를 들어 콕토)로부터 나오자마자 그 소비된 문화(《엑스프레스》지)에 접근하기만 한다. 그래서 일부 부르주아 계급은 그 신화가 지나치게 꾸며지고 지나치게 신화적이지 않아서, 그 신화를 확립할 권리를 스스로 인정할 수 없다고 생각한다(일부 부르주아 비평은 정식으로 신화적인 재료들만을 가지고 작업한다). 즉, 이것은 아직 잘 길들여지지 않은 신화로, 이 신화는 충분한 **자연**을 내포하지 못하고 있다. 어린아이 시인(Enfant-Poète)을 우주진화론의 요소로 만들기 위해서는 신동(모차르트·랭보 등)을 포기하고, 새로운 규범, 즉 교육심리학·프로이트주의 등의 규범들을 받아들여야 한다. 이것은 아직 미숙한 신화이다.

각 신화는 이와 같이 그 나름의 역사와 지리학을 포함할 수 있다. 게다가 지리학은 역사의 기호(signe)이다. 신화는 그 신화가 펼쳐지기 때문에 성숙한다. 나는 신화들의 사회지리학에 대한 어떤 진정한 연구도 할 수 없었다. 그러나 신화가 이야기된 사회적 장소의 경계를 정하는 선인, 신화의 등어선(isoglosse)이라고 언어학자들이 부르는 것을 추적하는 것은 가능하다. 이 장소는 유동적이기 때문에 신화가 도입되는 파장에 대해 이야기하는 것이 더 나을 것이다. 미누 드루에 신화는 최소한, 1)《엑스프레스》, 2)《파리 마치》·《엘르》, 3)《프랑스 수아르》라는 세 가지 확대 파장을 가지고 있었다. 어떤 신화들은 갈피를 못 잡는다. 과연 그 신화들은 주요 신문 속에서, 교외의 연금 수혜자의 집에서, 이발소에서, 지하철에서 승인될 것인가? 우리에게 신문에 대한 분석사회학이 없는 한 신화들의 사회지리학은 정립하기에 어려울 것이다.[26] 그러나 그 사회지리학의 자리는 이미 존재한다고 말할 수 있다.

부르주아 신화의 방언 형태들을 밝힐 수는 없으므로, 우리는 언제나 그 신화의 수사학적인 형태들을 약술할 수 있다. 여기에서 수사학이라는 말로 신화 기표의 다양한 형태들이 와서 자리잡는 고정된, 규칙적인, 뚜렷한 문채들의 총체를 의미해야 한다. 이 문채들은, 그 문채들이 기표의 조형성에는 영향을 주지 않는다는 점에서 투명하다. 그러나 이 문채들은 이미 충분히 개념화되어 있어서 세계의 역사적 표상에 적합하다(이것은 고전 수사학이 아리스토텔레스 학파 유형의 표상을 설명할 수 있는 것과 같다). 바로 이 신화의 수사학을 통해 부르주아 신화들은 현대 부르주아 세계의 꿈을 규정하는 이 거짓 자연(pseudo-physis)의 일반적인 전망을 그린다. 주요한 문채들은 다음과 같다.

1)**예방접종**(vaccine): 이미 앞에서 매우 일반적인 이 문채의 여러 가지 예들을 제공한 바 있는데, 이 문채는 계급 체제의 중심이 되는 악을 더 잘 감추기 위해 이 체제의 부수적인 악을 미리 고백하는 것이다. 이미 인정된 악을 약간 접종함으로써 집단적인 상상세계를 면

---

26) 신문의 발행부수는 불충분한 자료이다. 또 다른 정보들은 부수적인 것이다. 《파리 마치》는—— 광고의 목적상 의미 있는 사실인데—— 생활 수준의 견지에서 독자의 구성 성분을 제공했다(《피가로》, 1955년 7월 12일). 즉, 도시에서 살고 있는 1백 명의 독자당 53명이 자동차를 한 대 소유하고 있고, 49명이 욕실을 가지고 있다. 반면 프랑스 중산층의 생활 수준은 22퍼센트가 자동차를 소유하고 있고, 13퍼센트가 욕실을 가지고 있는 것으로 산정된다. 이런 출판물의 신화학은 《파리 마치》지의 독자들의 구매력이 높다는 것을 예견하게 해줄 것이다.

역시킨다. 이렇게 함으로써 전면화된 전복의 위험에서 그 상상세계를 보호한다. 이런 **자유로운** 처치법은 불과 1백 년 전만 해도 가능하지 않았을 것이다. 그 당시에는 부르주아 선(bien)이 어떤 것과도 타협하지 않고, 매우 완고하게 유지되고 있었다. 그 부르주아 선은 그 이후로 매우 유연해졌다. 부르주아 계급은 몇몇 국부적인 전복, 즉 아방가르드, 유치한 비합리적인 행위 등을 더 이상 망설이지 않고 인정한다. 이제 부르주아 계급은 보상경제 속에 산다. 즉, 견실한 주식회사에서처럼 작은 지분들이 커다란 지분들을 (실제로가 아니라) 법적으로 보상한다.

2)**역사의 제거**(privation d'Histoire): 신화는 신화가 이야기하는 대상에서 **역사**[27]를 빼앗는다. 대상 속에서 역사는 사라진다. 이것은 일종의 이상적인 하인과 같다. 하인은 요리를 하고 그것을 가져와 상을 차리지만, 주인이 도착하면 하인은 조용히 사라진다. 주인은 이 훌륭한 대상이 어디에서 생긴 것인지 생각하지도 않은 채 그저 그 대상을 향유하기만 하면 된다. 더 잘 말하자면, 그 대상은 영원의 세계(éternité)에서만 올 수 있다. 즉, 언제나 이 대상은 부르주아인을 위해 만들어졌고, 언제나 **기드블루**(Guide Bleu)는 스페인의 여행자를 위해 만들어졌고, 언제나 〈원주민〉은 이국적인 기쁨을 위해 그들의 춤을 준비했다. 이 행복한 문채가 제거하는 거추장스러운 모든 것, 즉 결정론과 동시에 자유를 우리는 알고 있다. 아무것도 만들어지지 않고, 아무것도 선택되지 않는다. 그 근원의 더러운 흔적 혹은 선택의 더러운 흔적이 제거된 이 새로운 대상들을 소유하기만 하면 된다. 이

---

27) 마르크스 : 〈……우리는 이 역사에 관심을 가져야 한다. 왜냐하면 이데올로기는 이 역사의 잘못된 개념화로, **혹은 이 역사의 완전한 추상화로** 환원되기 때문이다〉《독일 이데올로기》, I, p.153).

런 역사의 신비한 증발 현상은 인간의 면책(irresponsabilité)이라는 대부분의 부르주아 신화에 공통된 개념의 또 다른 형태이다.

3) 동일화(identification): 프티부르주아는 타자(Autre)를 상상할 수 없는 인간이다.[28] 타자가 그의 눈앞에 나타나면 프티부르주아는 눈을 감아 버리고, 그를 무시하고, 그를 부인하거나 아니면 타자를 자기 자신과 같게 변형시킨다. 프티부르주아의 세계에서 직면한 모든 사실들은 반사하는 사실들이며, 모든 다른 것은 동일한 것으로 환원된다. 다른 것이 드러날 위험이 있는 장소인 공연·법정은 거울이 된다. 다른 것은 본질에 위해를 가하는 하나의 충격적 사건이기 때문이다. 도미니시·제라르 뒤프리예는 그들이 검사의, 중죄재판장의 작은 허상(虛像)들의 상태로 우선 환원될 경우에만 단지 사회적인 실존에 이를 수 있다. 즉, 이것은 모든 재판에서 그들에게 유죄를 선고하기 위해 치러야 하는 대가이다. 왜냐하면 재판은 저울질하는 작업이고, 저울은 동일한 것과 동일한 것만을 잴 수 있기 때문이다. 프티부르주아 계급의 모든 의식 속에는 주기적으로 재판부가 자신의 머리에서 끌어내어 피고석에 앉히고, 야단치고, 유죄를 선고하는 부랑자·친부모 살해범·남색가의 작은 허상들이 있다. 사람들은 정도를 벗어난 유사물들만을 비판한다. 즉, 본질의 문제가 아니라 도정(道程)의 문제이다. 왜냐하면 인간은 그렇게 만들어졌기 때문이다. 이따금 —— 드물게 —— 타자는 완강한 자신의 모습을 드러낸다. 갑작스런 가책에 의해서가 아니라 양식이 거기에 반대하기 때문이다. 즉, 어떤 사람은 흰

---

28) 마르크스: 〈……그들을 프티부르주아 계급의 전형으로 만드는 것은, 곧 이 계급이 자신의 활동에다 스스로 긋는 경계선을 그들의 정신, 그들의 의식이 넘어서지 못한다는 것이다〉(霧月(Brumaire) 18일).
고리키: 프티부르주아는 자신을 더 좋아하는 인간이다.

피부가 아니라 검은 피부를 가지고 있고, 또 다른 사람은 **페르노주가** 아니라 배 주스를 마신다. 흑인·러시아인을 어떻게 동일시할 수 있는가? 이 경우에 예비의 문채가 있다. 즉, 이국 취향(exotisme)이 그 것이다. 타자는 순수한 대상·구경거리·꼭두각시가 된다. 즉, 인류의 경계로 유배된 타자는 동류적 부류의 안전에 더 이상 위해를 가하지 않는다. 이것은 특히 프티부르주아의 문채이다. 왜냐하면 부르주아는 타자를 체험할 수는 없다 해도, 어쨌든 타자의 자리를 상상할 수는 있기 때문이다. 이는 자유주의(libéralisme)라 불리는 것으로, 이 자유주의는 이미 인정된 위치의 일종의 지적인 경제적 사용이다. 프티부르주아 계급은 자유주의자가 아니다(프티부르주아 계급은 파시즘을 만들어 내고, 부르주아 계급은 파시즘을 이용한다). 프티부르주아 계급은 부르주아의 여정을 뒤늦게 따라가기 때문이다.

4)**동어반복**(tautologie): 그렇다. 나는 이 말이 아름답지 않다는 것을 알고 있다. 그러나 그 내용 또한 매우 추하다. 동어반복은 (**연극, 그것은 연극이다**와 같이) 동일한 것으로 동일한 것을 규정하는 언어 방식이다. 사르트르가 그의 《감정 이론 개요》(1939)에서 다루었던 이런 마술적인 행동들 중 하나를 그 동어반복 속에서 볼 수 있다. 즉, 우리들은 설명이 궁할 때 두려움 혹은 분노 혹은 슬픔 속으로 피신하듯이 동어반복 속으로 피신한다. 언어행위의 우연한 결핍은 사람들이 대상의 자연스러운 저항이라고 결정하는 것과 신기하게도 동일시된다. 동어반복 속에는 두 가지의 살해가 있다. 우선 합리적인 것(rationnel)을 죽인다. 왜냐하면 그것이 당신에게 저항하기 때문이다. 그리고 언어활동(langage)을 죽인다. 왜냐하면 언어활동이 당신을 폭로하기 때문이다. 동어반복은 제때에 맞춰 나타난 일종의 실신(失神)이고 유익한 실어증이며, 동어반복은 하나의 죽음이고, 혹은 말하자

면 한 편의 코미디로, 곧 언어활동에 반대하는 현실의 **권리들**의 성난 〈표현〉이다. 마술적인 그 동어반복은 물론 독단적 논법 뒤로 피신할 수 있을 뿐이다. 즉, 설명을 귀찮게 조르는 아이에게 부모는 결국 『그것은 그러니까 그런 거야』, 아니면 『이상 끝, 왜냐하면 요점은 그게 전부니까』라고 대답한다. 이는 수치스러운 마술행위로, 그 행위는 언어활동으로 합리적인 태도를 만들지만 곧 합리적인 태도를 버리고, 인과관계가 그 합리성을 끌어내는 단어를 말했기 때문에 인과관계와도 상관이 없다고 생각한다. 동어반복은 언어활동에 대한 뿌리 깊은 불신을 증명한다. 즉, 언어가 당신에게 부족하기 때문에 그 언어를 거부하는 것이다. 그런데 언어활동의 모든 거부는 일종의 죽음이다. 동어반복은 죽은 세계, 부동의 세계를 세운다.

5)**양비론**(ninisme): 나는 두 가지 대립물을 상정하여, 그 하나를 다른 하나에 비교함으로써 그 둘 모두를 거부하는 이런 신화적 문채를 양비론이라고 부른다(나는 이것도 저것도 원하지 않는다). 이 문채는 현대적 형태의 자유주의에 속하므로, 이것은 오히려 부르주아 신화의 문채이다. 여기에서는 저울의 문채가 다시 발견된다. 현실은 우선 유사물로 환원된다. 그리고 나서 사람들은 그 현실의 무게를 잰다. 마지막으로 균형이 확인되면 사람들은 그 현실로부터 해방된다. 여기에도 마찬가지로 마술적인 행동이 있다. 즉, 사람들은 선택하기에 거북했던 것을 양쪽 모두 지지하지 않는다. 사람들은 두 개의 대립물이 그것들 특유의 중량이 제거된 형식적인 것이라는 범위에서 평형을 이루는 두 개의 대립물로 현실을 환원시킴으로써 견딜 수 없는 현실을 회피한다. 양비론은 질이 떨어진 형태들을 가질 수 있다. 예를 들어 점성술에서, 불행 다음에는 그만큼의 행운이 뒤따라온다. 그 불행은 언제나 보상의 전망 속에서 조심스럽게 예언된다. 최종 균형이 여

러 가치들·삶·운명 등을 고정시킨다. 더 이상 선택할 것은 없고, 받아들여야 할 뿐이다.

6)**질의 양화**(quantification de la qualité): 이것은 바로 앞에 나온 모든 문채들을 통해 나타나는 문채이다. 모든 질을 양으로 환원시킴으로써 신화는 이해력을 절약한다. 즉, 그 신화는 현실을 보다 싼값에 이해한다. 나는 이런 메커니즘의 여러 예들을 이미 제시한 바 있는데, 부르주아 신화학 —— 특히 프티부르주아의 신화학 —— 은 다른 한편으로 그 신화학이 비물질적인 본질의 특징을 갖는다고 공언하는 미학적 사실들에 그 메커니즘을 주저 없이 적용한다. 부르주아 연극이 이런 모순의 좋은 예이다. 즉, 한편으로 그 연극은 언어활동으로 환원할 수 없는 하나의 본질로서 주어진 것으로, 그것은 오로지 심정(cœur)에만, 직감(intuition)에만 모습을 드러낸다. 연극은 이러한 특질로부터 까다로운 위엄을 지니게 된다(연극에 대해 **과학적으로** 이야기하는 것은 〈본질모독〉(lèse-essence)죄로서 금지된다. 혹은 연극을 제시하는 모든 지적 방식은 과학만능주의, 현학적인 언어활동이라는 이름 하에 가치가 떨어지게 된다). 그러나 다른 한편으로 부르주아 극예술은 효과의 순전한 양화에 의지한다. 일련의 계산 가능한 외적 상관관계는 배우의 눈물, 혹은 호화로운 무대 배경과 티켓의 가격 사이에 양적인 등식관계를 세운다. 예를 들어, 우리에게 있어 연기자의 〈자연스러움〉이라고 불리는 것은 무엇보다 먼저 효과의 가시적인 양이다.

7)**확실한 사실**(constat): 신화는 속담을 지향한다. 부르주아 이데올로기는 보편주의, 설명의 거부, 세계의 불변하는 위계질서 등의 속담이 갖는 본질적인 이점들을 이 문채에다 부여한다. 그러나 다시 한번 대상 언어활동을 메타 언어활동과 구분해야 한다. 조상 전래의 민간 속담은 대상으로서의 세계를 도구적으로 포착한다는 특징을 갖는다.

〈날씨가 좋다〉와 같은 시골의 확실한 사실은 좋은 날씨가 갖는 유용성과 현실적인 관계를 지니고 있다. 이것은 암암리에 기술(技術)적인 확실한 사실로, 여기에서 그 말은 일반적이고 추상적인 그 말의 형태에도 불구하고 행위들을 준비하고, 그 말은 제조(製造)라는 경제구조 속에 끼워 넣어진다. 즉, 시골사람은 좋은 날씨에 **관해** 이야기하는 것이 아니라, 그는 그 좋은 날씨를 이용하여 그것을 자신의 노동 속에 끌어들인다. 모든 우리의 민간 속담은 이런 방식으로 반사적 파롤(parole réflexive)로 조금씩 응고되어지는 능동적 파롤을 표현하는데, 그러나 그 반사적 파롤이란 하나의 확실한 사실로 환원된, 축소된 반사의 파롤이고, 따라서 말하자면 소심하고 신중한, 경험론에 더 가까이 결부된 그런 반사의 파롤이다. 민간 속담은 그것이 주장하는 것보다 훨씬 더 많은 것을 예견하며, 그 속담은 있는 그대로의 파롤이 아니라 스스로 만들어지는 인류의 파롤로 남아 있다. 부르주아 경구(aphorisme)는 메타 언어활동에 속하는 것으로, 이것은 이미 준비된 대상들 위에서 행사되는 제2의 언어활동이다. 그 경구의 고전적 형태는 격언(maxime)이다. 이 경우에 확실한 사실은 더 이상 만들어야 할 세계를 지향하지 않는다. 그것은 이미 만들어진 세계를 감싸고 영원한 자명함 아래 이런 생산의 흔적들을 감추어야 한다. 지식이 부족한 부모들이 그들 자녀들의 머리 위에다 늘어뜨리는 것이 바로 동어반복의 고상한 등가물, 강압적인 이 **왜냐하면**의 고상한 등가물인 반(反)설명(contre-explication)이다. 부르주아의 확실한 사실의 토대는 바로 **양식**(bon sens)으로, 즉 진실을 말하는 사람의 자의적인 차원에 역점을 두는 진실이다.

이상과 같은 수사학의 문채들을 순서 없이 제시했지만, 이 외에도 또 다른 많은 문채들이 있을 수 있다. 어떤 문채들은 이미 낡아 버린 문채들일 수도 있고, 또 다른 문채들이 생겨날 수도 있다. 그러나 잘 알다시피 있는 그대로의 그 문채들은 부르주아 우주의 황도궁들과 같은, **본질**(Essences)과 **균형**(Balances)이라는 두 개의 커다란 범주 속에 모인다. 부르주아의 이데올로기는 역사의 산물들을 본질적인 유형으로 끊임없이 변형시킨다. 갑오징어가 자신을 지키기 위해 먹물을 내뿜듯이, 부르주아의 이데올로기는 세계의 영원한 제조행위를 끊임없이 감추고, 무한한 소유의 대상 속에 세계를 고정시키고, 끊임없이 자신의 재산 목록을 만들고, 현실이 다른 존재 형태로 도피하고, 변형되는 것을 막을 어떤 정화하는 본질을 끊임없이 현실 속에 주입한다. 그리고 이와 같이 응고되고 고정된 이런 자산은 마침내 계산할 수 있는 것이 될 것이다. 즉, 부르주아 도덕은 본질적으로 계량작용이 될 것이다. 그리고 본질들은 부르주아 인간이 그것의 부동의 저울대로 남게 될 저울 속에 놓일 것이다. 왜냐하면 신화의 목적은 바로 세계를 고정시키는 것이기 때문이다. 즉, 신화들은 모든 소유의 위계질서를 위해 일단 고정된 보편적인 경제구조를 암시하고 모방해야 한다. 따라서 매일 도처에서 인간은 신화들에 사로잡혀, 그 신화들에 의해 부동의 원형(prototype)으로 되돌려 보내지는데, 이 원형이 그 인간 대신 살면서 마치 거대한 내부의 기생충처럼 인간을 질식시키고, 인간의 활동에다 좁은 경계선을 그어 주어 인간으로 하여금 그 경계 속에서 꼼짝 않고 세계를 견뎌내게 해준다. 즉, 부르주아의 거짓 자연(pseudo-physis)은 완전히 인간으로 하여금 스스로를 창조하는 것을 금지하는 것이다. 신화들은 마치 이런 이미지가 어느 시대에나 그래야 했던 것처럼, 어느날 그 인간들에 대해 구축된, 영원하지만 시대에 뒤떨어진 이런 이미지 속에서 모든 인간들이 자기 자신을 인식하기를 원하는 이런 끊임없이 지칠 줄 모르는 청원이고, 이런 교활하고 고집 센 요구에 불과하다. 왜냐하면 그 신화들을 영구히 영속시킨다는 구실 아래, 그 신화들을 그 속에 가두는 **자연**이란 하나의 **관습**에 불과하기 때문이다. 그리고 그것이 제 아무리 대단하다 해도 그 신화들이 관장하고 변형시켜야 하는 것이 바로 이 **관습**이다.

신화학의 필요성과 한계

이 책을 끝내기 전에 신화학자 자신에 대해 몇 마디 해야겠다. 이런 용어는 매우 과장되고 매우 자신만만한 것이다. 그렇지만 언젠가 신화학자가 한 사람 있다면, 방법상의 난점은 아니라도, 어쨌든 감정상의 몇 가지 난점들을 그에게 미리 이야기해 줄 수 있다. 물론 그는 별 어려움 없이 스스로 정당하다고 생각할 것이다. 즉, 신화학의 과오가 어떤 것이든간에 신화학이 세계를 만드는 데 참여한다는 것은 확실하다. 부르주아 사회의 인간이 끊임없이 거짓 자연 속에 빠져 있다는 것을 불변의 사실로 간주함으로써, 신화학은 가장 순진한 인간관계의 삶의 무구함 아래에서, 이런 순진함 때문에 간과하게 되는 밑바닥에 깔린 소외를 되찾으려고 한다. 따라서 신화학이 행하는 폭로는 하나의 정치적인 행위이다. 즉, 언어활동을 책임지는 어떤 개념에 토대를 둔 신화학은 그 사실에 의해서 언어활동의 자유를 상정한다. 이런 의미에서 신화학은 있는 그대로가 아니라, 만들어지고자 하는 대로의 세계에 대한 일종의 **동의**(accord)라는 것이 확실하다(브레히트는 이를 위해 효과적으로 양의적인 단어를 가지고 있는데, 즉 그것은 현실에 대한 이해인 동시에 현실과의 공모라는 뜻의 **동의**(Einverstandnis)이다).

신화학의 이런 동의는 신화학자를 정당화하지만 그를 충족시키지는 못한다. 즉, 그의 근본적인 위상은 여전히 배제적인 위상으로 남아 있다. 정치적인 것에 의해 정당화된 신화학자는, 그렇지만 정치적인 것과는 거리가 멀다. 신화학자의 파롤은 하나의 메타 언어활동으로,

그 파롤은 아무런 작용도 하지 않는다. 기껏해야 그 파롤은 폭로할 뿐인데, 그렇다면 누구를 위해서인가? 그의 작업은 언제나 모호하고, 그 윤리적 근원으로 인해 난처한 채로 있다. 그는 단지 대리로만 혁명적인 행위를 구현할 수 있다. 바로 여기에서, 공공연하게 정치적 입장을 취한 일체의 지적 행동을 나타내는 극도로 단순화된, 그리고 흐릿한 어떤 것, 약간은 거칠고 약간 원용된 듯한 어떤 것이라는 그의 기능상의 어색한 특징이 생긴다(〈비참여적인〉 문학이 한없이 더 〈우아〉하다. 그 문학들은 메타 언어활동 속의 제자리에 있다).

　　그 다음으로 신화학자는 신화의 모든 소비자들로부터 떨어져 나오는데, 이것은 사소한 문제는 아니다. 어떤 특별한 대중으로 생각해 보자.[29] 그러나 신화가 집단 전체에 영향을 미칠 때, 만일 신화를 드러내고자 한다면 공동체 전체로부터 벗어나야 한다. 약간 일반적인 모든 신화는 사실상 애매하다. 왜냐하면 그 신화는 아무것도 가지고 있지 않기 때문에, 그 신화를 차용한 사람들의 인성(humanité) 자체를 나타내기 때문이다. 프랑스 자전거 일주 경기를, 프랑스의 좋은 포도주를 판독하는 것, 그것은 그런 것들로 인해 기분이 전환된 사람들, 그것으로 기운이 북돋워진 사람들로부터 자신을 떼어놓는 것이다. 신화학자는 이론적인 사회성을 체험하도록 단죄된다. 그에게 있어 사회적이라는 것, 그것은 고작해야 사실적이라는 것이다. 즉, 그의 가장 큰 사회성은 그의 가장 큰 도덕성에 있다. 그와 세계와의 연결관계는

---

29) 단지 대중으로부터만 거리를 두는 것이 아니라, 또한 때로는 신화의 대상 자체와도 거리를 둔다. 예를 들어 시적인 유년시절의 속임수를 벗겨내기 위해서 나는 미누 드루에라는 어린아이에 대한, 말하자면 신뢰의 결핍이 필요했다. 나는 그 소녀에게서, 그 소녀를 난처하게 하는 거대한 신화 아래에서, 부드러운, 열려진 하나의 가능성 같은 것을 무시해야만 했다. 어린 소녀에 **반대해** 비난하는 것은 바람직한 것이 아니다.

조롱의 차원에 속한다.

더 멀리 나아가야 한다. 어떤 의미에서 신화학자는 그가 그 이름으로 행동한다고 주장하는 역사로부터도 배제된다. 신화학자가 집단적인 언어활동 속에 가하는 파괴행위는 그에게 있어 절대적인 것으로, 그 파괴행위가 그의 작업의 전부를 이룬다. 즉, 그는 회귀의 희망 없이, 보답의 전제 없이 자신의 일을 해 나가야 한다. 그에게는 그의 비판의 직접적인 대상이 사라질 때, 세계가 구체적으로 어떻게 될 것인지를 상상하는 것이 금지된다. 유토피아는 그에게는 하나의 불가능한 사치이다. 즉, 그는 내일의 진실들이 오늘의 거짓말들과 정반대가 되리라는 것을 믿지 않는다. 역사는 결코 어떤 것이 그것과 반대되는 것에 대해 무조건 승리한다고는 보장하지 않는다. 즉, 역사는 형성되면서 예측 불가능한 종합들을, 상상할 수 없는 결과들을 드러낸다. 신화학자는 모세와 같은 상황 속에 있는 것도 아니다. 즉, 그는 약속된 땅을 보지도 못한다. 신화학자에게 있어 내일에 대한 긍정은 오늘의 부정에 의해 완전히 감추어져 있다. 그가 시도하는 일의 모든 가치들은 그에게 파괴행위들로서 제공된다. 즉, 파괴행위들이 그의 시도의 가치들을 완전히 가려 버려서 아무 가치도 드러나지 못한다. 미래의 강한 싹이란 현재의 가장 철저한 종말에 **불과하다**는 역사에 대한 이런 주관적인 파악을 생 쥐스트는 다음과 같이 이상한 말로 설명했다. 즉,『공화국을 건설하는 것, 그것은 바로 공화국에 반대되는 것을 전적으로 파괴하는 것이다.』내 생각에 이것을 〈재건하기 전에 깨끗이 소제해야 한다〉는 평범한 의미로 이해해서는 안 된다. 이 경우 계사 (copule)는 하나의 완전한 의미를 갖는다. 즉, 어떤 사람에게는 미래가 본질이 되고, 과거의 본질적인 파괴가 되는 역사의 주관적인 밤이 있다.

마지막 배제가 신화학자를 위협한다. 즉, 그가 보호한다고 주장하는 현실을 끊임없이 사라지게 만들 위험이 있다. 모든 파롤을 떠나서 데 에스 19(D.S. 19)는 기술적으로 명시된 하나의 대상이다. 즉, 그 차는 어떤 속도를 만들고, 어떤 방식으로 바람에 맞선다. 그렇지만 이런 현실에 대해서 신화학자는 이야기할 수 없다. 기관사·기술자·사용자 자신은 대상을 **이야기한다**. 그러나 신화학자는 메타 언어활동을 사용해야만 한다. 이런 배제는 이미 하나의 이름을 가지고 있다. 이념주의 (idéologisme)라 부르는 것이 바로 그것이다. 주다노프주의(jdano-visme)는 스탈린에 따른 언어활동처럼 이데올로기에 접근할 수 없는 현실의 신중함을 이념주의와 대립시키면서, 초기 루카치 속에서, 마르의 언어학에서, 골드만·베니슈의 것과 같은 저작들 속에서 그 이념주의를 강하게 단죄했다(그 **당시에** 이념주의는 피할 수 있었다는 것을 입증하지 못한 채). 사실상 이념주의는 종합에 의해서가 아니라 절단에 의해서 소외된 현실의 모순을 해결한다(그러나 주다노프주의는 그 모순을 해결조차 하지 못한다). 즉, 포도주는 객관적으로 좋은 것이고, **동시에** 포도주의 좋은 성질(bonté)은 하나의 신화이다. 여기에 바로 논리적 난점이 있다. 신화학자는 그가 할 수 있는 한 이 논리적 궁지에서 빠져나온다. 즉, 그는 역사학자가 《팡세》 그 자체가 아니라 파스칼의 이데올로기에 관심을 가지게 되듯이, 포도주 자체가 아니라 포도주의 좋은 성질에 관심을 가질 것이다.[30]

이것이 바로 시대적 난점인 것 같다. 오늘 당장은 하나의 선택만이

---

30) 때때로 이 책에서조차, 이 신화학들 속에서 나는 속임수를 썼다. 끊임없이 현실의 증발에 대해 연구하는 것으로 괴로워하면서, 나는 현실을 지나치게 두껍게 하기 시작했고, 나에게는 흥미롭고 놀라운 밀도를 현실에서 발견하기 시작했고, 나는 신화적 대상들에 대한 실질적인 몇 가지 정신분석을 제공했다.

가능하고, 이 선택은 똑같이 극단적인 두 가지 방법에 대해서만 사용될 수 있다. 즉, 역사에 완전히 침투할 수 있는 현실을 가정하고 이념화하는 것이 그 한 가지 방법이다. 반대로 **궁극적으로** 침투할 수 없는, 환원할 수 없는 현실을 가정하는 것이 또 하나의 방법인데, 이 경우에는 시화(poétiser)할 수 있다. 한마디로 나는 이데올로기와 시 사이의 종합을 보지 못한다(나는 시(poésie)라는 말을 매우 일반적으로, 사물들의 소외시킬 수 없는 의미를 추구하는 것으로 이해한다).

우리가 현실을 불안정하게 파악하는 것 이상으로는 할 수 없다는 것이 물론 우리의 현재 소외의 수준이다. 즉, 대상의 총체성(totalité)을 되돌려 줄 수 없는 우리는, 대상과 그것의 탈기만화 사이에서 끊임없이 방황한다. 왜냐하면 우리가 대상에 침투한다면 우리는 대상을 해방시키지만 그것을 파괴하기 때문이다. 그리고 만일 우리가 대상에다 그 무게를 남겨둔다면 그것을 존중하지만, 그러나 여전히 이미 조작된 대상을 복구하는 것이기 때문이다. 우리는 잠시 현실에 대해서 언제나 **과도하게** 이야기해야만 하는 것같이 보일 것이다. 물론 그것은 이념주의도, 그 반대되는 것도 여전히 사회적 세계의 분열에 의해 위협받고, 눈 멀고, 현혹된 마술적인 행동들이기 때문이다. 그렇지만 우리가 찾아야 하는 것은 바로 현실과 인간들의 화해, 묘사와 설명의 화해, 대상과 지식의 화해이다.

1956년 9월

역자의 말

이 책은 롤랑 바르트의 《현대의 신화》를 번역한 것이다. 원래의 제목에 의하면 《신화지》라고 번역해야 옳겠으나, 그것이 우리에게 익숙하지 않을 뿐만 아니라 바르트가 분석하고자 한 것이 바로 오늘날 새롭게 신화화한 현상이기 때문에 《현대의 신화》로 제목을 붙였다. 그가 분석하고자 한 것은, 부르주아사회가 자연스럽게 생각하고 자명한 것으로 생각해 버려서 마치 신화처럼 되어 버린 현상들이다. 그것은 1950년대 중반부터 60년대 초까지 프랑스 사회에서 일어나고 있는 현상이지만, 이미 과거의 것이 되어 버린 것이 아니라 오늘날에도 유효한 것이기 때문에 독자들의 많은 관심을 불러일으키고 있다. 저자가 이책에서 보이고 있는 예리한 관찰과 분석, 그리고 거기에 대한 명석한 해석은 독자에게 감탄과 감동을 체험하게 하고 사물을 보는 새로운 눈을 뜨게 한다. 특히 후기 산업사회에 들어와서 반성 없이 이루어지고 있는 것, 가벼운 재미로만 이루어지면서도 대중을 지배하는 모든 것에 대해서 이 책은, 그것들이 그렇게 자연스런 것이 아니라는 것, 자명한 것이 아니라는 것을 알게 한다. 사회의 모든 현상이 숨은 의미를 감추고 있는 기호들이라고 생각하는 이 책은, 우리가 그 기호들의 의미 현상을 알고 있는 한 그 기호들을 그처럼 편안하게 소비하고 있을 수 없다는 것을 우리에게 알게 한다.

이 책은 바르트 기호학이 완성되기 전에 씌어진 저작이기 때문에 엄밀한 의미에서 바르트 기호학을 대표하는 것은 아니지만, 그러나 그의 타고난 기호학적 감각과 현란한 문체로 이루어져 있어서 그의 기호학이론에 완전히 부합되고 있을 뿐만 아니라, 그의 텍스트 실천

이론에도 상당히 관련되어 있어서 바르트 자신의 대표적 저작이라 할 수 있다.

이 책의 번역은 이화여자대학교 기호학연구소에서 담당하였다. 우리는 이 땅에 거의 불모의 상태에 있는 기호학에 관한 연구를 수행하는 과정에서, 1993년 겨울 방학부터 매 방학마다 기호학에 관한 워크샵과 세미나를 갖고 있다. 그 과정에서 1994년 겨울 방학부터 1년여 동안 이 책을 함께 읽으면서 세미나를 하고 1차 번역을 끝냈다. 그 후 우리는 프랑스의 국립도서관에 가서 당시의 신문과 잡지 들을 들추면서 원고의 미진한 부분을 보완하고 오류를 수정하고자 노력을 기울였다. 그 결과 1996년 겨울 출판을 의뢰하기에 이르렀다. 그러나 원작의 까다로움 때문에 교정의 과정이 오래 걸려 이제야 나오게 되었다. 추운 겨울에도 무더운 여름에도 개인적인 희생을 무릅쓰고 이 책의 번역 작업에 참여한 기호학연구소의 연구원들과, 이 책의 교정을 맡아 준 경현주·김수영·이석주 조교에게 특별히 감사의 뜻을 표한다. 그리고 이화대학의 기호학연구소에 여러 가지로 지원을 해주신 분들에게 이 자리를 빌어 깊은 감사를 드린다. 또 어려운 출판의 현실에도 불구하고 바르트 전집의 출판을 맡아 준 동문선의 신성대 사장님과 관계자들에게도 심심한 사의를 표한다.

1997년 9월
이화여자대학교 기호학연구소 소장 김치수

번역에 참여한 연구원 : 경현주, 권은미, 김은숙, 김치수
김희경, 송의경, 이헌구, 정혜영

색 인

문예신서
193

현대의 신화

초판발행 : 1997년 11월 10일
2쇄 발행 : 2002년 1월 20일

지은이 : 롤랑 바르트
옮긴이 : 이화여대 기호학 연구소
펴낸이 : 辛成大
펴낸곳 : 東文選
제10-64호, 78. 12. 16 등록
110-300 서울 종로구 관훈동 74번지
전화 : 737-2795
팩스 : 723-4518

ISBN 89-8038-423-8 94160
ISBN 89-8038-000-3 (문예신서)

【기 타】

▨ 모드의 체계	R. 바르트 / 이화여대기호학연구소		18,000원
▨ 텍스트의 즐거움	R. 바르트 / 김희영		15,000원
▨ 라신에 관하여	R. 바르트 / 남수인		10,000원
▨ 說 苑 (上·下)	林東錫 譯註		각권 30,000원
▨ 晏子春秋	林東錫 譯註		30,000원
▨ 西京雜記	林東錫 譯註		20,000원
▨ 搜神記 (上·下)	林東錫 譯註		각권 30,000원
■ 경제적 공포[메디시스賞 수상작]	V. 포레스테 / 김주경		7,000원
■ 古陶文字徵	高 明·葛英會		20,000원
■ 古文字類編	高 明		절판
■ 金文編	容 庚		36,000원
■ 고독하지 않은 홀로되기	P. 들레름·M. 들레름 / 박정오		8,000원
■ 그리하여 어느날 사랑이여	이외수 편		6,500원
■ 딸에게 들려 주는 작은 지혜	N. 레흐레이트너 / 양영란		6,500원
■ 딸에게 들려 주는 작은 철학	R. 시몬 셰퍼 / 안상원		7,000원
■ 노력을 대신하는 것은 없다	R. 쉬이 / 유혜련		5,000원
■ 미래를 원한다	J. D. 로스네 / 문 선·김덕희		8,500원
■ 사랑의 존재	한용운		3,000원
■ 산이 높으면 마땅히 우러러볼 일이다	유 향 / 임동석		5,000원
■ 서기 1000년과 서기 2000년 그 두려움의 흔적들	J. 뒤비 / 양영란		8,000원
■ 서비스는 유행을 타지 않는다	B. 바게트 / 정소영		5,000원
■ 선종이야기	홍 회 편저		8,000원
■ 섬으로 흐르는 역사	김영희		10,000원
■ 세계사상		창간호~3호: 각권 10,000원 / 4호:	14,000원
■ 십이속상도안집	편집부		8,000원
■ 어린이 수묵화의 첫걸음(전6권)	趙 陽		42,000원
■ 오늘 다 못다한 말은	이외수 편		7,000원
■ 오블라디 오블라다, 인생은 브래지어 위를 흐른다	무라카미 하루키 / 김난주		7,000원
■ 인생은 앞유리를 통해서 보라	B. 바게트 / 박해순		5,000원
■ 잠수복과 나비	J. D. 보비 / 양영란		6,000원
■ 천연기념물이 된 바보	최병식		7,800원
■ 原本 武藝圖譜通志	正祖 命撰		60,000원
■ 隷字編	洪鈞陶		40,000원
■ 테오의 여행 (전5권)	C. 클레망 / 양영란		각권 6,000원
■ 한글 설원 (상·중·하)	임동석 옮김		각권 7,000원
■ 한글 안자춘추	임동석 옮김		8,000원
■ 한글 수신기 (상·하)	임동석 옮김		각권 8,000원

롤랑 바르트 전집 12

텍스트의 즐거움

롤랑 바르트 / 김희영 옮김

　신화·기호·텍스트·소설적인 것의 '현기증나는 이동작업'을 통하여, 프랑스와 세계에 가장 활력적인 사유체계의 개척자로 손꼽히는 롤랑 바르트는, 그의 사후 15년이 지난 오늘날까지도 프랑스 문단의 표징으로, 또는 소설 속의 인물로 여전히 우리들 가운데 자리하고 있다. 그의 모든 모색과 좌절, 혹은 기쁨은 다만 그 자신에게 국한된 것만은 아닌 오늘날의 모든 전위적 사유가들에게도 공통된 것으로, 이런 맥락에서 볼 때 그의 문학 편력에 대한 조망은 특권적인 자리를 차지한다.

　이 책 속에 옮겨진 글들은 바르트의 후기 사상을 정확하게 담고 있는 것들이다. 그의 후기 작업은 '저자의 죽음'을 그 시작으로 하기 때문에, 그것을 이 책의 첫번째로 하였다. 그리고 '작품에서 텍스트로,' 그 다음에는 그의 후기 작업의 이론적인 틀을 제시하고 있는 《텍스트의 즐거움》과 《강의》가 실려 있다. 이 두 권의 책은 이미 말한 바와 같이, 그의 후기 문학 실천의 이론적 배경을 이루고 있으며, 또한 그가 생전에 출판하기를 허락한 유일한 일기인 〈심의〉도 여기에 실려 있는데, 우리는 이를 통해 그의 말년의 문학적 관심사가 무엇이었나를 소상하게 알 수 있다.

　이외에도 이 책에는 편역자인 김희영 교수가 바르트의 사유체계를 비교적 잘 이해하는 데 필요하다고 생각한 3편의 주요한 대담을 싣고 있다. 그 첫번째는 히스와의 대담으로 그의 기호학적인 입장, 문학기호학이 문학사회학으로 어떻게 새롭게 주조될 수 있는지를 비교적 소상하게 밝혀 주고 있다. 두번째 대담인 브로시에와의 대담은 바르트 글의 난해성이 대부분 그의 용어 사용에 있으며, 이런 용어에 대한 정확한 이해 없이는 그의 사유체계를 파악하기 힘들다는 점에서, 바르트의 후기 작업에 나타난 용어들을 저자 자신의 설명을 통해 이해하는 것을 목표로 하고 있다.

롤랑 바르트 전집 8

라신에 관하여

남수인 옮김

오늘날 왜 라신에 대해 말하는가?

암시와 단어, 말하는 작품의 침묵과 청취하는 인간의 말, 이러한 것이 세상과 역사 속에서의 문학의 끝없는 숨결이다. 그리고 라신이 문학 작품의 암시 원칙을 더없이 드높였기 때문에 라신은 우리로 하여금 우리의 단정짓는 역할을 원없이 행사하도록 유도하는 것이다. 그러니까 주저없이 단언하자. 각자 자신의 역사와 자신의 자유를 위하여 역사적이거나, 심리적이거나, 정신분석적이거나, 시적인 라신의 진실을 단언하자. 우리의 세기가 우리에게 제안하는 모든 언어활동들을 라신에 관하여, 라신의 침묵 그 자체의 이름으로 사용해 보자. 우리의 대답은 언제나 일시적인 것일 수밖에 없는데, 그런 연유로 우리의 대답은 전면적일 수 있다. 독단적이지만 그래도 책임질 줄 아는 우리는 오직 우리의 시대만이(그 어떤 자만에 의해?) 발견해 낼 라신의 어느 한 〈진실〉 뒤로 우리의 대답을 피신시키지는 않을 것이다. 우리가 라신에게 보내는 대답이 우리를 훨씬 초월하여, 세상이 스스로에게 주는 역사의 핵심적인 일부분이자 우리의 세상이 스스로에게 말하느라 사용하는 이 언어활동 전체를 참여시키는 것으로 우리는 충분하다.

R. B.

롤랑 바르트 전집 7

모드의 체계

롤랑 바르트
이화여자대학교 기호학 연구소 옮김

　롤랑 바르트의 《모드의 체계》는 바르트의 기호학에서 가장 과학적이고 대표적인 저술로 꼽히는 책이다. 그것은 1967년 그 자신이 기호학을 하나의 학문으로 정립할 수 있다고 행복하게 생각하던 시절의 산물이기 때문에, 바르트 기호학에 관심이 있는 사람에게는 대단히 중요한 저술이다.

　이 책은 패션 잡지에 묘사되어 있는 여성 의복의 구조를 분석하여 기호학적인 해석을 시도한 일종의 방법서이다. 또한 이 책은 바르트 자신이 소쉬르의 《일반언어학 강의》를 읽고, 거기에서 소쉬르가 '기호학'이라는 이름 아래 가정했던 일반기호과학으로부터 영감을 받아 1957년부터 1963년까지 쓴 책이다. 여기에서 행해진 분석은, '기호학의 요소들'에서 그가 설정했던 기호학의 개념들을 텍스트 분석에 적용하고자 한 점에서, 바르트의 기호학적 모험 가운데 핵심적인 작업에 속한다. 바르트는 여기에서 언어학적인 개념들을 사용하여 실제 의복체계가 아니라 글로 씌어진 의복체계를 분석함으로써, 의복이 하나의 의미체계를 구성하기에 충분한 기표들과 기의들을 제공해 주는 파롤을 필요로 한다는 것을 입증한다. 즉 파롤 밖에서는 완전한 모드도 없고, 본질적인 모드도 없다. 그는 이 연구를 통해 신화와 제식이 이성의 형태, 즉 파롤의 형태를 띠는 현재의 서구 사회에서 인간의 언어는 의미의 모델일 뿐만 아니라 의미의 기반임을 시사하고자 했다. 이는 언어학이 기호학의 일부라고 한 소쉬르의 명제에 대해서, 기호학이 언어학의 일부라는 새로운 명제를 낳게 만든다. 그리하여 모드에서 '갖고 싶게 만드는 것은 대상이 아니라 이름이며, 팔게 만드는 것은 꿈이 아니라 의미이다' 라는 현대 사회의 속성을 드러나게 한다.

東文選 文藝新書 147

모더니티 입문

앙리 르페브르

이종민 옮김

　우리들 각자는 흔히 예술이나 현대적 사상, 현대적 기술, 현대적 사랑 등등에 대해 언급한다. 관습과 오류에도 불구하고 모더니티라는 낱말은 자신의 위력을 상실하지 않았다. 그것은 광고와 선전, 그리고 새롭거나 새로운 것처럼 보이는 모든 표현으로 사용된다. 하지만 그것은 정확히 무엇을 의미하는 것일까?

　모호하지만 모더니티라는 이 낱말은 분석에 있어 두 가지 의미를 드러내고, 두 개의 현실을 은폐한다. 한편으로 그것은 다소 인위적이고 양식에 순응하는 어떤 열광을 지칭하며, 또 한편으로는 상당수의 문제와 가능성(혹은 불가능성)을 보여 준다. 첫번째 의미는 '모더니즘'으로 명명될 수 있고, 두번째는 '모더니티'로 이름 붙일 수 있다. '모더니즘'은 사회학적인 현상이다. 즉 나름대로의 법칙을 가질 수 있는 사회적인 의식의 행위인 것이다. '모더니티'는 나타나기 시작하는 비평과 명확히 규정할 수 있는 문제성에 결부된 개념이다.

　이 책이 포함하고 있는 12개의 전주곡은 '모더니즘'과 '모더니티' 사이의 변증법적 관계를 파악하기 위하여 그 두 단어를 구별하고자 노력한다. 그 전주곡들은 '모더니티'가 제기하거나, 혹은 오히려 '모더니티'가 덮고 있는 제문제를 정형화하면서 그 개념의 윤곽을 명확히 하고자 한다. 여기에는 소위 현대적인 우리의 사회에 설정된 것처럼 보이는, 실제와 사고에 대한 근본적인 이의를 반드시 동반하기 마련이다.

東文選 文藝新書 145

모데르니테
모데르니테

앙리 메쇼닉
김다은 옮김

현대성에 대해 이야기하자마자 판에 박은 수많은 생각들이 차례로 쏟아져 나온다. 우리 동시대인들은 주로 단절, 새로움, 선봉, 그리고 랭보의 '절대적으로 현대적이어야 한다'라는 슬로건을 통해 현대성에 대해 끊임없이 이야기한다. 하지만 사람들이 믿고 있듯이 랭보가 그 표현을 사용한 것은 아니다. 보들레르도 전혀 다른 모습으로 나타난다. 결국 사람들은 모든 것의 끝, 성스러운 것의, 인간의, 세기의, 예술의, 그리고 현대성의 끝을 축적할 뿐이다.

도식, 그리고 도식들 속에는 질서의 유지만이 중요하다. 예술과 문학과 사회 사이의 관계가 되는 질서가 중요하다. 예상된 의미의 탈진은 여기서 이미 고정된 개념들의 힘을 사용한다. 그들의 미래는 과거에 있다.

여기서 현대성과 포스트모던에 대한 비평이 나온다. 비평은 리듬에 대한 전체 구상이다. 비평을 위해 현대성은 하나의 전투, 즉 주체의 전투가 된다. 그래서 현대성은 현대적인 것들을 넘어선다. 그것은 의미의 무한과 관련이 있다. 다시 말하면, 현재로 남을 현재인 것이다.

이 책의 특징은 서구 사회에서 '현대성'에 대해 내놓은 51개의 주의주장들을 박식하게 분석하고 맹렬하게 비판하고 있다는 점에서, 서구에서 이해하고 있는 '현대성'에 대한 다양한 시각들을 한눈에 조망할 수 있다. 무엇보다도 이 책의 유용성은 현대성과 새로움, 현대성과 아방가르드, 역사성과 역사주의, 비평과 논쟁, 개인과 주체, 현대성과 현대주의 등 미지의 사실을 기지의 사실로 환원해 버리는 용어들을 재해석하고 있다는 점이다.

東文選 文藝新書 173

세계의 비참 (전3권)

피에르 부르디외 싸
김주경 옮김

사회적 불행의 형태에 대한 사회학적 투시 ——피에르 부르디외와 22명의 사회학자들의 3년 작업. 사회적 조건의 불행, 사회적 위치의 불행, 그리고 개인적 고통에 대한 그들의 성찰적 지식 공개.

우리의 삶 한편에는 국민들의 일상적인 삶에 대해 무지한 정치 책임자들이 있고, 그 다른 한편에는 힘겹고 버거운 삶에 지쳐서 하고 싶은 말조차 할 수 없는 사람들이 있다. 이들을 바라보면서 어떤 사람들은 여론에 눈을 고정시키기도 하고, 또 어떤 사람들은 그들의 불행에 대해 항의를 표하기도 한다. 물론 이들이 항의를 할 수 있는 것은 자신들이 그 불행에서 벗어나 있기에 가능한 것이다.

여기 한 팀의 사회학자들이 피에르 부르디외의 지휘 아래 3년에 걸쳐서 몰두한 작업이 있다. 그들은 대규모 공영주택 단지·학교·사회복지회 직원, 노동자, 하층 무산계급, 사무직원, 농부, 그리고 가정이라는 세계 속에 비참한 사회적 산물이 어떠한 현대적인 형태를 띠고 나타나는지를 이해하고자 했다. 그들이 본 각각의 세계에는 저마다 고유한 갈등 구조들이 형성되어 있었고, 그 안에서 발생하는 고통을 직접 몸으로 체험한 자들만이 말할 수 있는 진실들이 있었다.

이 책은 버려진 채 병원에 누워 있는 전직 사회복지 가정방문원이라든가, 노동자 계층의 고아 출신인 금속기계공, 정당한 권리를 찾지 못하고 떠돌아다닐 수밖에 없는 집 없는 사람들, 도시 폭력의 희생자가 된 고등학교 교장과 교사들, 빈민 교외 지역의 하급 경찰관, 그리고 이들과 함께 살아가는 수많은 사람들의 만성적이면서도 새로운 삶의 고통을 이야기한다.

東文選 文藝新書 123

새로운 학문

잠바티스타 비코

李源斗 옮김

독일의 위대한 작가 요한 볼프강 폰 괴테는 1787년 나폴리에서 비코의 열렬한 한 제자를 방문했을 때 《새로운 학문 제2판》을 받았다. 같은 해에 출판한 한 논문에서 괴테는 고인이 된 저자에 대해 "그의 지혜는 이제 이탈리아 법률 저술가들에 의해 끝없이 칭송되고 있다"고 말했다. 괴테는 자기에게 전달된 책을 '성스러운 물건'처럼 여기면서 "이 책이 미래에 우리가 얻게 되거나 얻어야 할 선과 정의라는 주제에 관한 예언적 통찰, 삶과 미래에 대한 맑은 사색에 기초한 통찰을 담고 있다"고 했다. 비코의 논증이 견실하다고 확신한 괴테는 인류의 진화를 연속적으로 상승하는 선이 아니라 나선으로 보아야 한다고 생각했다.

19세기 프랑스의 위대한 민족주의자이자 낭만주의 역사가인 쥘 미슐레는 비코를 자신의 '프로메테우스'로, 자신의 '지적 선구자'로 불렀다. 미슐레는 결국 섭리에 호소한다는 생각을 버렸지만 베르길리우스와 비코를 계속 典據로 인용했다. 프랑스의 실증주의 철학자 오귀스트 콩트는 자기가 인류 발전의 세 가지 상태 내지 시대의 법칙을 형성하는 데 영향을 준 사람이 비코라고 말했다. 카를 마르크스는 역사에 관한 경제적 해석을 전개하면서 스스로 인정한 것보다 훨씬 더 많은 것을 비코에게 힘입었다. 사실 둘 사이에는 일정한 의존 관계가 있었다. 그러나 두 사람은 종교에 관한 한 다른 관점을 가지고 있었다.

오늘날에는 많은 학자들이 비코를 인류학과 민속학의 선구자로 본다. 사실 최근 비코는 그 문체의 모호함에도 불구하고 점차 유럽 지성사에서 중요한 인물로 인정받고 있으며, 《새로운 학문》은 유럽 지성사의 한 이정표로 평가받고 있다.

東文選 現代新書 96

근원적 열정

뤼스 이리가라이

박정오 옮김

　뤼스 이리가라이의 《근원적 열정》은 여성이 남성 연인을 향한 열정을 노래하는 독백 형식의 산문시로 이루어져 있다. 이 글에서는 여성이 담화의 주체로 등장하지만, 남성 중심으로 이루어진 현존하는 언어의 상징 체계와 사회 구조 안에서 여성의 열정과 그 표현은 용이하지도 자유로울 수도 없다.

　따라서 이리가라이는 연애 편지 형식을 빌려 와, 그 안에 달콤한 사랑 노래 대신 가부장제 안에서 남녀간의 진정한 결합이 왜 가능할 수 없는지를 역설적으로 보여 주려 애쓴다. 연애 편지 형식의 패러디는 기존의 남녀 관계에 의문을 제기하고 교란시키는 적절한 하나의 전략이 되고 있는 것이다.

　서구의 도덕적 코드가 성경 위에 세워지고, 신학이 확립되면서 여신 숭배와 주술은 주변으로 밀려났다. 이리가라이는 그 뒤 남성신이 홀로 그의 말과 의지대로 우주를 창조하고, 그의 아들에게 자연과 모든 피조물을 통치하게 하는 사고 체계가 형성되면서 여성성은 억압되었다고 지적한다. 또한 그녀는 남성신에서 출발한 부자 관계의 혈통처럼, 신성한 여신에게서 정체성을 발견하고 면면히 이어지는 모녀 관계의 확립이 비로소 동등한 남녀간의 사랑과 결합을 가능케 해준다고 주장한다.

　이리가라이는 정신과 육체의 이분법적인 서구 철학의 분류에서 항상 하위 개념인 몸이나 촉각이 여성적인 것과 연관되어 있다는 점을 인식하고 타자로 밀려난 몸에 일찍부터 주목해 왔다. 따라서 《근원적 열정》은 여성 문화를 확립하는 일환으로 여성의 몸이 부르는 새로운 노래를 찾아나선 여정이자, 여성적 글쓰기의 실천 공간인 것이다.

東文選 文藝新書 153

시적 언어의 혁명

줄리아 크리스테바

김인환 옮김

　미셸 푸코는《말과 사물》에서 19세기 이후 문학은 언어를 자기 존재 안에서 조명하기 시작하였고, 그런 맥락에서 횔덜린·말라르메·로트레아몽·아르토 등은 시를 자율적 존재로 확립하면서 일종의 '반담론'을 형성하였다고 지적한다. 그러한 작가들의 시적 언어는 통상적인 언어 표상이나 기호화의 기능을 초월하기 때문에 다각적이고 종합적인 연구를 필요로 한다. 본서는 바로 그러한 연구를 구체적으로 보여 주는 시도이다.

　20세기 후반의 인문과학 분야를 대표하는 저작 중의 하나로 꼽히는《시적 언어의 혁명》은 크게 시적 언어에 대한 일반적인 특징을 종합한 제1부, 말라르메와 로트레아몽의 텍스트를 분석한 제2부, 그리고 그 두 시인의 작품을 국가·사회·가족과의 관계를 토대로 연구한 제3부로 구성된다. 이번에 번역 소개된 부분은 이론적인 연구가 망라된 제1부이다. 제1부〈이론적 전제〉에서 저자는 형상학·해석학·정신분석학·인류학·언어학·기호학 등 현대의 주요 학문 분야의 성과를 수렴하면서 폭넓은 지식과 통찰력을 바탕으로 시적 언어의 특성을 다각적으로 조명 분석하고 있다.

　크리스테바는 텍스트의 언어를 쎙볼릭과 세미오틱 두 가지 층위로 구분하고, 쎙볼릭은 일상적인 구성 언어로, 세미오틱은 원초적이고 본능적인 언어라고 규정한다. 그리하여 시적 언어로 된 텍스트의 최종적인 의미는 그 두 가지 언어 층위의 상호 작용에 의해서 결정된다고 본다. 그리고 시적 언어는 표면적으로 보기에 사회적 격동과 관계가 별로 없어 보이지만, 실상은 사회와 시대 위에 군림하는 논리와 이데올로기를 파괴하는 힘이 있다는 것을 말라르메와 로트레아몽의《말도로르의 노래》에 대한 연구를 통하여 증명한다.

東文選 文藝新書 170

비정상인들

1974-1975, 콜레주 드 프랑스에서의 강의

미셸 푸코

박정자 옮김

비정상이란 도대체 무엇일까? 하나의 사회는 자신의 구성원 중에서 밀쳐내고, 무시하고, 잊어버리고 싶은 부분이 있다. 그것이 어느 때는 나환자나 페스트 환자였고, 또 어느 때는 광인이나 부랑자였다.

《비정상인들》은 역사 속에서 모습을 보인 모든 비정상인들에 대한 고고학적 작업이며, 또 이들을 이용해 의학 권력이 된 정신의학의 계보학이다.

콜레주 드 프랑스에서 1975년 1월부터 3월까지 행해진 강의《비정상인들》은 미셸 푸코가 1970년 이래, 특히 《사회를 보호해야 한다》에서 앎과 권력의 문제에 바쳤던 분석들을 집중적으로 추구하고 있다. 앎과 권력의 문제란 규율 권력, 규격화 권력, 그리고 생체-권력이다. 푸코가 소위 19세기에 '비정상인들'로 불리었던 '위험한' 개인들의 문제에 접근한 것은 수많은 신학적·법률적·의학적 자료들에서부터였다. 이 자료들에서 그는 중요한 세 인물을 끌어냈는데, 그것은 괴물, 교정(矯正) 불가능자, 자위 행위자였다. 괴물은 사회적 규범과 자연의 법칙에 대한 참조에서 나왔고, 교정 불가능자는 새로운 육체 훈련 장치가 떠맡았으며, 자위 행위자는 18세기 이래 근대 가정의 규율화를 겨냥한 대대적인 캠페인의 근거가 되었다. 푸코의 분석들은 1950년대까지 시행되던 법-의학감정서를 출발점으로 삼고 있다. 이어서 그는 고백 성사와 양심 지도 기술(技術)에서부터 욕망과 충동의 고고학을 시작했다. 이렇게 해서 그는 그후의 콜레주 드 프랑스 강의 또는 저서에서 다시 선택되고, 수정되고, 다듬어질 작업의 이론적·역사적 전제들을 마련했다. 이 강의는 그러니까 푸코의 연구가 형성되고, 확장되고, 전개되는 과정을 추적하는 데 있어서 결코 빼놓을 수 없는 필수 불가결의 자료이다.